동국산수기

지은이 **성해응(成海應, 1760~1839)**

조선 후기의 학자 · 문신이었다. 본관은 창녕(昌寧). 자는 용여(龍汝), 호는 연경재(硏經齋)이며, 아버지는 성대중(成大中)이다. 학문 연구의 방법은 훈고(訓詁) · 고증(考證)을 바탕으로 하면서도, 번쇄하고 지리한 고증은 달가워하지 않았다. 그의 학문은 방대한 문집에 나타나는 바와 같이 지리 · 풍속 · 서적, 심지어 금수 · 곤충에 이르기까지 넓은 편폭을 보인다. 문집으로 『연경재전집』을 남겼다.

옮긴이 **박동욱(朴東昱)**

문학박사, 한양대학교 교양교육원 조교수, 한서대학교 부설 동양고전연구소 연구위원. 일평(一平) 조남권(趙南權) 선생님께 삶과 한문을 배우고 있다. 2001년 『라쁠륨』 가을호에 현대시로 등단하였다. 저서로는 『혜환 이용휴 시전집』(공역), 『혜환 이용휴 산문전집』(공역), 『허필 시전집』(공역), 『살아있는 한자교과서』(공저), 『아버지의 편지』(공저), 『이가환 시전집』(공역) 등이 있다. 그 외 다수의 논문이 있다.

동국산수기

성해응(成海應) 지음
박동욱(朴東昱) 옮김

초판 1쇄 인쇄 2012년 5월 8일 초판 1쇄 발행 2012년 5월 15일
발행인 임덕호 발행처 한양대학교출판부
주소 133-791 서울 성동구 왕십리로 222 전화 02)2220-1432~4 팩스 02)2220-1435
홈페이지 www.press.hanyang.ac.kr 전자우편 presshy@hanyang.ac.kr
출판등록 제4-7호(1972년 2월 29일) 인쇄처 화신문화㈜

ISBN 978-89-7218-405-8 93810

동국산수기
東國

成海應 지음
朴東昱 옮김

한양대학교출판부

책머리에

성해응(成海應, 1760~1839)은 조선 후기의 학자·문신으로, 본관은 창녕(昌寧), 자는 용여(龍汝), 호는 연경재(研經齋)이며, 아버지는 유명한 문학가 성대중(成大中)이다. 학문 연구의 방법은 훈고(訓詁)·고증(考證)을 바탕으로 하면서도, 번쇄하고 지리한 고증은 달가워하지 않았다. 그의 학문은 방대한 문집에 나타나는 바와 같이 지리·풍속·서적, 심지어 금수·곤충에 이르기까지 넓은 편폭을 보인다. 문집으로 『연경재전집』을 남겼다.

『동국명산기(東國名山記)』라고도 불리는 『동국산수기(東國山水記)』는 성해응(成海應)이 편찬한 전국의 명승지에 대한 설명서다. 전국을 경도(京都)·기로(畿路)·해서(海西)·관서·호중(湖中)·호남·영남·관동·관북 등 9구역으로 구분하여 내용을 엮었고, 전국 명산 명승의 위치·형세·형승·고사·인물 등을 설명하고 있다. 저자가 직접 체험한 사실을 적시했다기보다는 여러 사람의 유기(遊記)를 정리 또는 편집하는 방식을 택했다. 이것은 18세기 조선 지식인이 추구했던 편집 방식과 별반 다르지 않지만, 산수(山水)에 대한 애정, 그리고 관련 역사(歷史)에 대한 관심으로 진행된 작업이라는 점에 의의를 둘 수 있다.

필자는 일평(一平) 조남권(趙南權) 선생님의 훈도로 한문을 배웠다. 선생님은 무서우면서도 자애롭고, 강인하면서도 부드러운

분이시다. 선생님은 제자의 길과 선생의 길, 그리고 인간의 삶까지 모두 가르쳐 주셨다. 지금 이 책 또한 선생님의 가르침이 없었다면 세상에 나올 수 없었다. 이번에도 난구(難句)마다 선생님께서 도움을 주셨다.

2009년 여름은 아주 더웠다. 나에겐 특히 더 더운 여름이었다. 그날들은 더웠지만 나는 그 시간을 잘 버티었다. 어디론가 떠나고 싶었지만 떠날 수도 없었다. 답답한 시간 속에 『동국산수기』를 읽으면서 그 한 철을 보냈다. 말 그대로 와유(臥遊)를 실천한 셈이다. 운명이 이미 정해져 있다면 더 이상 마음을 끓이지 않겠다. 그러나 넋을 놓고 운명에 순응하지도 않겠다. 산다는 것은 기대했던 순간들에 대한 서글픔, 그리고 다시 기대할 수밖에 없는 간절함이 아닐까.

어디론가 문득 떠나고픈 독자들이 있다면 그저 와유로만 그칠 것이 아니라, 이 책이 여행의 든든한 동지가 되어 주길 기대한다. 여행이란 일상에서 떠나는 것뿐만 아니라 나답지 않은 시간들과 공간들로부터의 탈주(脫走)도 포함한다. 모든 익숙한 것들과의 이유(離乳)는 그래서 고통스럽기도 하고 설레기도 한다. 지금 떠나지 않으면 영원히 떠날 수 없다.

2012년 4월 20일 새벽 역자가 쓰다.

차례

산수기 上

山水記上

산수기 서문
山水記序

나는 어렸을 땐 공부에 바빴고, 장성해서는 벼슬에 매인 몸이라 산수 사이에서 마음껏 놀 수 없었다. 8세에 선사(仙槎)[1]의 임소에 아버지를 따라가 동해(東海)에서 일출을 보았고, 불영사(佛影寺)와 주천대(酒泉臺), 죽령(竹嶺)과 단협(丹峽: 丹陽 峽谷), 제천(堤川), 원주(原州) 등을 유람하였다. 17세에는 아버지의 임소인 운산(雲山)[2]에 따라갔다가 영변(寧邊)의 묘향산(妙香山), 약산(藥山), 동대(東臺), 안주(安州)의 백상루(百祥樓), 평양(平壤)의 내성(內城)과 외성(外城), 동선(洞仙)과 청석(靑石)의 험악한 곳과 송악의 고도까지 모두 지나는 길에 마음껏 볼 수 있었다. 24세에 진사가 되어 선친의 흥해(興海)[3] 임소를 찾아가서 문안드렸다. 조령(鳥嶺)의 관문에 기대어 낙동강(洛東江)을 굽어보았으며, 영천(永川)의 조양각(朝陽閣)에서 유람을 했다. 43세에 서해(西海)의 영보정(永保亭)을 구경하였고, 안흥도(安興島)에 들어갔으며 또 백제(百濟)의 고도(故都)에서 놀았다. 44세에 화양동(華陽洞)을, 그 이듬해에는 단양(丹陽)과 청풍(淸風)에서 유람을 하고, 이어서 충청북도의 산수를 쭉 보고 돌아왔다. 동음(洞陰)[4]은 나의 외가여서, 금수(金水)와 옥병(玉屛)의 승경은 여러

---

1) 선사(仙槎): 강원도 울진현(蔚珍縣)의 옛 이름.
2) 운산(雲山): 평안북도 중앙에 위치.
3) 흥해(興海): 경상북도 영일군 흥해면.

차례 찾아갔다. 또 철성(鐵城)의 보개산(寶盖山)과 순담(蓴潭)은 일찍이 이미 보았던 곳이었다.

어렸을 적 유람했던 탓에 아득하여 그 상세한 것을 말할 수는 없고, 장성한 후 유람했던 곳 또한 그 열에 네다섯은 잊어버렸다. 40세 이후에 유람한 곳은 비록 눈앞에 삼삼하게 떠오르기는 하나, 오래되면 또 눈이 침침해져 쉽게 잊혀질 것이다. 신미년(辛未年: 1811) 이른 가을에 서늘한 기운이 처음으로 생겨났다. 생각이 오락가락하기에 문득 다시 붓 가는대로 옛날 놀던 곳을 떠올려서 기록하였는데, 그 좋은 승경의 운치가 여유 있게 종이와 먹 사이에서 나타났다. 자식들을 모두 혼인시키고, 문득 지팡이 하나 신발 한 켤레 차림으로 아직 미처 보지 못한 우리나라의 경치 좋은 곳을 즐기려고 하니 이 글로 곧 그 징조를 삼는다.

---

4) 동음(洞陰): 경기도 포천군 영중면(영평)의 옛 이름.

충청도의 산수를 기록하다
記湖中山水

고란사
皐蘭寺

고란사[5]는 백마강 기슭에 있다. 험준한 벼랑 가까이에 주춧돌을 세웠고, 강물은 명주를 마전한 듯 깨끗하게 들판 가운데를 가로질러 흘러간다. 세상에 전해 오기를 "백제(百濟) 의자왕(義慈

〈고란사〉

5) 고란사(皐蘭寺): 충청남도 부여군 부여읍(扶餘邑) 부소산(扶蘇山) 북쪽 백마 강변에 있는 절. 백제 말기에 창건된 것으로 추정할 뿐, 자세한 기록은 전하지 않는다. 절 뒤 바위틈에 고란정(皐蘭井)이 있으며, 그 위쪽 바위틈에 고란초(皐蘭草)가 나 있다.

〈낙화암〉

王) 때 돌구멍에서 난초가 피자 그로 인해 절을 지었다."고 한다. 그 옆에는 낙화암(落花巖)이 있는데 높이가 수십 길이 됨직하며, 강물을 험준하게 굽어보고 있다. 사서(史書)에서 일컫기를 "백제가 망할 때에 궁중의 여러 비빈(妃嬪)들이 북쪽으로 대왕포(大王浦)[6]의 바위 위에 달려가서 강물에 떨어졌으므로 낙화암이라 이름 붙였다."고 한다. 뒤섞인 바윗돌 사이사이에 이름난 꽃들이 피어 있다. "백제(百濟)의 무왕(武王)이 으레 술에 취하여 거문고를 타면서 노래를 부르면 수행하는 자들이 화답해서 춤을 추었다." 고 하니, 다른 이름으로 대왕포라고도 한다.[7]

---

6) 대왕포(大王浦): 충청남도 부여군 부여읍의 금강(錦江)가에 있던 백제 무왕(武王)의 유람지(遊覽地). 636년(무왕 37) 3월 무왕은 신하들을 거느리고 금강 상류의 사자수(泗泚水:현 백마강) 북포(北浦)에 가서 놀았다. 사비하 양안(兩岸)에는 기암괴석이 여기저기 솟아 있었으며, 간간이 기화이초(奇花異草)가 섞여 있어서 풍경이 마치 그림과 같았다. 왕과 신하들은 여기에서 흥겹게 놀았는데, 뒤에 사람들이 이곳을 대왕포라 하였다고 한다.

7) 『삼국사기』에 다음과 같이 나온다. 三十七年, 春二月, 遣使入唐朝貢. 三月, 王率左右臣寮, 遊燕於泗沘河北浦. 兩岸奇巖怪石錯立, 間以奇花異草, 如畫圖. 王飮酒極歡, 鼓琴自歌, 從者屢舞. 時人謂其地爲大王浦.

조룡대
釣龍臺

조룡대[8]는 고란사 북쪽에 있다. 세상에 전하기를 "소정방(蘇定方, 592~667)이 백마강에 이르렀는데 물결이 세차서 건널 수가 없었다."라고도 하고, 혹은 "강 속에 있는 용이 소정방을 막아내자, 소정방이 백마의 고기로 낚싯밥을 삼아서 낚시질을 하였으니 지금까지도 바위 위에 용의 발톱 자국이 있다."라고도 하는데, 억측에 가깝다.

조룡대는 반월성의 뒤편에 자리 잡고 있는데 몹시 험해서 올라

〈조룡대〉

8) 조룡대(釣龍臺): 충남 부여군 부여읍의 북쪽 부소산(扶蘇山) 북쪽 밑 백마강(白馬江)에 있는 수중암(水中岩). 당(唐)나라 소정방(蘇定方)이 백제의 호국룡을 낚았다는 전설이 얽힌 바위섬. 낙화암(落花岩) 가까이에 있는 작은 섬 모양의 바위이다.

갈 수가 없다. 소정방이 백제의 군대를 웅진강 어귀에서 격파하고 뒤쫓아 그 성곽으로 들어갔다. 마땅히 평탄한 남쪽 길을 따라 나가야지, 응당 험한 길을 찾아 오히려 사람을 습격하는 계책으로 삼지 말아야 할 것이다.

반월성
半月城

백제성은 삼면이라 서쪽으로 강을 등져서 요새가 되었다. 그 모습이 일그러진 달과 같아서 반월성[9]이라 한다. 야사(野史)에 이르기를 "의자왕 때에 어떤 귀신이 궁으로 들어와서 '백제가 망한다' 외치고는 곧바로 땅으로 들어갔다. 왕이 땅을 파보게 했더

〈반월성〉

9) 반월성(半月城): 『三國史記』에 의하면 101년(파사왕 22)에 쌓은 것으로 둘레는 1,023보라고 되어 있다. 이 기록으로 미루어 볼 때 월성을 궁성으로 쌓은 뒤 금성(金城)에서 이곳으로 왕성을 옮겼음을 알 수 있다. 『三國遺事』를 보면 월성터(月城址)는 원래 충신인 호공(瓠公)의 거주지였는데, B.C. 19년(박혁거세 39) 석탈해(昔脫解)가 금성(金城)의 지리를 살펴본 뒤에 가장 좋은 길지(吉地)로 호공의 집터를 지목하여 거짓 꾀를 부려 호공의 집을 빼앗아 월성을 쌓았다. 이 공으로 석탈해는 남해왕(南解王)의 맏사위가 되었고, 그 후에 신라 제4대 왕위에 올랐다. 또, 안정복(安鼎福)의 『東史綱目』에도 반월성과 관련된 상세한 이야기가 나온다.

니 거북이 한 마리가 나왔는데, 등에 '백제는 보름달과 같고, 신라는 초승달과 같다.'라는 글자가 있었다. 무당이 '보름달은 가득 찼다는 형상이니 달이 가득차면 이지러지게 되는 것이고, 초승달은 둥글지 않은 것이니 가득차지 아니한 것은 장차 가득하게 될 형상입니다.'라고 풀이하자, 왕이 노하여 무당을 죽였다. 어떤 이는 또 말하기를 '보름달 같다는 것은 왕성하다는 뜻이고, 초승달 같다는 것은 아주 미약하다는 뜻입니다. 생각건대 우리 백제는 성대해지고 신라는 쇠미해간다는 뜻입니다.'라고 하자 왕이 이에 기뻐하였다."[10]라고 하였다. 반월이 서쪽에 있으면 장차 가득 차겠지만, 반월이 동쪽에 있으면 장차 어두워질 것이다. 백제의 도읍은 백마강의 동쪽에 있어 장차 어두워질 달이니 어찌 오래갈 수가 있었겠는가.

사서(史書)에서 일컫기를 "백제의 도읍은 구발성(俱拔城)이라 하고, 또 고마지(固麻地)라고도 한다. 그밖에도 다시 오방(五方)이란 것이 있는데 중방을 고사성(古沙城), 동방을 득안성(得安城), 남방을 구지하성(久知下城), 서방을 도선성(刀先城), 북방을 웅진성(熊津城)이라 한다."[11]라고 하였다. 그러나 그 터가 어딘 줄을 모두 모르고, 다만 웅진이란 곳이 공주라는 것만 안다. 구발성이란 곳은 반월성의 다른 이름일 것이다.

---

10) 『삼국사기』에 나온다. 有一鬼入宮中, 大呼: "百濟亡, 百濟亡!" 卽入地, 王怪之, 使人掘地, 深三尺許, 有一龜. 其背有文曰: "百濟同月輪, 新羅如月新." 王問之, 巫者曰: "同月輪者滿也, 滿則虧. 如月新者未滿也, 未滿則漸盈." 王怒殺之. 或曰: "同月輪者盛也, 如月新者微也. 意者國家盛, 而新羅寢微者乎." 王喜.

11) 『北史』, 「百濟傳」에 "百濟都俱拔城, 亦曰固麻城, 其外更有五方, 中方曰古沙城, 東方曰得安城, 南方曰久知下城, 西方曰刀先城, 北方曰熊津城"이라 나온다.

자온대
自溫臺

자온대[12]는 백마강 우측에 위치해 있다. 대대로 전하기를 "백제왕이 항상 여기에서 잔치를 베풀고 즐겼다."고 한다. 매번 추운 날이면 모시는 신하들이 불을 가져다가 따뜻하게 만들었는데, 마치 돌이 저절로 따뜻해진 것과 같아서 왕이 그것을 좋아해 자온대라 이름 불렀다. 새겨진 글씨는 아직도 찾아볼 수가 있다.[13] 자온대는 강 언덕에 가까이 있어 침을 뱉으면 강으로 떨어질 정도

〈자온대〉

12) 『삼국유사』에 다음과 같이 나온다. 又泗沘崖又有一石, 坐十餘人. 百濟王欲幸王興寺禮佛. 先於此石望拜佛. 其石自煖, 因名煖石.

13) 강쪽의 절벽에는 우암 송시열(宋時烈, 1607~1689)이 쓴 것으로 알려진 '자온대(自溫臺)'라는 글씨가 있다.

이다. 자온대 뒤편의 청풍정(淸風亭)[14]은 매우 크고 널찍할 뿐만 아니라 강물이 흘러 이곳에 이르러 광활하고 아름답다. 바로 반월성을 마주보고 있으며 아침저녁마다 안개 낀 나무가 들판을 덮고 있어서 볼 만하다.

〈청풍정 지도〉

14) 청풍정(淸風亭): 현재 남아 있지 않다. 청풍정지는 수북정으로 올라가는 입구에 백마강비가 세워져 있고 그 밑으로 음식점이 있는데 바로 이 자리가 청풍정지이다. 청풍정은 부여 현감이었던 윤경원의 「청풍정기」가 있지만 관안에 내용이 빠져 있어 정확한 건립 시기를 알 수 없다. 다만 영조 때 '홍화문'의 편액을 썼던 정우언의 정기가 전하고 있어 대략 영조 때 처음 건립되지 않았나 추정된다. 한여름의 더위에도 서늘한 바람이 불어 가을과 같아 청풍정이라 하였다 한다.

대재각[15)]
大哉閣

자온대에서 올라가면 나부산(羅浮山)이 나온다. 산 아래는 백강 이경여(李敬輿, 1585~1657)가 옛날에 살던 곳이 있는데, 서원을 지어 이경여와 김집(金集, 1574~1656) 선생을 배향하고 있다.[16)] 효종(孝宗)이 북벌을 계획하여 서둘러 군대를 훈련시키자 이경여

〈대재각〉

15) 대재각(大哉閣): 충청남도 부여군 규암면 진변리 백마강가 암벽에 새겨진 글씨. 효종 때 명신인 이경여(李敬輿)가 1657년 병자호란의 치욕을 씻고자 북벌 계획에 관계된 정세의 득실을 논하여 상소를 올리니, 효종이 비답(批答)을 내렸는데, 그중에 "경의 뜻이 타당하고 마땅하지만 진실로 마음이 아프나 뜻을 실현하기에는 너무 늦다[誠以至痛在心, 有日暮途遠意]"라는 구절이 있었다. 이 정자의 이름을 대재각(大哉閣)이라 했는데, 이것은 이경여가 효종의 비답을 받았으므로 『書經』, 「咸有一德」의 "크도다 왕의 말씀이여(大哉王言)"라는 구절에서 따온 것이다.

16) 부산서원(浮山書院): 나부산(羅浮山)의 서남쪽 아래에 있는 서원 이름. 조선 중기의 문신 이경여(李敬輿)를 배향하고 있다.

〈부산서원〉

가 상소해서 불가하다고 했다. 임금이 거기에 비답을 내리기를 "해는 저물어 가고 갈 길은 먼데, 지극한 아픔이 마음 속에 있도다."라고 했다. 송시열(宋時烈)[17] 선생이 그 글을 빗돌에 써서 강기슭에 세우고 거기에 비각(碑閣)을 설치해서 빗돌을 보호했다. 벼랑이 험준하여 올라갈 수는 없다. 백강 이경여의 후손이 여기에 살았는데 경종(景宗) 때 신임옥사(辛壬獄事)에 이경여의 후손 이희지(李喜之)[18]가 연좌되어 죽임을 당했다. 그의 어머니와 아내가 백마강에 몸을 던져서 죽었으니, 대재각에서 얼마 떨어지지 않은 곳이다.

---

17) 송시열(宋時烈, 1607~1689): 조선 후기의 문신・학자. 자는 영보(英甫), 호는 우암(尤庵)이다. 주자학(朱子學)의 대가로서 이이(李珥)의 학통을 계승하여 기호학파(畿湖學派)의 주류를 이루었다. 성격이 과격하여 정적(政敵)을 많이 가졌으나 그의 문하에서 많은 인재가 배출되었으며 글씨에도 일가를 이루었다.

18) 이희지(李喜之, 1681~1722): 조선 후기의 학자. 본관은 전주(全州). 자는 사복(士復), 호는 응재(凝齋). 노론의 우두머리인 좌의정 이이명(李頤命)의 조카로, 왕을 시해하고 반란을 꾀했다는 소론의 무고를 받아 조사를 받던 중 곤장을 맞고 죽었다. 저서로 『凝齋集』이 있다.

진현성
眞峴城

진현성[19]은 지금의 충청도 진잠현(鎭岑縣)[20]이다. 공주(公州)에서 70리쯤 거리가 떨어져 있고 계룡산(鷄龍山) 기슭에 있는데, 회덕(懷德)[21]과 노성(魯城)[22] 등 여러 곳과 인접해 있다. 비록 자그마한 마을이나 백제가 융성할 때에는 여기를 근거지로 삼아 남쪽으로 신라를 막느라 전쟁으로 어지러웠던 커다란 진지였다. 백제왕인 풍(豊)과 복신(福信)[23]이 주류성[24]을 근거지로 삼아 나당연합군(羅唐聯合軍)과 항전(抗戰)했었는데 유인원(劉仁願)과 유인궤(劉仁軌)는 그때 공주에 주둔하면서 막았고, 복신은 방비가 허술하다는 것을 알고 나가서 공격했다. 지라성(支羅城)[25]과 윤성(尹城)[26], 대산(大山)과 사정(沙井) 등

---

19) 진현성(眞峴城): 진현(眞峴)은 지금의 진잠(鎭岑)인데, 이곳은 강을 끼고 있는 험고한 곳이 아니다. 이에 대해 이병도는, "진잠에는 강을 임한 험고한 곳이 없으므로 이는 잘못인 것 같다. 이것은 옛 이름이 내사지성(內斯只城)인 유성산성(儒城山城)으로 정정하여야 할 것이다. 유성산성은 강을 임한 험고한 곳이다." 하였다. 『국역삼국사기』 431쪽 주 참조.

20) 진잠현(鎭岑縣): 현재의 대전광역시 유성구 일대를 가리킨다.

21) 회덕(懷德): 현재의 대전광역시 대덕구 일대를 가리킨다.

22) 노성(魯城): 현재의 충청남도 논산군 노성면 일대를 가리킨다.

23) 복신(福信, ?~663): 의자왕의 사촌 동생, 무왕의 조카. 660년(의자왕 20) 나당(羅唐) 연합군이 공격해 오자 항전하였고 백제가 망하자 부흥(復興) 운동을 일으켰다. 일본에 가 있던 왕자 부여 풍(扶餘豊)을 옹립, 일본의 원병을 데려오게 하여 사비성(泗沘城)을 점령한 당군을 포위, 막대한 손해를 주었으나 당장(唐將) 유인궤(劉仁軌)의 원군에 쫓겨 임존성으로 퇴각하였다. 이듬해 다시 출격, 나당연합군에 큰 타격을 주었으나, 내분이 생겨 도침을 살해한 뒤 부여 풍마저 시해하려다가 도리어 죽음을 당하였다. 일본 사료(史料)에는 그의 성(姓)이 귀실(鬼室)로 되어 있다.

24) 주류성(周留城): 백제를 부흥(復興)하려는 군대를 지휘한 복신(福信)과 도침(道琛)의 중심 거점이었던 백제의 성. 백제 말기에 백제의 부흥 운동을 하던 근거지였다. 백제 부흥군이 이곳에서 신라와 당나라의 2차 연합군을 맞아 최후 결전을 전개하였다.

의 성책(城柵)을 공격해서 빼앗고 군대를 나누어 그곳을 지키게 했다.

대산은 지금의 홍산현(鴻山縣)[27]이다. 지라(支羅)와 윤성(尹城), 사정(沙井)은 내포(內浦) 일대의 여러 고을인 것 같다. 복신(福信) 등이 진현성(眞峴城)이 지세가 험하고 요충지여서 병력을 늘려 그곳을 지켰다. 인궤가 신라의 병사를 이끌고서 밤을 틈타 성 아래에 붙어서 풀을 휘어잡고 올라갔는데, 날이 밝을 무렵에 성에 들어가 차지하고는 신라의 군량을 통하게 하였다. 대개 추풍령 등성이는 구불구불하여 신라와 백제의 경계가 되며, 바위가 험하고 견고해서 충분히 지킬만한 곳이었다.

옛날 백제 때 흥수(興首)[28]가 말하기를 "신라의 병사가 탄현(炭峴)을 통과할 수 없게 하라."[29]고 했으니 혹은 부여현에서 14리 떨어진 지점에 있는 탄현을 가리킨 것으로 실증하기도 하지만[30], 군대가 14리까지 가까이 다가와 있는데 어떻게 방어할 수 있었겠는가. 그리고 또 그곳은 평탄해서 지키기에 충분치 않은

---

25) 지라성(支羅城): 지금의 충남 대덕군 진잠(鎭岑)이다. 또는 주류성(周留城)의 별칭이라는 설도 있다.

26) 윤성(尹城): 지라성 부근에 있는 성이다.

27) 홍산현(鴻山縣): 지금의 충청남도 부여군 홍산면에 해당한다.

28) 흥수(興首, ?~?): 백제의 대신. 성충과 함께 사치와 유흥에 빠져 가는 의자왕을 간하다가 유배되었다. 660년(의자왕 20) 나당연합군의 침입을 받고 왕이 유배지에 있는 그에게 사자를 보내어 그 방어책을 문의하자, 당나라 군사는 백강(白江)을 건너지 못하게 하고, 신라군은 탄현(炭峴)을 통과하지 못하게 하라고 충언했으나, 왕이 이를 실행하지 못하고 있다가 백제는 멸망하게 되었다.

29) 『중종실록』에 다음과 같은 기록이 나온다. 臣昔聞新羅金庾信與大唐蘇定邦, 共滅百濟, 前佐平成忠謀曰: "唐兵不得入白江, 羅兵不得過炭峴." 奸臣在側曰: "成忠在竄, 其言不可信." 遂覆巢而已. 嗚呼! 臣子忠義之心, 安有在竄而異乎?

30) 『新增東國輿地勝覽』에 "탄현(炭峴) 현 동쪽 14리에 있는데 공주와의 경계이다."라고 나온다.

곳이다. 탄현은 진산군(珍山郡)에 있으니 곧 또한 아주 험한 추풍령의 기슭으로 공격하기 어려운 곳이다.

〈흑석동 산성[31]〉

31) 흑석동 산성(黑石洞山城): 고무래봉(197m) 정상에 테를 두르듯 돌아 쌓아 만든 백제 시대 성으로 밀암성이라고도 한다. 성 둘레는 540m 정도로 자연석으로 쌓았던 성벽은 거의 허물어지고 윤곽선만 남아 있다. 삼국사기 및 중국 사서에 나당군과의 전투 기록이 상세하게 기록된 백제 부흥군의 주요 거점이었던 진현성(眞峴城)으로 추정하기도 한다.

사자수[32]
泗沘水

백제가 처음에는 위례(慰禮)에 도읍을 했으니 지금의 직산현(稷山縣)이고, 뒤에 도읍을 남한산성으로 옮겼으니 현재의 광주부(廣州府)이다. 그 후에 또 다시 북한산(北漢山)에 도읍을 옮기고 거기를 남평양(南平壤)이라 불렀으니 지금의 양주부(楊州府)에 해당한다. 그 뒤에 도읍을 웅진(熊津)에 옮겼으니 지금의 공주목(公州牧)이고, 후에 도읍을 사자(泗沘)로 옮겨서 국호를 남부여(南扶餘)라고 하였으니 지금의 부여현(扶餘縣)이다. 당나라 역사책에 이르기를 "백제 태자 융[33]은 부여의 융이다."라고 했는데,

〈백마강 (옛 사자수)〉

32) 사자수(泗沘水): 부여 백마강(白馬江)의 백제(百濟) 때의 이름.
33) 부여융(扶餘隆, 615~682): 백제의 왕족. 의자왕의 아들이다. 묘지는 중국 허난성 뤄양의 북망산(北芒山)에 있다.

〈의자왕과 그의 아들 부여융 무덤〉

이것은 나라 이름을 성씨로 삼은 것이다. 사자수 또한 나라를 가지고서 이름을 붙인 것이다. 그 근원은 호남 용담(龍潭)의 주졸산(珠卒山)과 무주(茂朱)의 덕유산(德裕山)에서 나오는데, 금산군에서 합류하면서 비로소 크게 되어 그 강물이 영동(永同)과 옥천(沃川), 청주(淸州) 등지를 거쳐서 공주에 이르게 되니 그 이름을 금강(錦江)이라고 한다. 그 아래쪽을 웅진(熊津)이라 하고, 또 그 아래는 백강(白江)이라고 한다. 사자는 곧 부여현 옆에 있는 물이다. 신라가 장수 김흠(金欽)[34]을 보내서 유인궤(劉仁軌)를 도울 때 옛날 사자수에 이르렀다가 복신에게 패했다. 고사(古泗)[35]는 아마도 사자수의 지류일 것이다.

---

34) 김흠(金欽, ?~?): 신라 때의 장군이다. 661년 당나라의 유인궤(劉仁軌)는 1,000명의 병사로 백제를 공략하였으나 패했고, 당나라 황제의 조서(詔書)를 받은 무열왕이 김흠(金欽)으로 하여금 유인궤를 구원하게 하였다. 김흠은 군사를 이끌고 고사(古泗)를 거쳐 주류성을 포위하였으나, 복신이 원병의 수가 적은 것을 알고 요격(邀擊)하니 신라군이 패하였다. 김흠은 갈령(葛嶺) 쪽으로 도망하여 돌아갔으며, 신라의 원병은 감히 다시 출병(出兵)하지 못하였다.

35) 고사(古泗): 전라북도 고부(古阜), 충청남도 서천으로 보는 견해 등 다양한 설이 있다.

간월도
看月島

간월도[36]는 서산의 바닷가에 있으며 신승(神僧) 무학(無學)이 잉태된 곳이다. 바닷물이 원산(元山)과 흥령(興嶺)으로부터 이르러, 간월도 아래에 모이게 된다. 그 섬은 마치 떠있는 마름풀과 같아서 4월 19일 밤과 8월 16일 밤만 되면 달이 뜰 때 달빛이 동서 가로로 걸쳐서 무지개다리처럼 밟을 수 있을 것만 같다. 그 너비가 한 필의 마전한 명주와 같으니, 이것이 간월(看月)이라는 이름을 붙인 까닭이다. 섬에 있는 작은 절은 백련사(白蓮寺)[37]라고

〈간월도〉

36) 간월도(看月島): 충남 서산시 부석면 간월도리에 소재해 있다. 바닷물이 만조일 경우에는 섬으로 변하고, 간조 때에는 육지로 변한다. 『萬機要覽』에는 다음과 같은 내용이 실려 있다. "달 경치가 가장 좋은 곳이다. 백련(白蓮)이란 작은 암자가 있는데, 중 무학(無學)이 출생한 곳이며, 송(宋) 나라 사람 정신보(鄭臣保)가 자고 간 곳이기도 하다.[月景最勝. 有小庵曰白蓮, 高麗神僧無學生於此, 宋人鄭臣保來泊]"

37) 백련사(白蓮寺): 현재의 간월암(看月庵)을 가리키는 것으로 보인다. 간월암은 충청남도 서산시 부석면 간월도리에 있는 작은 섬에 위치한 암자이다. 조선 태조 이성계의 왕사였던 무학대사가 창건한 암자이다. 무학이 이곳에서 달을 보고 깨달음을 얻었다는 데서 간월암이라는 이름이 유래하였다.

하는데, 너무 더러워서 잘 수가 없다.

고려의 정신보(鄭臣保)[38]란 사람은 중주(中州) 절강성(浙江人) 사람이었다. 송(宋)나라에서 벼슬해서 형부원외랑(刑部員外郞)이 되었었는데, 원(元)나라가 천하를 통일하게 되자 정신보가 수치스럽게 여겨 바다에 몸을 띄워 동쪽으로 가서 간월도에서 살았다. 뒤에 서산(瑞山)의 대사동(大寺洞) 고을 남쪽 5리 지점으로 옮겼는데, 거기에 있는 망운도(望雲島)의 성이 바로 정신보가 축성한 것이다. 서산에 사는 정씨들은 모두 정신보의 후손들이다.

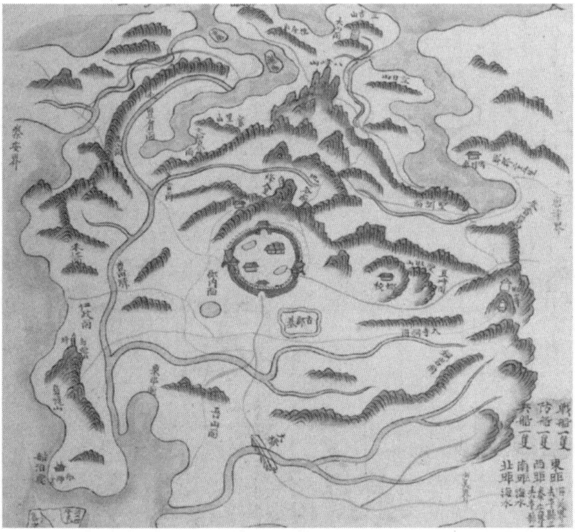

〈대사동 지도〉

38) 정신보(鄭臣保, ?~1261): 중국 저장성 출신으로, 송나라에서 상서형부원외랑(尙書刑部員外郞)을 지낸 성리학자이다. 몽골의 침략으로 송나라가 멸망하자 1237년 고려로 망명하여 충청남도 서산의 간월도에 정착하였다. 송나라의 문물과 유학(儒學)을 전수한 공으로 1292년 문하시랑평장사(門下侍郞平章事)에 추증되었고, 송곡서원(松谷書院)에 배향되었다. 아들 인경이 현달하여 서산(瑞山)을 본관으로 제수 받음으로써 서산 정씨의 시조가 되었다.

허형(許衡)[39]과 오징(吳澄)[40]은 경술(經術)과 문학(文學)은 참으로 칭찬할 만하나, 모두 변절하여서 원나라를 섬겼다. 정신보는 나라 밖으로 떠돌아다녀도 홀로 절개를 잘 지켜냈으니 아마도 기자(箕子) 뒤에 첫 번째 가는 사람일 것이다. 현재는 그 터를 알 수 없다.

내가 미수 허목(許穆)의 「월영대기(月影臺記)」[41]를 보니, "월

〈월영대〉

39) 허형(許衡, 1209~1281): 원(元)나라의 유학자. 자는 중평(仲平), 호는 노재(魯齋). 원나라의 주자학을 대표하였으며, 사서(四書) 외에 주자가 편찬한 『소학』을 특히 중시하였다. 세조 쿠빌라이의 신임이 두터워 경조제학(京兆提學)·국자좨주(國子祭酒) 등의 요직을 맡았으며, 후에 병을 이유로 물러나 제자들에게 실천 도덕을 주로 한 강학을 계속하였다. 저서에 『許魯齋先生心法』과 『許魯齋全書』 등이 있다.

40) 오징(吳澄, 1249~1331): 원(元)나라 숭인(崇仁) 사람. 자는 유청(幼淸) 또는 초려(草廬). 시호는 문정(文正). 한림학사(翰林學士)로 있으면서 주로 경(經)을 강(講)하였다. 그 초당(草堂)의 이름을 초려(草廬)라 하여 초려선생(草廬先生)이라 불리었다.

41) 월영대(月影臺): 신라시대 문창후(文昌候) 최치원이 대(臺)를 쌓고 제자들을 가르치던 곳이다. 고려, 조선시대를 거치며 안축(安軸)·정지상(鄭知常)·정이오(鄭以吾)·이황(李滉)·이민구(李敏求) 등 수많은 문신, 선비들이 이곳을 순례하고 남겨놓은 시들이 『東文選』, 『輿地勝覽』에 남아 있다.

영대는 창원부 관아에서 서쪽으로 30리 떨어진 합포(合浦)[42]라는 옛날 보루에 있다. 큰 바다를 마주보고 서쪽 언덕은 바다에 막혀 있으며 동쪽으로 웅산(熊山)[43]을 바라본다. 매달 열엿샛날 초저녁에는 바다의 조수가 만조가 될 때 월영대에 올라가서 달그림자를 살펴보면, 달이 바다에서 떠올라 산을 가리어서 그림자를 이룬다. 달그림자가 바다 가운데에 있을 때는 넓이가 97억 38,000척 남짓이나 되어 기묘하고 지극하다가, 달이 산에서 벗어나게 되면 그림자는 흩어진다."[44]라고 했다.

무릇 어느 밤인들 달이 없을까마는 섬의 달은 반드시 4월 19일 밤과 8월 16일 밤에만 가로로 걸쳐서 다리와 같이 된다. 대의 달이 반드시 매달 16일날이 되어야 산을 가리고 그림자를 이루는 것은 매우 기이한 일이니, 달의 경로가 마침 여기에 해당하는 것인가.

---

42) 합포(合浦): 통일신라시대부터 고려시대까지의 의안군 소속의 지명으로 현재 마산 지역.

43) 웅산(熊山): 경상남도 진해시와 창원시 · 김해시에 걸쳐 있는 산. 높이 670m이다. 곰산 · 시루봉이라고도 한다. 산세가 가파르고 잡목림이 울창하다.

44) 허목의 「月影臺記」에 다음과 같이 나온다. 月影臺, 在昌原府治西三十里合浦古壘傍. 當大海西畔隔海, 東望熊山. 每月既望初昏, 海潮方滿, 登臺觀月影, 月出海, 莗山成影, 月影在海中, 積九十七億三萬八千尺有奇而極, 月離山則影散. …하략…

안흥진
安興鎭

태안군(泰安郡)에서 안흥진(安興鎭)[45]에 이르면 진성(鎭城)이 산 정상을 차지하고 있고, 산은 백화산(白華山)[46]의 맥을 좇아 바다 안으로 쑥 들어가 있으며 섬들이 그 앞에 뒤섞여 있다. 그리고 그 뒤편에 가로놓여 있는 안면도는 소나무 숲으로 가득 차 있

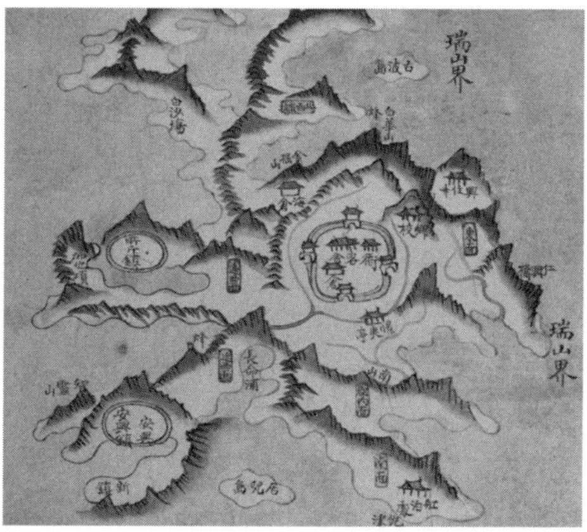

〈안흥진 지도〉

---

45) 안흥진(安興鎭): 충청남도 태안군 근흥면 정죽리(程竹里)의 안흥성 내에 설치한 진영(鎭營)이다. 『新增東國輿地勝覽』에 다음과 같이 나온다. 안흥진(安興鎭)은 서쪽으로 40리에 있는데, 본래는 안흥량(安興梁)의 수자리하는 곳으로 근포첨사(斤浦僉使)의 분병이 수자리하는 곳이다. 효종 4년에 화정도(花亭島)에 옮겨 세웠다가 6년에 사인(士人) 김석견(金石堅)이 세우기를 청하여 진성(鎭城)을 세웠는데 둘레가 3천 6백 21척이다.

46) 백화산(白華山): 충청남도 태안군 태안읍에 있는 산. 높이는 284m로, 금북정맥에서 서쪽으로 뻗은 능선이 팔봉산(326m)에 이어지고, 다시 백화산까지 산줄기가 이어진다. 작고 아담한 산이지만, 서해 바다를 끼고 있어 풍경이 아름답다. 산에는 기암괴석들이 많고, 바위들과 소나무가 어우러져 있고, 특히 산 정상에서 바라보는 일몰은 최고의 경관이다.

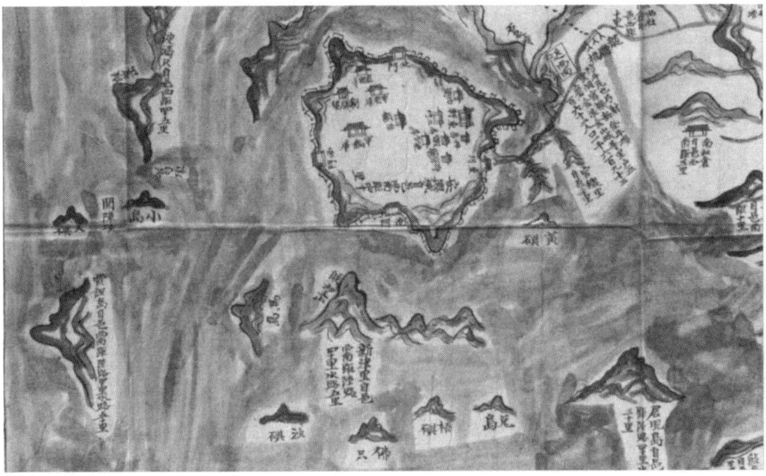

〈관장항 지도〉

다. 앞에는 후망봉(候望峰)[47]이 있고 정상에는 능허대(凌虛臺)가 있는데, 바다에 임한 모양새가 험준하여 오를 수가 없다. 그 동남쪽은 넓어서 끝이 없으니, 곧 청주(靑州)와 서주(徐州)의 경계이다. 성 서쪽에 험하게 높은 곳을 관장항(關障項)[48]이라 한다. 기슭에 붙은 뱃길이 능허대의 안을 거치게 되면 내양(內洋)이라 하고, 능허대의 밖을 거치게 되면 외양(外洋)이라 한다. 내양과 외양의 길은 관장항에서 만나고 있다. 조수가 많을 때라야 통과할 수 있고 그렇지 않으면 으레 배가 뒤집어지거나 부서지게 되니 이것이 안흥진을 설치하게 된 까닭이다.

---

47) 후망봉(候望峰): 안흥항 앞에 자리한 신진도에 우뚝 솟은 산을 일컫는 것인데, 이 산의 북쪽 끝에 있는 능허대(凌虛臺) 터와 괴암절벽이 있는데, 이곳의 경치가 유난히 아름다워 일찍부터 묵객(墨客)의 발길이 끊이지 않았다. 『태안군지』 참조.

48) 관장항(關障項): 서해안 해로 가운데 험하기로 이름났던 곳이다.

안면도
安眠島

서해의 큰 구경거리로는 안면도만한 곳이 없다. 섬 안이 그윽하고 고요하여서 살만한 곳이 많다. 땅이 소나무가 자라기에 적당해 나라에서 베는 것을 금지하고 있으며, 나라에서 건물 지을 일이 있으면 항상 (안면도에) 가서 소나무를 가져온다. 태안(泰安)에서 들어가면 굴포(掘浦)[49]에 이르게 되는데, 굴포는 나라에서 파서 만든 것이다. 이지함(李之菡)이 일찍이 이 섬의 산수를 마음에 들어 하여 며칠 동안을 머무를 때 "이후에 반드시 이 산맥을 파내는 사람이 있으리라."라고 말했는데, 과연 태안군의 이

〈안면도〉

---

49) 굴포(掘浦): 지금의 충청남도 태안군(泰安郡) 태안읍(泰安邑)과 팔봉면(八峰面) 경계에 있는 고개를 말한다.

〈굴포 지도〉

방(吏房)인 방경령(方景齡)이란 자가 감영에다 건의해서 파냈다고 이른다.[50)]

섬의 지맥은 백화산(白華山)에서 바다 속으로 뻗어나갔다가 그 얕은 곳을 따라 터서 통하기 때문에 뱃길이 약간 빠르다. 그러나 파도가 몰아쳐서 아주 험한 나루터라고 불린다. 굴포에서 삼봉(三峯)에 오르면 험한 봉우리가 바닷가에 우뚝하고, 삼봉에서 백사정(白沙汀)[51)]에 이르게 되면 모래가 쌓여 고개를 이루고 있으며, 고개 위에는 푸른 소나무로 덮여 있다. 방향을 틀면 팔지송

---

50) 『萬機要覽』에 나오는 이야기이다. 이지함(李之函)이 일찍이 이 섬의 산수를 좋아하여 며칠씩 머무르며 구경하다가, "뒤에 반드시 이 뒤 줄기를 파내는 이가 있을 것이다." 말하였는데, 그 뒤에 태안군 이방(吏房)인 경령(景齡)이 감영에 건의하여 육지에 붙은 데를 파내서 하나의 섬으로 만들었다. [李之菡嘗愛此島山水, 留玩屢日, 因日, "後必有鑿此後脉者" 後泰安郡吏房景齡獻議監營, 鑿其入海連陸處, 遂爲一島] 글자에는 약간의 출입이 있다. 번역은 고전번역원의 것을 따른다.

51) 백사정(白沙汀): 가운데 큰 못이 있어 춘나물[蓴]이 나고 못 양 옆엔 해당화가 만발한다. 해방풍(海防風)이 나는데 그 새싹을 나물로 먹으면 매우 향기롭고 맛나다. 『萬機要覽』 참조. 성해응 본인이 「白沙汀」이라는 제목으로 시를 지은 바 있다.

〈백화산〉

(八枝松)[52]이 보이는데 소나무 두 그루가 아주 울창하고 크긴 하나, 그중에 하나는 이미 썩었다. 봉황대(鳳凰臺)란 곳은 이 섬에서 가장 경치가 좋은 곳으로, 인가가 즐비하여 서울과 같은 모습이 있으며 저녁 경치는 더욱 기이하다. 섬들이 서로 앞을 가리고 있는데 중간에 문 하나가 아주 넓어서 곧바로 청제(靑齊)[53]로 통할 수 있다. 붉은 해무리가 바다에 가득 차 있고, 하늘과 물이 끝없이 이어져 있으며, 소나무의 푸른빛이 무더기로 쌓여 있던 광경을 나는 지금까지도 잊을 수가 없다.

52) 성해응 본인이 「八枝松」이란 제목의 시를 지은 적이 있다.
53) 청제(靑齊): 보통은 산동(山東)에 있는 청주(靑州)의 제군(齊郡)을 말한다.

영보정
永保亭

영보정[54]은 보령(保寧)의 경계에 있는데, 현재 수군영이 있는 곳으로 지세는 배를 숨겨놓을 만하다. 경치 좋은 곳으로는 한산사(寒山寺)를 들지만, 사찰 역시 특이한 볼거리가 없다. 솔숲이 양쪽 고개를 끼고 있고, 바닷물이 그 가운데로 들어가서 결성(結城)[55]의 남쪽에 이르러서야 그친다. 영보정이 그 중턱쯤에 자리 잡고 있다. 앞쪽이 고개에 막혀 있어 바다 빛을 빼꼼히 바라볼 수 있었으니 탁 트이게 보지 못한 것이 한스러웠다.

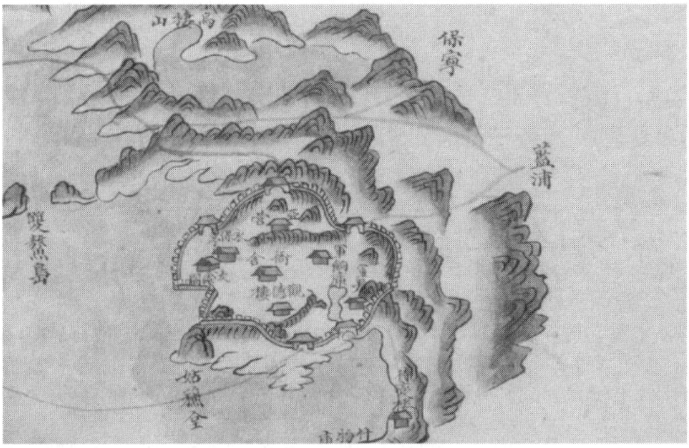

〈영보정 지도〉

---

54) 영보정(永保亭): 소성(蘇城) 북쪽에 정자(亭子)의 터가 있는데 여기를 영보정(永保亭) 터라고 부른다. 이곳에 수군절도사영(水軍節度使營)이 생길 때 지은 정자(亭子)이다. 영보정에 대해서 성해응은 여러 편의 시를 남겼다.

55) 결성(結城): 결성현(結城縣)을 가리키는 것으로 보인다.

황 강[56]
黃 江

황강은 강을 끼고 있는 요충지에 자리 잡고 있다. 매우 좁은 양쪽 산 사이로 푸른 강이 흐르고 있다. 비록 널찍하지는 않지만 고요하고 한적하며 협곡의 경치 중에서 가장 뛰어나다. 권상하(權尙夏, 1641~1721) 선생이 거기에 살았기 때문에 선생의 서원이 있으며, 그 아래에는 권씨 가문의 집들이 많다. 산수헌(山水軒)은 자의[57] 권진응[58]의 강가에 있는 집으로 어렴풋하게 보인다. 그에 관해서 옛 노인들에게 들어보니 권공은 지암 김양행(金亮行)[59]과 영춘 남숙관(南肅寬)[60]과 함께 이웃이 되어 초가집이 서로 마주 보고 있었으며, 지팡

〈권상하 초상(權尙夏像)〉

56) 황강(黃江): 지금의 충북 제천군 한수면.

57) 자의(諮議): 조선(朝鮮) 시대 초기(初期)에 삼사(三司)에 딸린 정4품(正四品) 벼슬

58) 권진응(權震應, 1711~1775): 본관은 안동(安東), 자는 형숙(亨叔), 증조부는 권상하(權尙夏)이다. 한원진(韓元震)의 문인이다. 어려서부터 수업하여 오직 학문에만 힘썼고 과거시험을 보지 않았으나 초선(抄選)에 뽑혀 자의(諮議)가 되었다. 후에 권상하의 일로 『裕昆錄』을 소론(疏論)한 것 때문에 제주(濟州)에 귀양을 갔다가 몇 해 뒤에 방면되었으나 병으로 죽었다.

59) 김양행(金亮行, 1715~1779): 조선 후기의 문신 · 학자. 본관은 안동, 자는 자정(子靜), 호는 지암(止菴) 또는 여호(驪湖). 벼슬에 뜻을 두지 않고 오직 학문 연구에 전념하여 성리학을 비롯 예학과 역학에도 조예가 깊었다. 많은 학자들이 문하에서 배출되었다. 이조판서에 추증되었으며, 시호는 문간(文簡)이다. 저서로는 『지암문집』 9권이 있다.

60) 남숙관(南肅寬, 1704~1781): 서울 백악산 아래 북동에 살았던 사람으로 시와 그림에 뛰어나고 사천(槎川) 이병연을 종장(宗匠)으로 삼은 팔표기(八驃騎)의 한 사람이다. 영춘현감을 지냈다.

〈황강영당(黃江影堂, 구 황강서원)[61]〉

이를 짚고 끊임없이 왕래 했으니 참으로 한 시대의 두터운 친분이었다. 김양행은 그 후에 여강(驪江)가로 옮겨 살았고, 남숙관은 세상을 떠난 뒤에 자손들이 출세하지 못해 몸소 농사를 지어 자급자족을 하며 살았다. 오직 권씨의 후손들만이 예전부터 내려온 가업(家業)을 지켜가고 있다 하니, 권씨의 종가에는 고적(古蹟)이 많아서 구경할 만하였다.

61) 황강서원(黃江書院): 한수재에서 100m 떨어진 언덕 위에 있었으나 화재로 소실되고 "황강서원조정비"만 남아있다. 황강 영당은 본래 1726년에 건립하고 그 이듬해 사액된 황강서원(黃江書院)으로, 수암서원이라고도 하였다. 1871년 서원 철폐령에 따라 철폐되자 그 자리에 송시열(宋時烈)·권상하(權尙夏)·한원진(韓元震)·권욱(權煜)·윤봉구(尹鳳九) 등 5현(賢)의 영정을 모시는 영당을 건립한 것이다.

단양 읍촌
丹陽邑村

단양 읍촌은 비록 조용한 정취로 가득하지만, 산 기운이 음산하여서 살기에는 적합하지 않다. 이요루(二樂樓)62)와 봉서정(鳳棲亭)63)은 모두 옛날의 절경(絕景)이었다. 유적(遺跡)들이 많았는데 현재는 무너진 것들이 많다. 우화교64)는 냇물 옆에 있었는데 냇물의 원천은 예천(醴泉)에서 나온다. 누각 아래를 구불구불 돌고 있는 물이 맑아서 마음에 쏙 든다.

〈단양지도〉

---

62) 이요루지(二樂樓址): 객사의 서쪽 단양천변에 있었던 누각터. 1444년 단양군수 이달이 세웠는데 8간(間)의 2층 누각으로 안평대군이 쓴 제액(題額)이 남아 있었다. 『연려실기술』에는 다음과 같은 기록이 나온다. "군의 서쪽에 있다. 김일손(金馹孫)의 기문(記文)이 있다."

63) 봉서정터(鳳棲亭地): 이요루(二樂樓) 남쪽에 있던 정자터. 1602년 단양군수 이준이 창건하였는데 지금은 없어졌다. 단양 관아의 대표적인 누정(樓亭)이었다.

64) 우화교(羽化橋): 단성면에서 단양천을 건너는 큰 다리. 이윤영의 아버지인 이기중이 1753년에 처음 세운 다리이다.

하선암[65)]
下仙巖

하선암은 군(郡)의 남쪽으로 수십 리 지점에 있다. 하선암은 훌륭한 경치는 없지만 계곡 안에는 이보다 나은 볼거리도 많다. 다만 시냇물이 운치가 있기에 이름을 붙인 것이다. 옛날에는 불암(佛巖)이라고 불렸었는데 임제광(林霽光)이 하선암(下仙巖)이라 고쳤다.[66)]

---

65) 하선암(下仙岩):소백산맥을 흐르는 남한강 상류에 위치하는 단양 남쪽 4km 지점인 단성면(丹城面) 대잠리(大岺里)에 있으며, 심산유곡의 첫 경승지로서 불암(佛岩)이라 부르던 3층의 넓은 바위를 조선 성종 때 임제광(林齊光)이 선암(仙岩)이라 부른 뒤부터 하선암이라 개칭하였으며 봄에는 철쭉꽃, 가을에는 단풍이 온 산을 물들이며 절경을 이룬다.

66) 성해응이 임제광(林霽光)의 「丹陽山水可遊者記」를 참고한 것으로 보이는데, 이 글은 『臥遊錄』에만 실려져 있다.

중선암
中仙巖

중선암(中仙巖)[67]은 바위의 형세가 그윽하고, 물이 세차게 흘러 두 줄기의 폭포를 만들고 있다. 위아래의 돌이 모두 옥과 같이 맑고 깨끗했고, 숲속의 나무는 우거졌으며, 시냇가의 돌은 착착 쌓인 것이 마치 뜰의 계단과 같아서 앉을 만하였다. 내가 유람을 할 때는 깊은 가을이라 쓸쓸하여 그윽한 흥취를 더욱 도왔다.

〈중선암(中仙巖)〉

67) 중선암(中仙岩):단양 남쪽 10km의 단성면 가산리(佳山里)에 있으며, 삼선구곡(三仙九曲)의 중심지이다. 흰색의 바위가 층층대를 이루고 있으며, 효종 때 곡운(谷雲) 김수증(金壽增)이 명명(命名)한 것으로 전해온다. 암계류(岩溪流)에서 쌍룡(雙龍)이 승천하였다 하여 쌍룡폭포라고도 한다.

상선암[68]
上仙巖

중선암(中仙巖)에서 고개 하나를 넘으면 채 몇 리가 못 되어 상선암이 나온다. 시내 위에 있는 큰 반석이 펀펀해서 백여 명도 앉을 만하다. 차일암(遮日巖)은 절벽이 높게 깎아질러서 물살이 빙빙 돌다가 점차로 넓어진다. 돌들이 물속에서 삐죽삐죽 솟아 있고, 어지러운 물줄기가 세차게 쏘아댄다. 바위를 지나 몇 십 걸음 못 가서 붉은 벼랑이 우뚝 솟아 있는데 높이가 백 길은 됨직하니, 이것을 경천벽(擎天壁)이라 이른다.

〈상선암〉

---

68) 상선암(上仙岩): 단양 남쪽 12km 지점의 가산리에 있으며, 중선암에서 약 2km 올라가면 수만 장의 청단대석(靑丹大石)으로 된 벽과 반석 사이로 흐르는 계수(溪水)가 폭포를 이루고 있어 절경이다.

수일암
守一菴

수일암은 상선암(上仙巖)의 위에 있다. 그 위는 독락성(獨樂城)[69]의 옛 터인데 지역이 아주 깊숙하고 고요하다. 중선암, 상선암 둘 다 옛날에는 이름이 없었다가 권상하가 처음으로 상선암이란 이름을 붙였다. 곡운 김수증(金壽增)이 청풍부사가 되었을 때 그 말을 듣고 와서 놀다가 다시 중선암이란 이름을 붙였다.

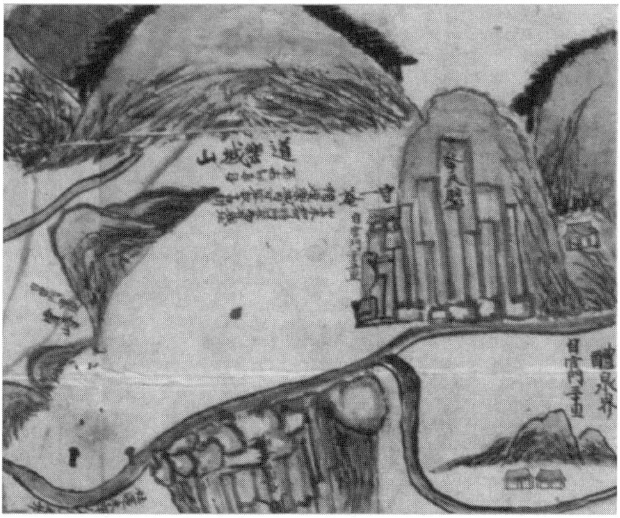

〈수일암 지도〉

69) 독락성(獨樂城): 군의 동남쪽에 있는데, 서 · 남 · 북쪽은 몹시 험악하고 동쪽만은 사다리가 만들어져 있지만, 이리저리 돌이 흩어져 험하다. 중턱쯤 올라가면 수천 명을 수용할 수 있는데 옛날 난을 피했던 곳이다. 『大東地志』 참조.

유선대
遊仙臺

하선암(下仙巖)에서 군(郡)으로 들어서서 10여 리쯤 가는 동안 그 사이에 시냇물이 네댓 번이나 꺾이는데, 깊은 곳은 무릎을 넘는다. 여기에 이르면 흰 돌과 잔잔한 못물이 매우 아름답다. 기이하고 장엄한 것은 상선암만 못하나 맑고 깨끗한 것은 그보다 나으며, 희고 밝은 것은 중선암만 못하나 평평하고 넓은 것은 그보다 나으니 이것이 유선대(遊仙臺)이다.

사인암
舍人巖

군(郡) 뒤에 있는 장림역(長林驛)에서 남쪽으로 가다 보면 사인암(舍人巖)에 이르게 된다. 시냇가에 우뚝하게 서 있으며 높이가 수십 길이다. 마치 석청(石靑)과 석록(石綠), 주사(朱砂)와 산호(珊瑚), 웅황(雄黃)과 유금(乳金) 등으로 층층첩첩 만들어서 고르게 물들여져 있고, 주름이 잡히고 모서리진 것이 꼭 먹줄을 튕겨 놓은 것 같다. 바라보면 정신이 취하게 되고 가까이 하면 마음이 기쁘게 되니 공경할 만하고 사랑할 만하여 말로 다 표현할 수가 없다. 정상에는 나무와 꽃이 우거져 무성하다. 사인암 아래에 맑게 고여서 투명하고 한 길 남짓 되는 냇물을 옥류담(玉流潭)이

〈사인암〉

라 한다. 그 못물 위에 있는 돌로 된 낚시터는 평평하고 매끄러워서 앉을 만한데, 사선암(四仙巖)이라고 한다. 사인암에서 건너가면 개황정(開荒亭)[70]이 있는데 현재는 참판 오대익(吳大益)[71]의 별업(別業)으로 되어 있다.

〈사인암(이방운의 그림)〉

70) 개황정(開荒亭): 여기에 대해서는 임수간(任守幹)의 『遯窩遺稿』에 「開荒亭記」가 실려있다.
71) 오대익(吳大益, 1729~?): 자세한 행적은 알 수 없다.

운 암
雲 巖

사인암(舍人巖)에서 동남쪽으로 가면 1리가 채 못 되어 운암(雲巖)을 볼 수 있다. 밖에서 바라보면 기이한 줄 모르다가 벼랑 위에 와서 험준한 데를 내려다보니, 맑게 흐르는 물이 굽이쳐 돌고 모래와 돌들이 평평하게 깔려 있으며 낭떠러지에는 바윗돌이 가득했다. 동쪽에는 바위 하나가 우뚝하게 서 있는데 마치 구름이 일어나는 것과 같은 특이한 무늬가 있어 운암이라고 부르는 것 같다. 그 지역은 깊숙하고 또한 땅이 걸고 기름져서 살 만한데 서애 유성룡(柳成龍, 1542~1607)의 옛집 터라고 한다.

〈운암〉

장회촌
長淮村

장회촌은 구담(龜潭)의 옆에 있는데 심씨(沈氏)들이 그곳에 살고 있다. 퇴계 이황 선생의 기문(記文)에 이르기를 "넓은 골짜기와 깊은 산이 살기에도 농사일에도 안성맞춤이니 유유자적하며 은거할 만한 곳이었다."[72]라고 한 데가 바로 이곳이다.

단양이 비록 산수가 좋아 이름난 고장으로 불려도 살 만한 곳은 아주 적은데 오직 장회촌만은 평평하고 널찍해서 벼나 수수를 심기에 알맞고, 게다가 영남으로 가는 통로에 자리 잡고 있어 물고기와 소금을 도움 받을 수가 있으며, 배나무와 대추나무가 무성하고, 닭 우는 소리와 개 짖는 소리가 서로 들리는 참으로 기막힌 지역이다. 그 옆에 있는 설마동(雪馬洞)[73]에는 샘물과 돌들이 매우 기이하다.

72) 이황, 「丹陽山水可遊者續記」에 "崖窮而見曠谷邃崦, 可棲可耕, 爲隱居盤桓之所"라 나온다.
73) 설마동(雪馬洞): 새바우골 중간에서 동쪽 우일 광산 쪽으로 통하는 길가에 있는 골짜기. 골짜기 양쪽에 화강암이 여러 겹으로 하늘을 뚫을 듯이 솟아 있어서 흰 눈이 쌓이면 소나무와 어울려 멀리서 보면 흰말이 달리는 것 같다 한다. 단성면사무소 홈페이지 참조.

구 담[74)]
龜 潭

장회탄(長淮灘)에서 내려오면 물살이 매우 세차서 구봉의 동쪽 벼랑을 쳤다가 물줄기가 굽어 북쪽으로 향하고, 가은봉(可隱峯)[75)] 아래에서 돌게 된다. 물살이 잦아들면 그제야 꺾어서 서쪽으로 흘러 들어가 고인 푸른 물이 3~4리쯤 되는데 동문(洞門)이 마주 버티고 있어서 그 밖을 볼 수가 없다. 구봉은 물의 남쪽에 우뚝 솟아 있으며 붉고 푸른빛이 비추고 있다. 그 동쪽 봉우리를 취적봉(吹笛峯)이라 하는데 가장 기이하며, 그 서쪽 봉우리를 이별봉(離別峯)이라 하는데 깎아지른 절벽이 마치 사람을 보낼 때 정이 있는 것과 같다. 물의 북쪽에 있는 산들은 구불구불하게 산세가 빼어났으니, 그중에서 가장 출중한 것을 가은봉(可隱峯)이라 한다. 그 정상에 있는 옛 성[76)]은 고려 말기에 골짜기 사람들

---

74) 이 글은 오원(吳瑗)의 「淸峽日記」를 거의 그대로 차용했다.

75) 이황, 「丹陽山水可遊者續記」에 다음과 같이 나온다. 가은봉이란 곳은 물이 북으로 돌아서로 꺾어지는 구비에 이르고, 서쪽으로는 오로봉과 서로 대하였고, 그 두 봉우리 사이에 골짜기가 있으니, 아연하게 남으로 향하였으며, 깊고 고요하여 사람의 자취가 끊어졌고 동문(洞門) 밖에 편편한 자갈밭이 있는데, 물에 다다른 것이 마루와 뜰 같아서 낚시하며 놀 수가 있다. 오직 이 한 구비에서 모든 경치가 모여 있는 것을 감상할 수 있으니 옛사람이 가은(可隱)이라 이름 지은 뜻이 여기에 있을 것이다. [可隱峯者, 當北轉西折之曲, 而西與五老峯相對, 兩峯之間, 有洞呀然而南向, 窈閴幽深, 人跡四絕, 洞門之外, 有石磯臨水如堂陛, 可以釣遊. 惟此一曲, 盡得諸勝之會, 古人名之日可隱, 意其在此乎.] 번역은 고전번역원의 것을 따른다.

76) 여기서는 가은암산성(可隱巖山城)을 가리킨다. 금수산의 남쪽 끝에 있는 둘레 약 12km의 산성으로, 『신증동국여지승람』에는 “가은암산성이 석축으로 둘레 약 3,018척이며 거의 퇴락하고 안에 3개의 우물이 있는데, 고려 말 제천, 청풍 및 단양 사람들이 이곳에서 왜적(倭敵)을 피했다.”고 기록되어 있다.

이 왜구를 피한 곳이다. 봉우리 서쪽에 깊은 골짜기는 고인이 된 처사 정시한77)이 살던 곳이라 하며 현재에도 몇 채의 집이 있는 마을이다. 마을 서쪽에 산봉우리들이 보일락 말락 하면서 다섯 개의 봉우리가 이어져 있는 곳을 오로봉(五老峯)이라 하며, 또 서쪽의 두 봉우리가 차례대로 이어져 푸르고 굳센 것이 여러 봉우리의 갓이 되어 가장 높다. 마치 새가 고개를 들고 나는 것 같고, 기운이 쩌서 울창한 것은 현학봉(玄鶴峯)과 채운봉(綵雲峯)이다.

구담의 뒤쪽인 남쪽 벼랑에 당도하면 서너 개의 봉우리가 우뚝하게 나란히 솟아 있다. 색깔이 푸르기도 하고 희기도 하며 사면

〈구담〉

77) 정시한(丁時翰, 1625~1707): 조선 중기 학자. 본관은 나주(羅州). 자는 군익(君翊), 호는 우담(愚潭)이다. 독학으로 성리학(性理學)을 연구, 원주(原州)에 은거하여 농업에 종사하면서 후진 양성에 힘썼다. 그의 학문은 정약용(丁若鏞)·이익(李瀷) 등 실학자에게 많은 영향을 주었다. 원주의 광암사(廣巖祠)에 제향되었다. 저서에 『우담집』, 『산중일기』 등이 있다.

〈옥순봉도(김홍도의 그림)〉

을 가지런하게 깎은 듯한 것은 옥순봉(玉笋峯)[78]이니, 모두가 퇴계(退溪) 선생께서 이름을 붙인 것이다. 강 물줄기는 여기에 이르면 고르고 넓다. 동구(洞口) 돌 위에 단구동문(丹邱洞門)이란 넉 자를 새겼으니 또한 퇴계 선생의 글씨이다. 구담의 북쪽 기슭에 높직한 석대는 펀펀하고 매끄러워서 앉을 만하며, 흰 모래가 그 앞에 쭉 깔려 있다. 구담 앞에는 여러 승경들이 비추고 있어서 바라볼 만하다. 대의 표면에는 강선대(降仙臺)[79]라고 새겨져 있다.

78) 옥순봉(玉笋峯): 충청북도 단양군 단성면 장회리에 있는 봉우리. 높이가 290m이다. 연산군 때의 김일손은 『여지승람』에, 이중환은 『산수록』에 이곳의 뛰어난 경치를 칭송하였다. 원래는 청풍군에 속하였으나, 이황이 단양군수로 재직하던 때 돌벽에 '단구동문(丹丘東門)'이라는 글을 암각하여 이곳이 단양의 관문이 되었다고 전해진다. 주변에는 강선대와 이조대가 마주보고 있는데, 강선대는 높이 15m의 층대가 있고 대 위는 100여 명이 앉을 수 있을 만큼 넓다.

79) 강선대(降仙臺): 단양에서 서쪽으로 약 8km 지점의 가은암산(可隱岩山) 아래에 있는 큰 바위로 이호대(二皓臺)와 마주보고 있다. 바위 높이는 약 15m로 층대(層臺)를 이루는데, 그 위에 100여 명이 앉아서 놀 수 있다고 한다. 지금은 충주호에 잠겨 물이 많을 때는 볼 수

〈강선대, 현학봉〉

구담의 남쪽 기슭에는 산 낭떠러지가 높이 솟아나 있고 수풀의 나무가 무성하게 가리고 있으니 이름을 이호대(二皓臺)[80]라고 한다.

없지만 담수량이 줄어들면 널따란 바위가 드러난다. 이곳은 조선 시대의 거유(巨儒) 퇴계 이황이 단양군수로 재임 중에 두향(杜香)이라는 기생과 정을 나눈 곳으로 잘 알려져 있다.

80) 이호대(二皓臺): 충청북도 단양군 단성면 장회리의 석주탄(石柱灘, 돌내기여울) 옆에 있는 바위를 가리키는데, 지금은 충주댐 건설로 인하여 물에 잠겼다. 물에 잠기기 전에는 이곳에 여울이 흘렀는데, 물 가운데 기둥처럼 생긴 바위가 서 있어 물살이 우레 같은 소리를 내며 급히 흘러 석주탄이라 불렀다고 한다. 이호대라는 명칭은 조선 중종 때의 학자 주세붕(周世鵬)이 지었다.

도 담
島 潭

단양군에서 북쪽으로 십수 리쯤 되는 곳에 조그마한 나루가 있다. 마을사람들이 마진(馬津)이라 일컫는 상진(上津)이다. 하진(下津)을 건너면 가파른 석벽이 북쪽 언덕에 가로 솟아 있는데, 이는 서학암(棲鶴巖)으로 탁영 김일손(金馹孫)[81]이 이름을 붙인

〈도담(이방운 그림)〉

---

81) 김일손(金馹孫, 1464~1498). 조선 전기의 학자·문신. 본관은 김해(金海). 자는 계운(季雲), 호는 탁영(濯纓) 또는 소미산인(少微山人). 그는 김종직의 문인 정여창(鄭汝昌)·강혼(姜渾) 등과 교유하였으며, 소릉복위 상소나 조의제문을 사초에 수록하는 등 매우 과감하고 진취적인 현실 대응 자세를 보였다. 이러한 것은 세조의 즉위 사실과 그로 인해 배출된 공신의 존재 명분을 간접적으로 부정한 것으로 당시에는 매우 모험적인 일이었다. 저서로는 『濯纓集』이 있다.

〈도담 삼봉〉

곳이고, 창석(蒼石) 이준(李埈)[82]이 일찍이 정자를 지었다. 강을 건너 북쪽으로 가서 산의 계곡 가운데를 거의 15리쯤 가게 되면 마을이 광활하게 탁 트여 있다. 삼봉(三峯)의 드러난 정상이 신과 같았으니 괴이한 형상이 처음에 보는 사람을 놀라게 할 만하며, 점점 가까워질수록 더욱 기이하다. 도담 가에 있는 버드나무 그늘에 앉아서 바라보면 모두가 깎아지른 듯 곧은 것이 빼어나고, 가운데 있는 봉우리가 가장 높아서 수십 길이 될 만하며, 좌우의 봉우리는 약간 낮아서 기러기의 행렬과 같다. 조그마한 배에 올라타서 물을 거슬러 올라가면, 물의 북쪽 벼랑에 백 길이나 됨직한 푸른 절벽이 가운데가 뻥 뚫린 아치(arch) 모양의 문이 되어

82) 이준(李埈, 1560~ 1635): 본관은 흥양(興陽). 자는 숙평(叔平), 호는 창석(蒼石), 유계(酉溪)이다. 유성룡(柳成龍)의 문인으로 1591년 문과 급제하여 교서관 정자가 되었다. 저술로는 『蒼石集』이 있으며, 『兄弟急難之圖』를 편찬하였다. 상주의 옥성서원(玉城書院)과 풍기의 우곡서원(愚谷書院)에 제향되었다. 시호는 문간(文簡)이다.

〈단양 석문〉

훤하고 텅 빈 것이 꼭 무지개나 내려온 듯 했으니 그 곳이 곧 석문(石門)[83]이다. 더 거슬러 올라가 큰 바위 아래에 이르러 배를 돌려 서쪽으로 들어가면, 마치 바위의 윗부분이 떨어진 듯 하여 못물 빛이 아주 시커멓게 보인다. 신령스러운 것이 물속에 있는 듯 하여 오래 머물러 있을 수가 없었다. 이곳이 바로 은주암(隱舟巖)이다. 물길 따라 내려와서 석문에 이르러 깎아지른 듯한 언덕에서 올라가면 가마솥 같기도 하고 솥 같기도 하고, 절구통 같기도 하고 그릇 같기도 한 굴 하나를 구경할 수 있다. 자색 이끼가 석액[84]에 끼어 있어 이것을 선인전(仙人田)이라 이른다. 그러나 전구(田區)와 같지는 않아서 선인전이라 하는 것은 세속에서 일컫는 말이다.

---

83) 석문(石門): 단양 북쪽 12km 지점의 도담삼봉 하류에 있다. 남한강변에 높이 수십 척의 돌기둥이 좌우로 마주보고 서 있는 위에 돌다리가 걸려 있어서 무지개 형상을 하고 있다.

84) 석액(石液): 바위틈에서 솟는 신령한 약수를 뜻하는 듯하다.

〈은주암 지도〉

풍혈과 수혈[85)]

風水穴

병산(屛山) 아래에 풍혈[86)]과 수혈[87)]이라는 두 구멍이 있는데, 가을에서 겨울까지는 바람이 안 나오고 봄과 여름 사이에는 바람이 분다. 동굴 입구에서 땅에 엎드려 기어 들어가면 커다란 방과 같은 것이 나온다. 십여 걸음 쯤 가다보면 북쪽으로 작은 구멍이 있는데 이 구멍을 지나면 기이한 것이 많고, 형상이 더욱 고요하고 음산해서 공포심을 느끼게 된다. 위아래에서 항상 물결이 출

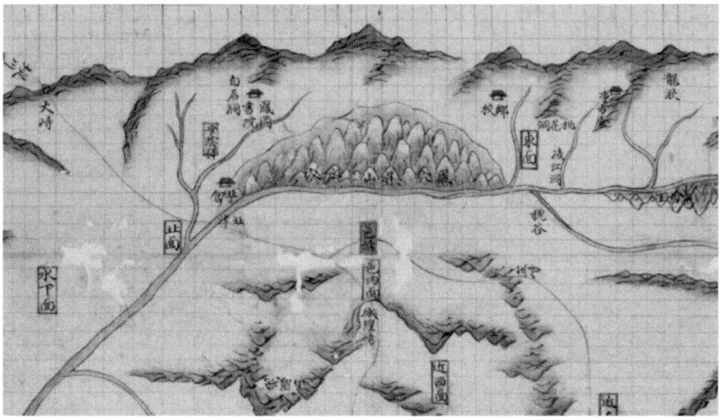

〈풍혈, 수혈 지도〉

85) 이 글은 조구명의 「追記東峽遊賞 己酉」를 많이 참고한 것으로 보인다.

86) 풍혈(風穴): 금병산 바위 동굴에 있다. 자연에서 만든 것으로 시원한 바람[冷風]이 저절로 생겨 나온다. 봄과 여름에는 그 바람의 시원스러움이 성하다가 가을과 겨울에는 이 바람굴(風穴)로 들어간다. 이러한 조화(造化)는 헤아리기 어려운 것이다. 『조선환여승람』 참조.

87) 수혈(水穴): 역시 금병산 샘에서 솟아 흘러나온다. 그 물맛은 아주 좋고 시원하다. 『조선환여승람』 참조.

렁대는 소리가 난다. 횃불을 앞세워 가다 보면 두 개의 구멍이 나온다. 서혈의 수십 보 지점에 깊은 못이 있어서 건널 수가 없다. 동혈은 깊이 들어가면 구멍이 점차로 커져서 마치 집처럼 높이가 사오 척이나 되고, 뒤에 있는 구멍은 창문 같으며, 창문 아래에는 부엌 모양이 있는 것 같아서 옛날에 병란을 피했던 곳이라 한다. 병산은 대체로 모두 움푹 들어갔는데 흙이 붙어있으며, 정상에는 황양과 살구나무가 많다.

한벽루[88)]
寒碧樓

청풍부의 관아는 강을 등지고 봉령(鳳嶺)을 마주보고 있다. 관아와 시골집이 언덕을 따라서 펼쳐져 있다. 강 너머 서 있는 금병산(錦屛山)[89)]은 산의 모습이 감춰져 드러나지 않고 빼어나게 아름다우며, 강 밖을 가로막고 있는 높고 험한 곳이다. 한벽루는 금병산의 정면에 해당하니, 이것이 경치가 기이하다고 하는 까닭이

〈한벽루〉

88) 한벽루(寒碧樓): 충청북도 제천군 청풍면 물태리에 있는 조선 시대의 누각. 고려 말인 충숙왕 4년(1317)에 청풍현 출신의 승려 청공(淸恭)이 왕사(王師)가 되면서 청풍현이 청풍군으로 승격되었는데, 이때 이를 기념하기 위하여 청풍현 객사 동쪽에 이 누각을 건립하였다.

89) 금병산(錦屛山): 병풍산(屛風山)이라고도 부른다. 청풍군의 북쪽 1리 지점에 있다. 이곳에 풍혈(風穴 - 바람이 생겨 나오는 구멍, 또는 동굴), 수혈(水穴 - 물이 생겨 나오는 水源地)이 있다. 『조선환여승람』 참조.

〈금병산(이방운의 그림〉

다. 여울물 소리가 항상 비바람이 치는 것 같아서, 농암 김창협의 시에 "여울물 소리가 밤마다 비 오듯 했고, 산 빛은 온 누대가 구름에 쌓였네"[90]라고 한 것이 이것이다. 달이 금병산에서 떠오르면, 산 그림자가 강 속에 거꾸로 비쳐 마치 옥(玉)으로 만든 부도(浮屠)와 같다. 강 위로 거슬러 올라가면 십 리쯤 되는 곳에 학소암(鶴巢巖)이란 곳이 있는데, 바윗돌이 물속으로부터 솟은 것도 있고 잠긴 것도 있다. 등짝을 드러낸 돌의 모양이 거북이나 용과 비슷하다.

90) 김창협의 「郡齋秋懷」라는 시이다.

도화동[91)]
桃花洞

도화동은 부(府)의 남쪽으로 십 리쯤 되는 곳에 있고, 그 옆은 능강동(凌江洞)이란 곳이다. 강을 빠져나와 시내를 따라 들어가면 누운 폭포[臥瀑]와 맑은 못이 있는데 그윽하고 깊숙하며 조용하고 외지며, 마을 집들은 깨끗하여 좋았다. 그 안에는 취적대(吹笛臺)가 있으니 높이가 몇 길쯤 된다. 좌우에 돌로 된 절벽이 첩첩으로 이루어진 것 같고, 그 위에는 길이 있는데 백운동(白雲洞)으로 통하여 용추(龍湫)로 이어진다.

〈도화동(이방운의 그림)〉

91) 도화동(桃花洞): 오도일(吳道一)이란 사람이 있었는데 아호는 서파(西坡)로 해주(海州) 사람이다. 문과(文科)에 급제하였고, 글씨를 쓰고 새겨 놓은 명칭으로는 취적대(吹笛臺)라고 쓰여 있다. 『조선환여승람』 참조.

朴達山
高橋川
北倉
北面
大德山
滄川
水下面
近西面
東面
凌江洞
加羅峙
近南面
丹陽界
黃江驛
新塘村
書院
水上驛
槐谷
遠南面

〈능강동 지도〉

수옥정[92)]
漱玉亭

수옥 폭포는 조령(鳥嶺)의 우측에 있다. 몇 이랑의 맑은 못이 거울처럼 깨끗하고 푸르다. 언덕 위에는 후계(后溪) 조유수(趙裕壽)[93)]가 세운 정자가 있었는데, 지금은 없어지고 황량한 밭이 되었다. 내가 일찍이 연풍현(延豊縣)으로 들어가서 산길을 통과하는데 얼어붙은 눈덩이가 높다랗고, 얼어붙은 폭포에서 졸졸 흐르

〈수옥정〉

92) 수옥정(漱玉亭): 1711년 동강(東岡) 조상우(趙相愚, 1640~1719)가 정자를 지었고, 또 1706년에 연풍현감에 부임한 조유수(趙裕壽)가 우연히 이곳 개암나무 숲속에서 아무도 모르던 폭포를 발견하고 수옥정(漱玉亭)을 세우니 연풍(延豊) 사람들이 그를 기리어 바위에 글을 새겼다고 한다.

93) 조유수(趙裕壽, 1663~1741): 조선 후기의 문신. 본관은 풍양(豐壤). 자는 의중(毅仲), 호는 후계(後溪)이다. 시(詩)에 뛰어났으며, 문집에 『후계집』이 있다.

는 물소리는 거문고 소리처럼 아름다웠다. 튀는 물방울이 다닥다닥 얼어서 마치 옥가산(玉假山)과 같아서 기이하고도 현란하였다. 다만 동부(洞府)가 넓지 못한 곳이라서 한스러웠다.

〈수옥폭포〉

고산정
孤山亭

괴산(槐山)의 산 기운은 아주 호방하고 힘이 있다. 화양동(華陽洞)의 물은 협곡을 뚫고 나와, 산천이 둘러싼 요충지가 되었다. 강가의 돌들은 널찍해서 앉을 만한 곳이 많다. 고산정은 서형 유근[94]의 별장이다. 냇물이 동쪽에서 와서 북쪽으로 꺾이었다가 서쪽으로 방향을 바꾸고, 또 북쪽으로 흐르는 것이 휘어진 활과 같다. 조그마한 산들이 불쑥불쑥 일어났다. 좌우로 푸른 절벽들이 기이하게 깎아질러 있고, 그 아래에는 푸른 못물이 자못 깊고 넓으며, 흰 모래가 띠처럼 비추고 있어 경치가 아주 확 트여 있다. 정자 우측의 절벽에는 명나라 사신 주지번(朱之蕃)[95]이 쓴 은병(隱屛)이란 두 글자가 새겨져 있다. 북쪽으로는 백곡(柏谷) 김득신(金得臣)[96]의 유허를 바라보고 있

〈유근〉

94) 유근(柳根, 1549~1627): 조선 중기의 문신. 본관은 진주. 자는 회부(晦夫), 호는 서경(西坰)·고산(孤山). 시호는 문정(文靖). 이황(李滉)의 문인이다. 어릴 때부터 신동 소리를 듣던 그는 시문에 뛰어났는데, 특히 시에 능하였다. 문집에 『서경집』이 있으며, 괴산(槐山)의 화암서원(華巖書院)에 제향되었다.

95) 주지번(朱之蕃): 명(明)나라 때의 학자. 자는 원개(元介), 호는 난우(蘭嵎). 서화에 능하였다. 1595년에 벼슬길에 올라 예부우시랑(禮部右侍郎)을 지냈다. 그가 1606년 이부 시랑(吏部侍郎)으로서 조선에 사신으로 나왔을 때 우리나라 학자들과 교류가 많았다. 저서에 『奉使稿』가 있다.

96) 김득신(金得臣, 1604~1684): 조선 중기의 시인으로 자는 자공(子公), 호는 백곡(栢谷)이다. 음보(蔭補)로 참봉(參奉)이 되고, 1662년 증광문과(增廣文科)에 급제, 가선대부(嘉善大夫)에 올라 안풍군(安豊君)으로 습봉(襲封)되었다. 후에 화적(火賊)에게 살해되었으며, 당시

〈고산정〉

으며, 안개 낀 나무가 여기저기 서 있다. 옛날 이여송이 왜인들을 뒤쫓아 충주에 이르렀는데, 그때 왜인들이 조령을 차지하고 있어서 통과할 수가 없었다. 이여송의 별장(別將)이 괴산을 거쳐서 청주의 송면촌(松面村)[97]으로 나가 상주에 주둔을 했으니 그 길이 이 냇물의 근원을 따르고 있는 것이다.[98]

시명(詩名)이 있었다.

97) 송면촌(松面村): 이중환의『擇里志』에 다음과 같이 나온다. 청천에서 동북쪽으로 수십리 지점에 송면촌(松面村)이 있다. 문경(聞慶) 괴산(槐山) 청주 세 고을의 경계에 위치하였고, 시내와 산이 제법 아름답다.

98) 이때의 정황은 한치윤의『海東繹史』에 나오는데,『明史』의 내용을 전재한 것이다. "이에 유정이 상주(尙州)의 조령(鳥嶺)으로 달려갔다. 조령은 길이가 70리로 깎아지른 듯한 절벽 사이를 통하는 유일한 길인데, 왜적들이 이곳의 험함을 믿고서 저항하였다. 이에 별장(別將) 사대수, 조승훈 등으로 하여금 샛길을 통해 괴산(槐山)으로 넘어가 조령의 뒤쪽으로 나아가게 하니, 왜적들이 크게 놀라 드디어 부산포로 옮겨 갔다. 유정과 조승훈 등이 대구(大邱)와 충주(忠州)로 나아가서 주둔하고, 전라도의 수군(水軍)이 부산 해구(海口)에 포진하여 조선이 대략 평정되었다."

화양동
華陽洞

청천(菁川)에서 화양(華陽)으로 들어가서 그 첫째 굽이는 경천벽(擎天壁), 둘째 굽이는 운영담(雲影潭), 셋째 굽이는 읍궁암(泣弓巖), 넷째 굽이는 금사담(金沙潭), 다섯째 굽이는 능운대(凌雲臺), 여섯째 굽이는 첨성대(瞻星臺), 일곱째 굽이는 와룡암(臥龍巖), 여덟째 굽이는 학소대(鶴巢臺), 아홉째 굽이는 파곶[巴串]이라고 한다.

경천벽은 그 절벽의 지세로 이름을 붙인 것으로 그 형세가 곧고, 운영담은 물의 경치로 이름을 붙인 것이니 그 경치가 맑으며, 읍궁암(泣弓巖)[99]은 사실로서 이름을 붙인 것이니 그 일이 서글

〈경천벽〉

〈운영담〉

99) 읍궁암(泣弓巖): 송시열이 효종의 승하를 슬퍼하여 매일 새벽마다 울었다 해서 붙여진 이름.

〈읍궁암〉

〈금사담〉

〈능운대〉

〈첨성대〉

〈와룡담〉

〈학소대〉

픈 것이다. 금사담(金沙潭)은 못물의 빛깔로 이름을 붙인 것이라 그 물빛이 곱고, 능운대(凌雲臺)는 산의 기운으로 이름을 붙인 것이라 그 기가 울창했으며, 첨성대(瞻星臺)는 낭떠러지의 새긴

〈파곶〉

글자로서 이름을 붙인 것이라 그 새겨진 글씨가 깊숙한 것이었다. 와룡암(臥龍巖)은 바위의 모습으로 이름을 붙인 것이라 그 형상이 기이했고, 학소대(鶴巢臺)는 산봉우리와 골짜기의 운치로 이름을 붙인 것이니 그 운치가 그윽하였으며, 파곶[巴串]은 물과 돌의 운치로서 이름을 붙인 것이라 그 운치가 기이하고 밝았다. 그러나 화양이란 이름은 황묘(皇廟)로 인해서 더욱 현창(顯彰)이 되었으니, 여기를 찾는 자들은 머뭇거리면서 떠날 수 없게 된다. 어찌 다만 하나의 산과 하나의 물 때문이었겠는가.

선유동
仙遊洞

선유동은 안과 밖이 있다. 그 바깥에 해당하는 것은 문경의 희양산(曦陽山) 서쪽의 20리 지점에 있고, 그 안쪽에 해당하는 것은 파곶[巴串] 위 10리 지점에 있다. 돌아나가는 폭포[盤瀑]가 맑고 시원하며 산봉우리와 골짜기가 그윽하고 아름답다. 시내의 우측에는 큰 바위가 대를 이루고 있는데 앞으로 절벽을 마주하고 있으며, 선유동 밖은 그것을 주관하는 이씨가 몇 칸의 정자를 세웠다. 이씨는 동고 상국 이준경(李浚慶, 1499~1572)의 후손이다. 선유동 안에는 돌들이 죽 널려 있는데, 거북처럼 엎드려 있는 것 같기도 하고 두꺼비처럼 웅크리고 있는 것 같기도 하다. 시내를 따라 수백 보를 내려오면 또 높은 바위들이 뾰족뾰족하고, 바위

〈선유동〉

들이 떠받들어 문을 이루고 있으며, 바위 위에는 외갈래 길이 하나 있어서 통행할 만하다. 냇물이 그 밑으로 돌아서 못물을 이루고 있고, 중간에는 여울돌[石磯]이 많아서 앉을 만하다. 농암 김창협이 화양동의 승경(勝景)을 품평할 적에 선유동(仙遊洞)을 파곡(葩谷)[100]보다 더 쳐 주었다.[101] 그러나 선유동은 숨겨져 있지만 아름답고, 파곶은 거침없고 기이하니 중요한 것은 즐기기를 어떻게 하느냐에 달려 있어서 아마 순위를 억지로 매기기는 어려울 것이다.

100) 파곡(葩谷): 파곶(葩串: 또는 巴串)을 말한다.

101) 김창협의 『農巖集』, 「華陽諸勝記」에 다음과 같이 나온다. "선유동(仙游洞)은 골짜기의 널찍한 정도가 비록 파곡에 미치지는 못한 듯하나, 수석(水石)이 매우 기이하고 웅장하며 좌우에 또 아름다운 바위 절벽이 있어, 그 장엄하고 아름답고 호젓한 풍치가 거의 비할 데가 없을 정도이다. 내가 논하자면 파곡보다 위로 치겠다.[仙游洞, 開廣寬平, 雖若不及葩谷, 而水石極奇壯, 左右又有巖壁之勝, 偉麗幽敻, 殆無可比. 以吾論之, 宜居葩谷之上矣]" 번역은 고전번역원의 것을 따른다.

상류의 강 길을 기록하다
記上流江行

탄금대
彈琴臺

탄금대는 충주읍 관아의 북쪽에 가로 솟아 있는데, 큰 강을 등지고 달천을 우측에 끼고 있다. 땅의 모양이 거문고를 타는 것과 같다 하여 이름이 붙여졌다. 신라 때 우륵(于勒) 선인이 거문고를 타던 곳이라고 한다. 우리나라에 이곳에서 독신(瀆神: 강을 주관하는 귀신)에게 제사지내는 제도가 있었으니, 양진명소(楊津溟

〈탄금대〉

所)[102]라고 했다. 봄가을마다 향축(香祝)[103]을 내리고, 사옥(祠屋)이 있으며, 그 아래에는 여울물 소리가 매우 크다. 사람들이 이르기를 순변사(巡邊使) 신립(申砬, 1546~1592)이 탄금대를 지키고 있다가 패전한 곳이라고 하지만, 실제로는 단월역(丹月驛)에서 패배하고 스스로 탄금대의 못에서 몸을 던졌다고 한다. 서북쪽으로 누암(樓巖)을 바라보니 인가가 즐비하여 서울 강가에 있는 풍경과 같다.

102) 양진명소(楊津溟所): 고려와 조선 시대에 충청북도 충주 탄금대가 있던 지역의 이름. 양진명소는 탄금대 북쪽 강가에 임한 금휴 포구에 있었다. 한때는 신립 장군의 사당이라고도 하였으며 고려 시대부터 봄·가을로 나라에서 향을 내리고 기우제를 지내기도 하였다고 한다. 또한 이곳의 제신(祭神)인 오룡(五龍)에게 제사하던 별신굿놀이로 '양진명소 오룡굿'이 전해지고 있다. 근년에 이 오룡굿을 문화제 행사에서 시연하고 있다.

103) 향축(香祝): 제사에 쓰는 향과 축문.

달 천
達 川

달천은 곧 괴강(槐江)의 하류로 물이 매우 맑아서 마음에 쏙 들었다. 조령으로 가는 요충지가 된다. 옛날에 기우자 이행[104]이 일찍이 그 물맛을 보고 말하기를 "여산(廬山)의 폭포와 같다."[105] 라고 하였다.

〈달천〉

---

104) 이행(李行, 1352~1432): 고려 말·조선 초의 문신. 본관은 여주(驪州). 자는 주도(周道), 호는 기우자(騎牛子)·백암(白巖)·일가도인(一可道人). 시호는 문절(文節). 1371년 문과에 급제, 한림수찬(翰林修撰)을 지냈다. 1405년 예문관대제학으로 계품사(啓稟使)가 되어 명나라에 다녀와서 승녕부판사(承寧府判使)·한성부판사(漢城府判使)를 거쳐 1407년 형조판서, 1415년 개성유후사유후(開城留後司留後)가 되었다. 문집으로 『騎牛子集』이 있다.

105) 『연려실기술』에 다음과 같이 나온다. 임진왜란 때 명나라의 장수가 물맛을 보고 "중국의 여산 폭포(廬山瀑布)와 같다."고 말하였다. 달천은 속리산에서 발원하여 금천(金遷) 앞에 이르러 청풍강(淸風江)과 합류한다. 금천은 대도시이다. 금천의 서쪽 십여 리 되는 곳에 가흥창(嘉興倉) 조운창이 있다.

가 흥
可 興

가흥[106]은 장미산(薔薇山)[107] 기슭에 있다. 협곡의 강은 굽이 돌아 물살이 센 여울이 많다. 산세가 가리고 있으며 창고가 정상에 자리하고 있다. 처음에는 나라에서 영남과 호남의 곡식을 운송해 와서 수참(강가에 있는 역)을 설치하고 이곳으로 운반하였

〈가흥창〉

106) 가흥창(可興倉): 충북 중원군 가금면(可金面) 가흥리 남한강변에 있었던 조선 시대의 조창(漕倉). 원주의 흥원창(興原倉), 춘천의 소양강창과 더불어 수참선(水站船)으로 세곡을 운반하는 참운(站運)의 좌수참(左水站)에 속하여 좌수참창이라고도 하였으며, 1465년에 설치되었다. 가흥창의 세곡 수납 관할 구역은 경상도의 각 읍과 충청도의 각 읍 등이었으며, 이들 지역에서 수납된 세곡은 남한강 수로를 통해 260리에 이르는 서울의 용산창으로 운송되었다.

107) 장미산(薔薇山): 충청북도 충주시 가금면 가흥리와 장천리에 걸쳐 있는 산. 전설에 따르면 삼국 시대에 장미와 보련 남매가 성 쌓기 내기를 하였는데, 이때 남동생인 장미가 성을 쌓았다고 하여 유래한 이름이다. 실제로 긴 꼬리처럼 남한강 가를 감싸는 산이라 하여 장미산(長尾山)이라 하였다고도 한다. 낮은 산세에도 불구하고 주변 조망이 훌륭하다. 멀리 충주 시내와 남한강, 그 주변이 한눈에 내려다보인다.

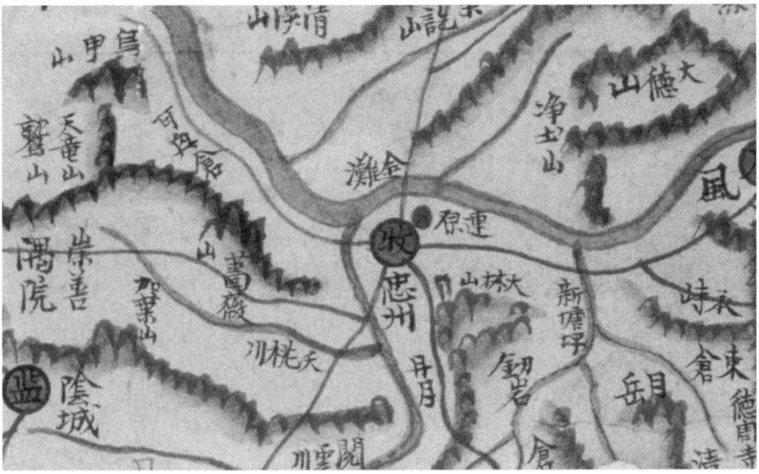

〈장미산 지도〉

는데, 현재 영남의 곡물은 남해의 조운(漕運)으로 많이 나르고, 호남의 곡식은 서해의 조운(漕運)으로 많이 나르고 있다. 다만 충주(忠州), 연풍(延豊), 괴산(槐山), 진천(鎭川), 청안(淸安), 음성(陰城) 여섯 고을의 미곡은 강 길로 조운하니, 가흥창 아래에 있는 사람들이 수단과 방법을 가리지 않고 이익을 탐하며 생활하는 사람이 많다. 생활의 풍족함은 목계(木溪)와 나란히 일컬어진다.

영 죽
映 竹

영죽(映竹)은 가흥촌(嘉興村)의 서북쪽으로 20리 지점에 있고, 그 아래에는 험한 여울이 있다. 강을 따라서 갈대꽃이 30리를 뻗쳐 있어 매해 초가을에 보면 마치 눈과 같다.

손 곡
蓀 谷

손곡은 영죽 아래 원주(原州)의 경계에 있으며, 옛날 시인 이달(李達)이 살던 곳이다. 강물이 넓어 맛 좋은 물고기가 많아서 강가 사람들이 물고기를 잡아 생활을 하고 있다. 성씨(成氏)가 그곳에 많이 살고 있는데, 처사인 성 아무개의 후손이다. 처사의 고상한 운치는 봄마다 얼음이 녹으면 배를 강에 띄워 100여 리를 내려가 물고기를 술로 바꾸어 마셨으니, 당나라 때 장지화(張志和)[108]의 풍류가 있다. 그의 자손들이 그저 어부라서 그런 것뿐이니 그다지 이상할 것은 없다.

108) 장지화(張志和, 약730~약810): 자는 자동(子同). 또 자호를 현진자(玄眞子)라고 했다. 전해지는 작품은 그리 많지 않으며, 대부분 은거 생활을 소재로 한 것이다. 특히 그의 『漁父歌』 5수는 후인들의 찬사를 받은 시로서 후대에 많은 영향을 미쳤다.

법 천
法 泉

법천(法泉)은 손곡(蓀谷)과 멀지 않다. 강기슭에 있는데 강물은 더욱 넓고 아득하며, 남쪽으로는 칠암(漆巖)을 바라보고 있다. 시골 마을이 평온하고 안개 낀 나무가 아름다우며, 동네로 들어갈수록 깊숙하고 고요하면서도 널찍하며, 경치 좋은 시내가 있고 시골집들로 꽉 차 있어, 참으로 강가의 경치 좋은 곳이다.

흥원창[109)]
興元倉

횡성에 있는 여러 계곡의 물이 원주에 이르러 섬강(蟾江)이 되고, 북쪽에서 가로 흘러 흥원창 북쪽의 바위에 모이게 되는데 그 바위의 형세가 천 길이며 물소리는 끊임없이 이어진다. 흥원창에서 남쪽을 바라보면 큰 강이 세차게 흐르고 강기슭을 돌아서 서쪽으로 가면 섬강과 만나게 되는데 강 길이 넓고 멀어서 두 기슭에서는 사람을 거의 구분하지 못한다. 흥원창 아래에는 배를 생업으로 삼아서 부자가 된 사람들이 많다. 옛날에 백사 이항복(李恒福, 1556~1618) 공이 일찍이 광해군의 조정에 불안을 느껴 재야에 물러가 살고자 하여 정충신(鄭忠信)[110)]에게 상류

〈흥원창〉

109) 흥원창(興元倉): 고려 시대에 지방에 설치하였던 조창(漕倉). 흥원창은 고려 13개 조창의 하나로 원주(原州) 은섬포(銀蟾浦)에 있었다. 조선 후기에는 관선조운(官船漕運)이 쇠퇴하고 사선업자에 의한 임운(賃運)이 행해지면서 그 기능은 쇠퇴하였다.

110) 정충신(鄭忠信, 1576~1636): 조선 중기의 무신. 본관은 금성(錦城), 자는 가행(可行), 호는 만운(晩雲), 시호는 충무(忠武), 봉호는 금남(錦南). 1592년 임진왜란 때 권율(權慄)의 휘하에서 종군 중, 그의 장계(狀啓)를 가지고 의주(義州)에 갔다가 이항복(李恒福)의 주선으로 학문을 배웠다. 천문(天文)・지리・복서(卜筮)・의술(醫術) 등 다방면에 해박하

에서 알맞은 곳을 택하게 했다. 정충신이 흥원(興元)을 그림으로 그려서 돌아가자 백사 이항복이 거기에 살려고 했지만, 얼마 안 있어 북쪽으로 유배되었기 때문에 실현하지 못했다고 한다.

고, 청렴하기로도 이름이 높았다. 광주(光州)의 경렬사(景烈祠)에 배향되었다. 문집에 『만운집』, 저서에 『白沙北遷日錄』, 『錦南集』 등이 있다.

청심루
淸心樓

청심루는 여주읍 관아에 있으므로 황려현(黃驪縣)이라 한다. 목은 이색(1328～1396)이 누대 위에서 여러 번 놀았는데 시에서 "물 막아 준 공로는 마암석이 으뜸이고, 하늘에 떠있는 형세는 용문산이 커다랗네."111)라고 하였다. 누대에서 동쪽으로 바라보면 단실(丹室)이 오른편에 있고 신륵사(神勒寺)가 왼편에 있으며, 새벽과 저녁마다 종경(鍾磬) 소리가 강을 건너서 왔으니 또한 경치가 좋은 지역이다. 큰 강물이 큰소리를 내며 마암(馬巖)에 이르러 부딪쳐서 서쪽으로 꺾여 넓게 퍼져 광활하다. 이것이 없었다면 고을이 잠기어서 호수가 되었을 것이니, 대개 바위 위에 신마(神馬)의 발자국이 있다고 한다. 서쪽으로 바라보면 용문산이 하늘을 찌를 듯 서 있어서 구름과 안개가 일어나는 것과 같으니, 목

〈청심루(정수영 그림)〉

111) 이색, 「驪興淸心樓題次韻」

〈신륵사〉

〈마암〉

은의 시가 절묘하다는 것을 더욱 알게 한다. 백암(白巖)과 이호(梨湖)에 있는 여러 시골 마을들은 위 아래로 어울러 있고, 강을 따라 있는 누대에 꽃과 버들이 우거져 있으며, 사대부들이 많이 상류에 나란히 붙어살았으니, 경치 중에서도 이것과 견줄 만한 것이 없다. 옛날에 우암 송시열 선생이 이완(李浣)[112]의 옛 집에

〈대로사〉

우거하면서 글을 올려 벼슬을 내놓고 쉴 것을 청원했었다. 일찍이 밤중에 청심루에 올라가서 효종의 능을 바라보며 지은 시에 "밤 깊어 달이 지자 능의 잣나무 캄캄한데, 어디에다 무릎 꿇고 아뢸지 알 수 없네."[113]라고 하였다. 그 후에 정조대왕의 어가가 여강 가에 거둥할 때, 그곳에 있던 인사들이 문정공을 위한 사당을 세울 것을 청원하자, 대로사(大老祠)[114]라 사액(賜額)하였다.

112) 이완(李浣, 1602~1674): 조선 중기의 인물. 자는 징지(澄之), 호는 매죽헌(梅竹軒)이다. 1636년 병자호란 때 정방산성(正方山城)을 맡아 적을 크게 무찌르고, 이후 함남·황해도 등 여러 곳의 병사를 주로 역임하였다. 1649년 효종 즉위 후 포도대장을 거쳐 1650년에는 어영대장에 올랐으며 김자점(金自點)의 모역을 다스리기 위해 포도대장을 거듭 맡았다.

113) 송시열,「夜坐淸心樓瞻望寧陵感賦」

114) 대로사(大老祠): 우암(尤菴) 송시열(宋時烈)선생을 모신 사당으로 정조 9년에 김량행(金亮行) 등 유림에 명하여 건립하고 동년에 사액(賜額) 되었다.

앙덕촌
仰德村

앙덕촌은 양근(楊根)의 경계에 있다. 강가의 촌락이 거의 없는 것이 맘에 들어 오리(梧里) 이원익(李元翼)[115]이 일찍이 우거하던 곳이기도 하다. 이원익 공이 광해군(光海君)에게 글을 올려 효도를 권고했다가 흉도(凶徒)들에게 배척당하고 홍천(洪川)으로 유배가게 되었다. 그 후에 석방되어 앙덕촌에 돌아와서 살았다고 한다.

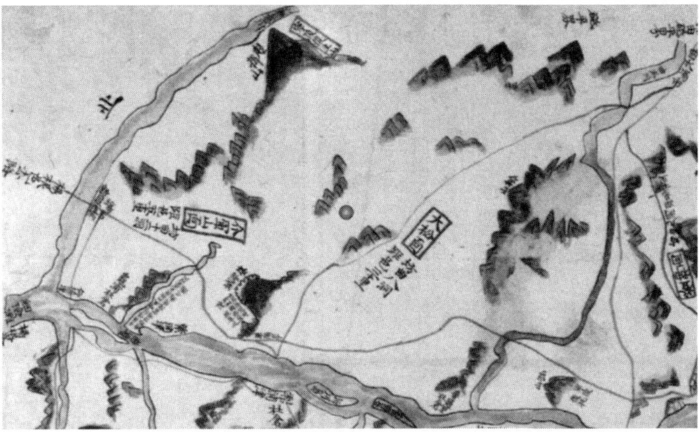

〈앙덕촌 지도〉

115) 이원익(李元翼, 1547~1634): 조선 중기의 문신. 본관은 전주. 자는 공려(公勵), 호는 오리(梧里). 시호는 문충(文忠). 1598년 영의정이 되었는데, 유성룡(柳成龍)을 변호하다 사직, 은퇴하였다. 문장에 뛰어났으며, 남인에 속했으나 성격이 원만하여 정적들에게도 호감을 샀다. 인조의 묘정(廟庭)에 배향되고, 여주의 기천서원(沂川書院) 등 여러 서원에 배향되었다. 저서에 『梧里文集』 등이 있다.

석호정
石湖亭

석호정은 신암 신정하(申靖夏)[116]가 거처했던 곳이다. 신공이 젊었을 때부터 고상한 운취를 지니고 있어서 강호(江湖)에 살기를 좋아하였는데, 관직을 그만 둘 때마다 곧바로 이 정자에 거처하였다. 강가에 절벽이 우뚝 솟아 있다. 석호정 뒤의 높은 고개는 매우 위태롭고, 동쪽으로는 큰 강을 바라보고 빙빙 돌아 흘러 정자 아래에서 물굽이 친다. 그 둥근 형세는 상현달과 같고, 흰 모래가 널리 펼쳐져 두 눈에 가득하니, 달밤에는 경치가 더욱 기가 막히다.

---

116) 신정하(申靖夏, 1681~1716): 조선 후기의 문신. 본관은 평산(平山). 자는 정보(正甫), 호는 서암(恕菴). 1705년 문과에 급제, 검열(檢閱)·부교리(副敎理) 등을 지냈다. 1715년 헌납(獻納)으로 있으면서 소송이 일어나 노론과 소론이 대립하였을 때 이진유(李眞儒) 등이 노론을 모략하므로 장편의 소를 올려 노론을 변호하였으나 받아들여지지 않고 파면되었다. 문집에 『恕菴集』이 있다.

동음[117]의 산수를 기록하다
記洞陰山水

백로주[118]
白鷺洲

백로주는 영평현 남쪽의 큰길가에 있다. 포천(抱川)의 물이 만세교(萬歲橋)[119]에 도달해 영평의 금수산 남쪽의 물과 합해졌다

〈백로주〉

117) 동음(洞陰): 영평(永平)의 옛 이름이다.

118) 백로주(白鷺洲): 경기도 포천시에 있는 '영평 8경' 중에 하나이다. 영평 8경은 창옥병(蒼玉屛), 금수정(金水亭), 와룡암(臥龍岩), 선유담(仙遊潭), 화적연(禾積淵), 백로주(白鷺洲), 청학동(靑鶴洞), 낙귀정지(樂歸亭址) 등이다. 백로주와 관련된 글로는 허목의 「白鷺洲記」가 있다.

119) 만세교(萬歲橋): 만세교라는 이름이 언제부터 있었는지는 분명치 않다. 조선 태조 이성계가 함흥을 오가면서 이 다리를 지났다고 해서 붙은 이름이라고 한다. 『輿地圖書』에 "영평현의 남쪽 10리, 포천현의 북쪽 20리 북관대로에 만세교가 있다"는 내용이 있다.

가, 여기에 이르러서는 양 갈래로 나뉘어 수십 보를 내려가다 다시 합쳐진다. 그 사이에 펀펀하게 깔린 큰 돌이 높이는 수십 길이고 모두 삼층에 층마다 단풍나무와 소나무가 나 있으며, 사면은 모두 맑은 못이다. 그러므로 이백(李白)의 시인 “이수중분백로주(二水中分白鷺洲)”의 시구를[120] 가져다가 이름을 지은 것이다.

지금은 물길이 여러 차례 바뀌어 두 개의 갈림길이 합쳐 하나의 갈림길이 되었다. 돌 위에는 우암(尤庵) 송시열(宋時烈), 백주(白洲) 이명한(李明漢)[121], 용주(龍洲) 조경(趙絅)[122], 감호(鑑湖) 양만고(楊萬古)[123]의 절구 시가 새겨져 있고, 백로주의 서쪽 바위에는 또 백로주(白鷺洲)라는 석 자가 있으며, 동쪽 벼랑의 석벽도 또한 기이하게 깎아질러 있다.

---

120) 이백, 「登金陵鳳凰臺」

121) 이명한(李明漢, 1595~1646): 조선 인조 때의 문신. 자는 천장(天章). 호는 백주(白洲). 이괄의 난 때 왕을 공주로 호종하여 팔도에 보내는 교서를 작성하였다. 벼슬은 예조판서와 공조판서를 지냈다. 성리학에 밝았고, 시와 글씨에도 뛰어났다. 저서에 『백주집』이 있다.

122) 조경(趙絅, 1586~1669): 조선 인조 때의 문신. 본관은 한양(漢陽). 자는 일장(日章). 호는 용주(龍洲) 외에 주봉(柱峯)·간옹(齗翁)으로도 썼으며 시호는 문간(文簡). 윤근수의 문인이다. 병자호란 때 척화를 주장. 1658년 기로소(耆老所)에 들어갔다. 숙종 때 청백리(淸白吏)에 녹선(錄選)되었고 글씨에도 뛰어났다. 저서에 『龍洲集』·『東槎錄』이 있다.

123) 양만고(楊萬古, 1574~1654): 조선 후기의 문신·서예가이다. 본관은 청주(淸州). 자는 도일(道一)이고, 호는 감호(鑑湖)·돈호(遯湖)·비로도인(毘盧道人)이다. 명필이자 문장가인 양사언(楊士彦)의 아들이다. 1639년 군자감정(軍資監正)으로 있으면서 시폐(時弊)를 논하는 「條陳雪恥四策」을 상소하였다. 이어 외직으로 나가 일곱 고을의 수령을 역임한 후 인천도호부사를 지냈다. 아버지의 자질을 이어받아 문장과 글씨에 뛰어났다. 글씨로 포천의 「掌令鄭希登墓表」가 남아 있다.

삼부연
三釜淵

삼부연은 영평(永平)의 북쪽에 위치한 철원(鐵原)의 경계인 용화동(龍華洞)에 있으며 다르게는 삼부락이라고 부르기도 한다. 맥북(貊北)의 방언에는 폭(瀑)을 일러서 낙(落)이라고도 한다. 옛날 삼연선생 김창흡(金昌翕)이 살던 곳으로 푸른 바위가 수십 길이 될 만하다. 세 개의 폭포가 쏟아지고 있는데, 가장 아래 폭포가 제일 장엄하고 아주 맑아 실 같은 머리털도 비춰볼 만하다. 산기운이 사방에서 합쳐져 그윽하고 빽빽하다. 고을 사람들이 가물 때에는 으레 여기에서 기우제를 지내면 영험이 많았다고 한다. 내가 일찍이 달빛 아래에서 구경을 하였는데 달이 폭포수에 뜨자

〈삼부연〉

빛깔은 한 필의 마전한 비단과 같았고, 날리는 물거품은 더욱 현란했다. 경산 이한진(李漢鎭)[124]이 동음(洞陰)[125] 수령인 박제가(朴齊家)와 함께 폭포 아래에서 술잔을 돌리고 시를 이야기하며 놀았다. 마침내 용화촌의 정씨 집에 들어갔으니, 용화촌(龍華村) 또한 산골 거처로 뛰어난 곳이다.

124) 이한진(李漢鎭, 1732~?): 조선 시대의 문인 · 서예가. 자는 중운(仲雲), 호는 경산(京山), 벼슬은 감역(監役)을 지냈다. 전서(篆書)에 뛰어났으며 음률에도 통하여 퉁소를 잘 불었다.
125) 동음(洞陰): 경기도 포천군의 옛 이름.

화적연
禾積淵

화적연[126]의 근원은 청화산(靑華山)에서 발원하여 화강의 물과 더해져 철원을 지나면서 칠담(七潭)과 팔만암(八萬巖)이 되며, 영평의 북쪽에 이르러 화적연이 된다. 서지점(西池店)에서 들어가면 몇 리가 됨직하다. 솔숲 아래의 기슭 하나를 통과하면 냇물이 그 앞을 가로지르는데 맑은 빛깔은 푸른 옥과 같고, 좌우의 푸른 절벽에는 온갖 꽃들이 서로 비추고 있으며, 시내 속의 돌 거북은[127] 거북이 엎드린 것과 같고, 하나의 봉우리가 우뚝 솟은 것이 볏가릿대와 같으니, 이것이 이름을 붙인 이유이다. 봉우리 위

〈화적연〉

126) 허목의 「禾積淵記」를 참고한 것으로 보인다.

127) 양용수(楊用修)의 『丹鉛錄』에, "용이 새끼 아홉을 낳았는데 용이 되지 못했다. 첫째는 비희(贔屭)로 형상이 거북 같고 무거운 것을 등지기 좋아하는데, 지금 비(碑)의 귀부(龜趺 거북 받침)이다."라고 했다.

〈화적연(정선의 그림)〉

에 있는 감천(甘泉)은 지극히 맑고, 옆에는 용혈(龍穴)이 있는데 이곳과 관련해 민간에서 전해지는 말들은 진실로 믿을 만한 것이 못된다. 그러나 돌은 끝도 없이 움푹 패였고 시커멓게 되어 있어 마치 신령스런 것이 그 속에 있는 듯 하다. 용이 돌을 보지 못하고 이리저리 뚫고 지나간 것인데, 또한 더러는 이러한 일이 있을 것도 같다. 돌 위에는 제단이 있어 가뭄이 들 때 희생과 폐백을 썼으니 곧 중사[128]이다.

---

128) 중사(中祀): 고려 · 조선 시대에 나라에서 지내던, 대사(大祀) 다음가는 제사. 대사보다 의식을 간단히 하여 지냈다.

금수정
金水亭

영평읍(永平邑) 관아에서 서쪽으로 가서, 남쪽의 수려한 숲을 바라보면 흐릿하게 보이는 기이한 곳이 있으니, 바로 금수정(金水亭)이다. 들 한복판을 따라가다 냇물을 끼고 가다 보면 정자 북쪽의 석문으로 들어서게 된다. 문에는 '동천 석문(洞天石門)'이란 글자가 새겨져 있는데 한석봉의 필적이다. 시냇가 큰 돌에 회란석(廻瀾石)이라고 새겨진 글자는 명나라 사신 허국(許國)의 필적이다. 정자의 금수정이란 편액은 양사언(楊士彦)[129]의 필적

〈금수정〉

129) 양사언(楊士彦, 1517~1584): 본관은 청주(淸州). 자는 응빙(應聘). 호는 봉래(蓬萊)·완구(完邱)·창해(滄海)·해객(海客) 등이 있다. 1546년 문과에 급제. 안변(安邊) 군수로 재임 중 지릉(智陵)의 화재 사건에 책임을 지고 귀양 갔다가, 2년 뒤 풀려나오는 길에 병사하였다. 시(詩)와 글씨에 모두 능하였는데, 특히 초서(草書)와 큰 글자를 잘 썼다. 안평대군(安平大君)·김구(金絿)·한호(韓濩) 등과 함께 조선 전기의 4대 서예가로 불렸다. 저서에 『蓬萊詩集』이 있다.

이다. 정자 옆에는 오래된 잣나무와 늙은 소나무가 우뚝 서 있다. 정자에 올라가서 바라보면 냇물의 형세가 굽어 돌아 이르렀으니 활을 한껏 당긴 것처럼 둥글다. 이미 정자 북쪽에 다다랐다가 다시 정자 아래로 감돌다 지나간다. 정자 아래에는 깎아지른 절벽이 수십 길이 되는데 빛깔이 희고 깨끗하다. 절벽을 따라가는 길이 매우 위태롭지만 지나갈 수는 있으며 여기를 백운계(白雲溪)라고 이른다. 들판의 모습이 편편하고 넓으며 무성한 풀이 끝이 없다. 현문(縣門) 밖의 수풀 나무는 푸르고 아름답다. 그래서 봉래의 별업이 김씨 가문에 돌아가 대대로 전해오고 있으니 백운루(白雲樓)가 그 집이다. 앞으로는 소고산(小姑山)을 마주하고 있는데 아름답고 묘한 것이 그림과 같다. 냇물의 빛깔은 더욱 맑고 푸르니, 산 밑으로 모였다가 다시 질펀히 흘러가며 흰 모래가 평평하게 깔려 있다. 물속에 있는 기이한 바위는 널찍하여 앉을 만한데 경도(瓊島)라고 한다. 모래 위의 움푹 파인 흰 돌을 연화암(蓮花巖)이라 하는데, 그 옆에는 양사언의 시가 새겨져 있고, 또 존암(尊巖)이라 새겨져 있으니 역시 양사언의 필적이다. 양사언의 필적이 날 듯한 신선의 기운이 있다고 하는 것은 여기에서 일컬어진 것이다.

〈경도〉

창옥병
蒼玉屏

창옥병은 금수정(金水亭) 아래 몇 리쯤 떨어진 곳에 있다. 영풍현의 진산(鎭山)인 종현산(鍾縣山)이 동쪽의 지맥을 잡아당기어 청령담(淸冷潭) 어구에 이르러서는 산세가 줄어들어 벼랑이 된다. 청령담이 벼랑 밑에 있는데 그 밑바닥은 모두 돌이다. 그중에 높은 것은 못물의 수면에 솟아 있기도 하고 잠긴 것도 있는데, 평상과 같이 떠 있는 것을 토운(吐雲)이라 하고, 방아처럼 푹 잠겨 있는 것을 와준(窪樽)이라 한다.

못물이 넘쳐서 북쪽으로 흐르다가 서쪽으로 꺾여 여울물이 된

〈창옥병〉

것을 명옥탄(鳴玉灘)이라 하니, 그 뒤를 막고 있는 깎아지른 절벽은 수천 길이 됨직하다. 동은 이의건(李義健)[130]은 항상 학창의를 걸치고 절벽을 휘어잡고 날 듯이 다니다가, 이윽고 그 정상에 도달하면 태평소로 몇 곡을 불며 오래되도록 돌아오지 않았다 한다.[131] 못물이 창옥병 아래로 흘러 가다가 창옥병 뒤로 돌아서 나가 연장(漣漳)이라는 물에 이르는데, 창옥병이 그 못물을 굽어보며 대(臺)가 된 네 곳이 있으니 바로 백학대, 청학대, 산금대, 수경대이다. 선조께서 박순(朴淳)에게 일러 말씀하시길 "소나무, 대

〈옥병서원〉

130) 이의건(李義健, 1533~1621): 조선 중기의 문신. 본관은 전주(全州), 자는 의중(宜中), 호는 동은(峒隱)이다. 1564년 사마시(司馬試)에 합격, 시명(詩名)을 떨치고 당시의 명현(名賢)들과 교유했다. 이항복(李恒福)의 추천으로 공조좌랑이 되고 이어 공조정랑에 올랐으나 사퇴하였다. 인품이 어질었으며 글씨를 잘 썼다. 광주(廣州)의 수곡서원(秀谷書院), 영평(永平)의 옥병서원(玉屛書院)에 배향되었다. 문집에 『동은집』 등이 있다.

131) 남유용(南有容), 「遊洞陰華嶽記」에 다음과 같이 나온다. 世傳峒隱常披鶴氅, 攀壁窮其顚, 其行如飛, 望之者皆失色, 而公不慴. 玉立吹鐵笛數弄, 久之不返云. 潭水皆從屛下行, 繞出屛後, 達于漣漳, 崖之逶迤而俯潭爲臺者四, 日白鶴日青鶴, 思庵記謂記實也.

나무와 같은 절조이고, 물과 달 같은 정신이다"[132]라고 하였으므로 우암 송시열이 '산금수경지간(散襟水鏡之間)'이라고 써서 새겼다. 산금대 위를 배견와(拜鵑窩)라고 하는데, 박순이 옛날에 살던 곳으로 지금은 서원이 되었다.[133] 못의 서쪽이요, 서원의 좌측인 청학봉 위에 있는 것을 이양정(二養亭)이라고 하니, 박순이 독서하던 곳으로 정이천의 양덕 양체(養德養體)라는 말을 가져다가 이름을 붙인 것이다.

---

132) 『조선왕조실록』 현종 9년 무신(1668, 강희 7) 9월2일 기록에 다음과 같이 나온다. 조복양이 아뢰기를, "나주(羅州) 사람들이 박순(朴淳)의 서원(書院)에 사액(賜額)을 해달라고 청하는 상소를 올렸는데, 전례를 따라 안 된다고 회계(回啓)하였습니다. 생각건대 이 사람은 바로 선조(宣祖) 때의 명신으로서, 선조께서 일찍이 박순에게 이르기를 '솔과 대 같은 절조요, 물과 달 같은 정신이로다. [松筠節操 水月精神]' 하였는데, 그 당시 사람들이 모두 '신하를 알아보는 것은 임금이 최고이다.'라고들 하였습니다."하니, 상이 이르기를, "무슨 일을 인하여 이러한 전교가 있었는가?"하자, 복양이 아뢰기를, "이이(李珥)와 성혼(成渾)이 당시 사람들의 공격을 받았는데, 박순이 구호하니, 당시 사람들이 도리어 편든다고 논핵하였습니다. 때문에 선조께서 이렇게 전교하시고, 이어 박순을 공격하던 사람들을 귀양 보냈는데, 나라 사람들이 모두들 성덕(聖德)이 쇠하지 않았다고 칭송하였습니다."하였다.

133) 옥병서원(玉屛書院): 박순을 모신 서원으로 1649년에 배견와(拜鵑窩)가 있던 자리에 창건되었다. 1689년에 이의건(李義健), 김수항(金壽恒) 등을 배향하고, 1713년에 "옥병"의 사액을 받았다. 고종 때 서원 철폐령이 내려지면서 철폐되었다가 다시 복원하였다.

산수기 下

山水記下

산수기 서문
山水記序

내가 일찍이 산수기를 지었으니 유람한 것을 기록한 것이다. 그러나 항상 우리나라의 강산이 좁아서 굴원(屈原)이 멀리 유람을 했다는 뜻이 있다 해도, 할 수 없는 것을 병으로 여겼다. 그리하여 곧 오악(五嶽)의 지맥을 상고하고 사대 강[134]의 원류를 탐색하며 계속 유람하려고 했으나, 바로 스스로 웃으며 다음과 같이 말했다. 백두산의 신령스럽고 광대[靈邃]함과, 한라산의 기괴함과, 지리산의 넓고 두터움[博厚]과, 금강산의 진기하고 아름다움[瑰麗]은 모두 우리나라 안에 있지만 이것도 능히 보지 못하면서 한갓 발길만 가지고는 닿을 수 없는 곳에 있는 것만을 상상했구나. 이것은 너무 먼 것만을 좋아하고 가까이 있는 것은 무시한 것이 아니겠는가. 마침내 우리나라 사람들이 기록한 산과 물 이름 중에 자료가 될 만한 것을 가지고서 길의 멀고 가까움을 상세히 검토하며 때때로 살펴보니 시원스럽게 속세를 벗어난 생각에 도움이 되었다.

우리나라 사람의 문장은 산수를 기록함에 부족한 부분이 있다. 다만 미수 허목의 『기언(記言)』이 제일 괜찮았으므로 거기에서 많이 취하였다. 나는 늙었지만, 진실로 게으름을 채찍질하고 늙

---

134) 사독(四瀆): 중국에 있는 네 개의 큰 강, 즉 양자강(揚子江)・황하강(黃河江)・회수(淮水)・제수(濟水)를 이름.

은 몸을 부지하여, 이름난 산수에 나가 노닐 수만 있다면, 또한 미수의 『기언』을 가지고 기이하고 아름다운 곳을 찾아다니며, 미수가 기록한 것을 빠뜨리지 않을 것이니, 이 또한 기막힌 일이 아니겠는가. 옛날 장자(莊子)는 "대림(大林)이나 구산(丘山)이 사람에게 좋기는 하지만 또한 너무 신묘한 것은 감당할 수가 없다." 라 하였다. 비루하고 편협한 곳에 살면서 좁은 식견을 가진 사람에게는 처음부터 자연의 신묘함이 없기에 또한 이런 말을 한 것이다.

한양의 삼청동(三淸洞), 도봉산(道峯山), 수락산(水落山)은 모두 내 발길이 지나온 곳이다. 빛나고 밝은데다 대단한 것이 사람에게 공경심을 일으키게 한다.

경기도의 백운산(白雲山), 미지산(彌智山), 소요산(逍遙山), 만취산(晩翠山), 보개산(寶盖山), 천마산(天摩山), 천성산(天聖山)과 같은 여러 명산들은 어떤 것은 보기도 했고 더러는 못 보았으나, 모두 그윽하고 고요한 산이라고 일컬어진다.

해서의 총수산(葱秀山), 석담(石潭), 구월산(九月山), 백사정(白沙汀, 長淵)은 모두 수려해서 즐길 만하고, 또 선현의 자취가 많다.

관서의 명산으로는 묘향산을 꼽는다. 기억하건대 내가 어렸을 때 그곳에 유람을 가서 사자암(獅子菴)에 이르러 법왕봉(法王峯)을 우러러 보았는데, 매우 기이하고 장대하여 늙어서도 오히려 잊을 수가 없다. 가수굴(佳殊窟)[135]은 너무 궁벽해서 내가 또한

135) 가수굴(佳殊窟): 고려 시대 황해도(黃海道) 황주목(黃州牧) 토산현(土山縣)에 있던 굴. 『新增東國輿地勝覽』에 의하면 굴 안에 돌이 있는데 혹은 관음과 같기도 하고, 혹은 솥 모양 같기도 한 것이 매우 기괴하다고 한다.

놀 수 없었던 것이 유감스럽다.

호서(湖西)의 단양(丹陽), 선담(銑潭), 용연(龍淵)과 충주의 월암(月巖), 부여의 천정대(天政臺)는 모두 내가 그 옆을 스쳐 지나가면서도 빼먹은 곳이다. 대치산[136]과 속리산 같은 경우에는 한 번 유람을 하고 싶은 바람이 있기는 했으나 할 수 없었던 곳이다. 매번 생각이 날 때마다 문득 남쪽을 우두커니 바라본다.

호남의 명산인 금골산(金骨山), 덕유산(德裕山), 서석산(瑞石山), 월암산(月巖山), 천관산(天冠山), 달마산(達摩山), 한라산(漢拏山)은 모두 아주 훌륭해서 볼 만한 곳이지만 나는 일찍이 가보지 못했고, 호남 땅은 유람할 수 없었다. 그러나 매양 산경(山經)을 연구할 때 먼 곳을 그리워하는 생각은, 거의 손흥공(孫興公, 진나라의 손작(孫綽))이 이른바 "낮이면 읽게 되고 밤이면 일어나게 되어[晝詠宵興], 이리저리 생각한 사이에 이미 올라간 것과 같네."[137]라는 것과 같았다.

영남의 가야산(伽倻山), 청량산(淸凉山), 소백산(小白山), 도산(陶山), 옥산(玉山), 태백산(太白山), 금산(錦山), 지리산(智異山)은 명현이 놀았던 자취가 많이 있으니, 곧 이른바 높은 산은 우러르게 된다는 것이다.[138] 호젓한 바위에서 생각에 잠기고 긴 냇물에서 낭랑하게 읊조리는 것[139]은 다만 유람하면서 구경하는

---

136) 대치산(大治山): 문경시 가은읍과 괴산군 청천면 경계에 위치한 산으로 보통은 대야산이라 불린다. 『여지도서』와 『大東地志』 문경조 등에 '大野山' 으로, 『大東輿地圖』 문경조에 '大治山' 등으로 표기하고 있는데, 무슨 의미의 산 이름인지는 잘 드러나지 않고 있다.

137) 진(晉)나라 손작(孫綽)의 「遊天台山賦」에 "餘所以馳神運思, 晝詠宵興, 俛仰之間, 若已再升者也."라 하였다.

138) 『시경』에 "高山仰止, 景行行止"라 하였다.

운치뿐만은 아니다.

관동의 성류굴(聖留窟)은 내가 어렸을 때 찾아갔던 곳으로 매우 특이하고 기괴하다. 금강산과의 거리가 겨우 수백여 리 밖에 안 되며, 화음과 석천, 청평은 더욱 가깝다. 응당 늙기 전에 한 번 유람하여야 할 것이다. 오대산과 설악산 또한 속히 묵은 빚을 갚기를 생각한다. 마음과 눈이 상쾌해지고 느린 걸음을 여유 있게 하는 그때가 있을 것이다.[140]

관북의 칠보(七寶), 학포(鶴浦)와 국도(國島)는 생각지도 않게 북쪽 오랑캐 땅의 기운이 이에 뛰어남을 온축한 것이 이와 같으니, 적성폭포(赤城瀑布)에 대한 생각은 어느 날엔들 잊을 수 있겠는가.

139) 진(晉)나라 손작(孫綽)의 「遊天台山賦」에 "凝思幽巖, 朗詠長川"이라 하였다.

140) 요랑(寥朗): 마음이 편하고 눈이 밝은 모양. 진(晉)나라 손작(孫綽)의 「遊天台山賦」에 "既克隮於九折, 路威夷而脩通. 恣心目之寥朗, 任緩步之從容."이라 나온다.

한양의 산수를 기록하다
記京都山水

인왕산
仁王山

한양의 산은 복종(覆鍾)으로부터 와서 왕도의 진산(鎭山)이 되었으니 공극(拱極)[141]이라 한다. 산이 궁륭 모양으로 높직하다. 그 서쪽을 필운봉(弼雲峯)이라 하고, 필운봉의 서쪽 골짜기를 인

〈인왕제색도(정선의 그림)〉

141) 공극산(拱極山): 북쪽 끝을 끼고 있다는 뜻에서 붙여짐. 서울의 주산인 북악의 다른 이름이다. 중종 32년(1537) 명나라 사신 공용경이 왔을 때 주산 백악의 이름을 지어줄 것을 부탁하니 공극이라 하였다고 한다. 공극은 북쪽 끝을 끼고 있다는 뜻으로 산이 도성의 북쪽에 위치해 있기 때문에 붙여진 이름이다.

왕동(仁王洞)이라 하는데 영천(靈泉)이 있어서 샘물이 나온다. 산의 동쪽 줄기는 삼봉(三峯)으로 되어 있다. 봉우리 아래에 있는 삼청전(三淸殿)은 하늘에 제사를 올리는 곳이었으나, 중종 12년(1517)에 조광조와 김정(金淨)이 제후는 하늘에 제사를 지낼 수 없다고 아뢰어서 폐지하였다.

천단(天壇)에 있던 돌을 옮겨다가 대보단(大報壇)을 지었으니, 그 터는 사마시의 회방(會榜)을 보는 장소이다. 산 동북쪽의 샘물이 그 앞을 돌아 한 곳으로 모인다. 깎아지른 듯한 바위를 병암(屛巖)이라 하는데, '삼청동문(三淸洞門)'이라는 넉 자가 새겨져 있다. 글씨를 잘 쓰는 사람인 김경문(金敬文)의 필적(筆跡)이고, 이곳은 영수곡(靈壽谷)이다. 삼청전의 터 아래쪽에는 높직한 바위가 있고 바위 아래에는 오주암(五柱菴)의 터가 있다. 아마도 영수도인(靈壽道人)이 지은 것인 듯하나, 도인이 어떤 사람인지는 모른다.

오주암 터에서 서쪽으로 가면 폭포가 있는데, 용폭(龍瀑)이라고 한다. 흐르는 물을 거슬러 서쪽으로 올라가면 나오는 곳을 서간(西礀)이라 하고, 그 서쪽 벼랑의 가장 높은 곳에 폭포가 있으며, 구릉 하나를 지나면 차츰 평평해지는데 솔숲이 무성하고 빽빽하다.

푸른 돌이 서로 얽혀진 곳을 석림구(石林丘)라고 한다. 또 동쪽으로 흘러가다가 북쪽으로 들어가 물이 콸콸 세차게 흘러서 작은 못을 이루고 있다. 그 곁에 있는 바위에 옥포동(玉沛洞)이란 글자가 새겨져 있다. 또한 그 우측은 곧 서소곡(西小谷)이고, 다시 앞으로 깊이 들어가 서간(西磵)의 우측으로 나오면 형제정(兄弟井)이라는 우물이 있는데, 맛이 매우 차다.

이것은 모두 골짜기 안에서 유람할만한 곳이다. 삼청전 터에서 좌측으로 가면 운장곡(雲藏谷)이라는 골짜기가 있으며, 운장곡 남쪽의 백련봉(白蓮峯)도 매우 아름답다. 운장암(雲藏菴)의 유지를 거치면 암자에 이르게 되니, 곧 국초(國初)에 특이한 중인 혜철(慧澈)이라는 자가 운수도인(雲壽道人)과 함께 같은 때 머물렀던 곳이다. 봉우리 아래를 동간(東磵)이라 하고, 동간에서 올라가면 곡암(谷巖)이라 하며, 또 수백 보를 올라가면 평평하게 깔린 반석이 있는데, 빛깔이 누런 것도 있고 흰 것도 있으며 혹은 평평한 것도 있고 기울어진 것도 있다.

물이 빙빙 돌다가 서로 갈라져 흘러가니 그 동쪽에 높직한 바위를 민암(珉巖)이라 한다. 또 그 위로 올라가면 높은 언덕에 이

〈백련봉〉

〈무계동〉

르게 되니, 속칭 '큰 절 터'라고 한다. 또 민암의 동쪽 골짜기에는 산사(山寺)의 터가 있다. 암곡(巖谷)의 동쪽에는 동별간(東別澗)이란 곳이 있는데 대개 골짜기 북쪽은 온통 푸른 돌투성이고, 골짜기 남쪽은 온통 흰 모래이다. 또 그 북쪽을 감암(坎巖)이라 하고, 감암의 남쪽을 응봉(鷹峯)이라 하니, 금원(禁苑)의 뒤편이다. 공극의 서북 기슭은 무계동(武溪洞)으로, 안평대군(安平大君)이 정사(精舍)를 지었다가 이것이 죄가 되어 죽음에 이르렀다.

삼각산
三角山

삼각산은 곧 고려 시대 때의 남평양(南平壤)이다. 산속에 있는 여러 승경(勝景)들 중에서 민지암(閔漬巖)[142]과 환희령(懽喜嶺), 산영루(山映樓)와 향옥탄(響玉灘)[143]이 가장 아름답다. 백운대(白雲臺)는 오솔길이 가팔라 올라가기가 어려우며, 노적봉도 위험하기는 하지만 그 정상에 올라가면 시야가 툭 트여서 매우 널찍하다.

〈산영루〉

〈백운대〉

142) 민지암(閔漬巖): 고려 시대 재상 묵헌(默軒) 민지(閔漬)가 벗들과 자주 어울렸다는 북한산성 계곡 내 바위들을 말한다.

143) 향옥탄(響玉灘): 이정구(李廷龜)의 「遊三角山記」에서 "아침에 일찍 일어나 산영루 옛터로 걸어가다가 내친김에 향옥탄을 찾았다.[早起步下山映樓舊址, 仍訪響玉灘]"고 하였다.

〈민지암〉

경기도의 산수를 기록하다
記畿路山水

도봉산
道 峯

도봉산은 (한양의) 동쪽 길에 우뚝하게 서 있다. 만장봉(萬丈峯)은 더욱 높이 솟아 있으며, 망월암(望月菴)은 그 옆 산기슭에 있다. 도봉서원(道峯書院)[144]이 그 서쪽 골짜기에 있는데, 골짜

〈도봉산〉

〈만장봉〉

144) 도봉서원(道峯書院): 1573년 조광조(趙光祖)의 학문과 덕행을 추모하기 위해 창건하여 위패를 봉안하였다. 창건 때 '도봉(道峯)'이라는 사액(賜額)을 받았고, 1696년에는 송시열(宋時烈)을 배향하였다. 이어 선현의 배향과 교육에 힘쓰다가 1871년 홍선대원군의 서원 철폐령으로 헐리게 되었고 위패는 땅에 묻었다. 1972년 도봉서원 재건위원회에 의해 복원되었다. 도봉서원과 관련된 기록으로는 이정구(李廷龜:1564~1635)의 「道峰書院記」, 이식(李植:1584~1647)의 「題道峰書院」 등을 들 수 있다.

〈도봉서원〉

기에는 감상할만한 샘물과 돌이 있으니 고인이 된 유희경(劉希慶)[145]의 소유물이었다. 서원에는 조광조와 송시열을 배향하고 있고, 침유당(枕流堂)은 서원의 동쪽에 있다. 샘물 소리가 더욱 맑고 빠르니, 시내를 따라 올라가면 소광정(昭曠亭)[146]이 있고 봉우리 동쪽에는 조계폭포(曺溪瀑布)가 있다.

145) 유희경(劉希慶, 1545~1636): 조선 중기의 시인. 본관은 강화(江華). 자는 응길(應吉), 호는 촌은(村隱). 천인신분으로 시에 능하였던 백대붕(白大鵬)과 함께 풍월향도(風月香徒)라는 모임을 만들어 주도했다. 시는 한가롭고 담담하여 당시(唐詩)에 가깝다는 평을 듣는다. 문집으로 『村隱集』이 전한다. 무덤이 도봉산 아래에 있다고 전해진다.

146) 소광정(昭曠亭): 이와 관련된 글로는 권상하(權尙夏:1641~1721)의 「昭曠亭記」가 있다.

수락산
水落山

수락산은 도봉산의 동쪽에 있다. 산의 남쪽과 북쪽에는 모두 샘물과 돌이 있는데 유독 옥류동과 금류동은 더욱 기이하다. 그 위에는 매월당(梅月堂) 김시습(金時習)이 옛날에 살던 곳이 있으며, 또 성전(性殿)과 덕사(德寺)[147]라는 두 개의 참선하는 방[禪寮]이 있다.

〈수락산〉

〈내원암(김시습이 살던 곳)〉

147) 덕사(德寺): 경기도 남양주시 별내면 덕송리 수락산(水落山)에 있는 절. 현재는 흥덕사(興德寺)라 부른다.

용문산
龍門山

용문산[148]은 한강의 상류에 솟아 있으니 대개 오대산의 지맥(支脈)이다. 그 봉우리로는 가섭봉(迦葉峯), 응봉(鷹峯), 백운봉(白雲峯) 등이 있는데, 그중 백운봉이 가장 드높아서 강가에 깎아지른 듯하며, 수월사(水月寺)가 정상 바로 아래에 있다.

148) 이 글은 임영(林泳)의 「白雲峯登遊記」를 참고한 것으로 보인다.

백운산
白雲山

백운산[149]은 영평(永平)의 동쪽에 있는데 맑고 그윽하며 기이하고 수려하다. 산중에 절이 있는데 또한 백운사(白雲寺)라고 하며, 골짜기 밖에는 선유담(仙遊潭)[150]이 있다. 골짜기 깊은 곳에는 조계폭포(曺溪瀑布)가 있으며 또 앞에는 태평동(太平洞)이 있다. 선유담 옆의 도리평(桃李坪)은 고인이 된 동은처사(洞隱處

〈백운사〉

149) 백운산(白雲山): 경기도 포천시와 강원도 화천군의 도계를 이루면서 남쪽으로 뻗은 한북 정맥에 솟아 있는 산이다.

150) 선유담(仙遊潭): 흥룡사 위쪽에 자리한 선유담은 백운계곡의 수려한 절경 중 으뜸이다. 신선이 놀다 갈 정도로 경치가 빼어나 '선유담'인데 기개 넘치는 기암괴석과 그 밑으로 흐르는 푸른 물빛이 아름다운 조화를 이룬다. 암벽에는 임진왜란 때 양사언 선생이 썼다는 '선유담(仙遊潭)'이란 글씨가 암각되어 있다.

〈선유담〉

士) 이의건(李義健)[151]이 살던 곳이다. 도리평의 아래를 농암(農巖)이라 하여, 문간공(文簡公) 김창협(金昌協)이 스스로 호를 삼았다. 또 완의대(玩漪臺)와 타맥암(打麥巖), 명월기(明月磯)는 시내에 있는 깎아지른 절벽으로 모두 문간공이 이름을 붙인 것이다.[152]

151) 이의건(李義健. 1533~1621): 자는 의중(宜仲), 호는 동은(洞隱)이다. 성품이 효성스럽고 우애롭고 단정하고 수려하였다. 시에 능하고 글씨를 잘 썼다. 젊어서부터 이미 출세에 뜻이 없었는데 어버이의 명령으로 과거에 응시하여 생원, 진사 시험에 합격하였고 또 소신을 굽히고 벼슬에 나서 돈령부 직장까지 지냈으나, 어버이가 돌아가시자 다시는 벼슬을 하지 않았다. 그는 성혼(成渾), 이이(李珥), 정철(鄭澈) 등과 교유하였다.

152) 김창협의 「淸泠瀨新亭上梁文」에 나온다.

미지산
彌智山

미지산[153]은 용문산(龍門山)이라고도 부른다. 한양의 동쪽으로 150리 지점에 있다. 그 정상은 가섭봉(迦葉峯)이고 가섭봉 북쪽에는 미원봉(迷源峯)과 소설봉(小雪峯)이 있으며, 또 그 북쪽에는 옛날 맥국(貊國)이 있었다. 가섭봉 아래에는 묘덕봉(妙德峯), 윤필봉(潤筆峯), 죽장봉(竹杖峯) 등이 있으니 모두 깎아지른 절벽이다. 죽장봉의 남쪽에 상원봉(上元峯)이 있는데 혜장대왕(세

〈미지산 지도〉

153) 이 글은 전반적으로 허목의 「彌智山記」를 참고한 것으로 보인다.

조(世祖)의 시호)이 상원봉에 거둥하여 도량을 만들고, 또한 그 일을 그림으로 그려서 태학사인 최항(崔恒)[154]에게 기록하게 하였다.

154) 최항(崔恒, 1409~1474): 조선 초기의 학자. 본관은 삭령(朔寧). 자는 정부(貞父), 호는 태허정(太虛亭) · 동량(梁). 시호 문정(文靖). 세조를 도와 문물제도 정비에 크게 공헌했다. 역사, 언어 등에 정통하고 문장이 뛰어났다. 1434년 알성 문과에 급제한 후, 집현전 부수찬이 되어 정인지 등과 함께 훈민정음 창제에 참여했다. 1461년에는 양성지(梁誠之)의 『蠶書』를 국역 간행하고 『경국대전』 편찬에 착수, 조선 초기의 법률제도를 집대성했다.

소요산
逍遙山

소요산은 양주읍(楊州邑)의 관아 북쪽 40리 지점에 있으니 왕방산(王方山)[155]의 서쪽 지맥이다. 골짜기나 산봉우리에는 온통 돌뿐이다. 계곡에 있는 두 곳의 왕궁 유허를 산중 사람들은 영락(永樂)[156] 연간에 단종이 세조와 함께 사냥을 했던 곳이라 전하고 있다. 유허의 남쪽에는 산에 있는 돌이 매우 높다. 백운대(白雲臺)가 있고, 아래에는 중백운대가 있으며, 더 아래에는 하백운대가 있다. 폭포가 있고, 폭포 옆에 있는 사다리를 타고 원효대(元曉臺)에 올라간다. 원효대를 지나면 소요사(逍遙寺)가 있으니, 원효는 신라의 승려였다.

〈원효폭포〉

폭포수 옆에 있는 바위굴 돌 틈에서 나와 가늘게 흐르는 물이 원효정(元曉井)이라는 샘물이다. 중봉에서 동남쪽으로 나가면 의상대(義湘臺)에 오를 수가 있는데, 의상(義湘) 또한 신라의 승려였다. 그 북쪽에는 사자암(獅子菴)이 있다.

---

155) 왕방산(王方山): 경기도 포천시 포천동・신북면과 동두천시에 걸쳐 있는 산. 높이 737m 이다.

156) 영락(永樂): 명(明)나라 성조(成祖)의 연호(1403~1424).

만취대[157]
晩翠臺

만취대는 가평현(嘉平縣) 서남쪽 운하천(雲霞川)에 있는데 양주와 접경 지역이다. 물이 북쪽에서 와서 만취대 아래에 이르러서는 못이 되니 매우 맑다. 세상에 전해지기를, 세종대왕이 사냥을 하다가 여기에 와서 앉으셨던 터가 있다고 한다. 힘이 센 장사인 낭삼패(浪三牌)라는 자는 발의 크기가 한 자에 달했다. 임금이 그를 아껴서 땅을 많이 하사하였기 때문에 그 땅에다 장사를 지냈는데 분묘가 매우 커다랗다. 그 남쪽의 괘라현(挂蘿峴)에는 정렴(鄭磏, 1506~1549)의 옛 집터가 있다.

〈만취대〉

157) 이 글은 전반적으로 남학명(南鶴鳴)의 「遊晩翠臺記」를 참고한 것으로 보인다.

보개산
寶蓋山

보개산[158]은 경기도와 관동의 경계에 있다. 그 상봉을 환희봉(歡喜峯)이라 하고, 두 지맥(枝脈)을 불견(佛肩)이라 하는데, 삼봉(三峯)이라고도 하고 찬취암(攢翠巖)이라고도 하며 후무이(後武夷)라는 시내에서 경계를 이룬다. 동남쪽으로 뻗은 지맥(枝脈)을 원적(圓寂)이라고도 하고, 조서현(詔書峴)이라고도 하며, 오봉(五峯)이라고도 부른다. 마하천(摩河川)의 경계에는 석대가 있고

〈보개산〉

158) 보개산(寶蓋山): 경기도 연천군 신서면과 포천시 관인면, 강원도 철원군 경계에 위치한다. 보개산은 봉우리와 시냇물 이름들이 모두 불교에서 유래한 것이다. 이 산의 상봉을 환희(歡喜)라 부르고 양쪽 가지는 불견(佛肩)과 삼봉(三峰)이라 이르며 찬취암 뒤로는 무이지천(武夷之川)이다. 지족암, 용화사, 운은사 등 불교와 관련한 사찰들도 많았으나 6.25로 인해 모두 사라지고 지금은 흔적도 없다.

〈환희봉〉

환희봉 중턱에는 절이 있다. 또 그 아래에는 성주암(聖住菴)이 있고 더 아래에 심원사(深源寺)가 있다. 그 동쪽에 있는 것을 지장암(地藏菴)이라 하고, 남쪽에 있는 것을 남암(南菴)이라 하는데 산세가 특별히 풍성하기는 하나, 괴이한 장관은 없다.

성거산
聖居山

성거산[159]은 개성에 있다. 성거산은 우봉현(牛峯縣)의 대둔산(大屯山)[160]에서 구불구불하게 남쪽으로 내려가는데, 거의 끊어질 것 같다가도 다시 일어난 곳이 성거산 차일암(遮日巖)이다. 세상에 전하기를 옛날에 다섯 성인이 산 위에 머물러 초가집을 짓고 살면서 모두 득도(得道) 하였다고 하나, 그 이름은 알지 못

〈성거산〉

159) 성거산(聖居山): 황해북도 금천군 월암리 소재지 남쪽 제석산 동쪽에 있는 산. 성골 장군이 살았다는 산이라 하여 성거산이라 하였다. 산꼭대기에 다섯 개의 봉우리가 솟아 있고 봉우리마다 작은 암자를 세워 오성 또는 구룡산, 평나산이라고도 한다. 이 글은 전반적으로 남효온(南孝溫)의 「松京錄」과 김육(金堉)의 「天聖日錄」, 임운(林芸)의 「遊天磨錄」을 참고한 것으로 보인다.

160) 대둔산(大屯山): 대둔산(大芚山)을 가리키는 것으로 보인다. 황해북도 금천군 현내리 소재지 남쪽에 있는 산. 군 영역에서 가장 큰 산이라 한다. 한둠산이라고도 하는데, "한"은 "크다"의 뜻인데 "한둔"이 "한둠"으로 와전되었다.

한다. 남쌍련암(南雙蓮菴)·서성거암(西聖居菴)·북쌍련암(北雙蓮菴)·남성거암(南聖居菴)·북성거암(北聖居菴) 등이 이것이다. 다섯 성인이 매일 바위 위에 모이면 국왕이 그들을 위해 장막을 펼쳐 주었으니, 차일이란 것은 악(幄)의 속칭이다.

오솔길은 매우 가파르지만 그 정상에 올라가면 시야가 확 트이어서 끝이 없다. 북성거암은 법달봉(法達峯) 아래의 가장 깊고 오묘한 곳에 있고, 앞에 있는 수미봉(須彌峯)은 가파르고 뾰족하다. 뒤에 있는 두 개의 석굴 중 위에 있는 법달굴(法達窟)은 서역의 승려 법달(法達)이 머물던 곳이고, 아래에 있는 제자굴(弟子窟)은 법달의 제자가 머물던 곳이었다. 바위 서쪽에서 20리 길을 가면 다시 산세가 솟은 곳이 인달봉(仁達峯)이다. 그 동쪽이 영취산(靈鷲山)이고, 산 아래에는 현화사(玄化寺)[161]와 주저(周佇)[162]의 빗돌이 있다. 현화사에서 동쪽으로 5리를 걸어가면 광암령(廣巖嶺)을 넘어서 화장

〈현화사비〉

161) 현화사(玄化寺): 영취봉(靈鷲峯)의 아래에 있는데, 주저(周佇)가 비문을 지은 비가 있다. 『新增東國輿地勝覽』 참조.

162) 주저(周佇, ?~1024): 고려 목종·현종 때의 문신. 중국 송나라 사람으로 목종 때에 귀화하였다. 예부 상서를 지냈다. 행서(行書)를 잘 쓰고 문장에 능하여 교빙과 사명(辭命)의 대부분을 주관하였다.

사(花藏寺)에 이르게 되니 서역의 승려 지공[163]이 창건한 것이라고 한다. 산 이름은 보봉산(寶鳳山)[164]으로 아홉 개의 봉우리가 빙 둘러 있으며, 절 안에는 고려 공민왕의 그림이 있다. 또 패엽경과 전단향은 모두 진기하고 특이한 것이다.[165] 절의 동쪽에는 지공(指空) 선사의 부도가 있다.

---

163) 지공(指空): 인도(印度) 마가다 국(Magadha 國)의 중. 원(元)나라를 거쳐 고려(高麗) 27대 충숙왕(忠肅王) 때 우리나라에 들어와 널리 불도(佛道)를 폈다. 그 후 원(元)나라에 머물면서 고려(高麗)의 중 혜근(慧勤)에게 선종(禪宗)의 도(道)를 전수하여 고려(高麗) 불교(佛教)에 많은 영향을 주었다.

164) 보봉산(寶鳳山): 개성시 용흥동의 동북쪽 화장산 옆에 있는 산. 산세가 봉황이 춤추는 것 같다 한다. 산기슭에 화장사가 있었다. 전설에 의하면 장풍군 대덕산리의 팔용산에서 날아온 용 6마리가 은덕동 용둔이의 용 2마리와 힘을 합쳐 이곳에 절터 자리를 잡고 있던 부처와 자리다툼을 하다가 내기에서 지고 물러갔다. 그래서 부처는 아름다운 이 산에 화장사라는 절을 지었다.

165) 김육의 글에는 패엽경과 전단향이 모두 지공의 것으로 나온다.

천마산[166]
天磨山

천마산[167]의 청량봉(淸凉峯)은 가장 높으면서 영취산의 지맥이기도 하다. 봉우리는 세 갈래로 갈려 있는데, 북쪽으로 달리다가 솟은 것을 보현봉(普賢峯)이라 하고, 동쪽으로 내려간 것은 박연폭포의 서쪽 봉우리가 되며, 북쪽으로 내려간 것은 제석봉(帝釋峯)이 되어 멎는다. 또 한 줄기는 흩어져서 동남쪽으로 솟

〈천마산〉

166) 이 글은 임운(林芸)의 「遊天磨錄」을 많이 참고한 것으로 보인다.

167) 천마산(天磨山): 황해북도 개성시 박연리와 삼거리의 경계에 있는 산. 해발 757m로서 개성시에서 두 번째로 높다. 산이 높아 모든 봉우리들이 하늘에 닿은 듯 하다하여 천마산이라 하였다. 천마산은 바위가 많이 드러나 바위산으로 알려졌다. 천마산 동쪽에 성거산이 솟아 있으며 천마산과 성거산의 산봉우리에는 대흥 산성의 성벽들이 축조되어 있다. 북쪽 기슭에는 우리나라 3대 명폭의 하나인 명승지 박연폭포가 있다.

아 있으니 용암(湧巖), 오룡(五龍), 보봉(寶鳳), 오관(五冠)이라 한다. 또 한줄기는 서쪽으로 가서 솟았는데 원적(圓寂)이라 한다. 아래로 4~5리쯤에는 세 개의 봉우리가 함께 솟아 있는데 약간 낮은 것은 천마봉(天磨峯), 서쪽으로 가서 뒤섞여 늘어서 있는 것을 나월봉(蘿月峯), 또 남쪽으로 꺾으면 날며 춤추는 형세로 구불구불 15리에 걸쳐 있는 것을 송악봉(松岳峯)이라 한다.

천성산
天聖山

천성산[168]은 자연스런 하나의 산이니 박연폭포[169]의 물이 흐르는 경계이다. 동쪽은 성거산이고 서쪽은 천마산이며 산의 깊숙한 곳에 석담(石潭)이 있다. 석담이 넘쳐서 폭포가 되는데 낭떠러지는 가파르고 돌은 험하며, 폭포는 기이하고 장엄하다. 위에 있는 못은 그윽하고 아래의 못은 고요하다. 민간에 전하기를 박씨가 못 위에서 피리를 불었는데 못 안에 있던 용이 끌고 들어가자, 그 아내가 또한 못물에 몸을 던져서 죽었다고 한다. 위에 있는 못을 박연(朴淵)이라 하고 아래에 있는 못을 고모담(姑母潭)이라 한다. 고려 때 문종(文宗)이 일찍이 못물에 있는 돌 위에 올라가자 용이 그 돌을 흔들므로 이영간(李靈幹)[170]

〈박연폭포(정선의 그림)〉

168) 이 글은 채수(蔡壽)의 「遊松都錄」을 많이 참고한 것으로 보인다.

169) 박연폭포(朴淵瀑布): 우리나라에서 아름답기로 이름난 금강산의 구룡폭포(九龍瀑布), 설악산의 대승폭포(大勝瀑布)와 더불어 3대 폭포의 하나이며, 천연기념물 제388호로 지정되어 있다. 일찍이 명유 서경덕(徐敬德)과 명기(名妓) 황진이(黃眞伊)와 더불어 이른바 송도삼절(松都三絕)로 알려져 왔다.

이 그 용을 매질하니 못물이 온통 붉게 되었다고 한다.

바위의 구멍에는 장음굴(藏音窟)이 있으니 곧 우리 태조(太祖)께서 임금이 되기 전에 기원(祈願)을 했던 사찰로, 목은 이색(牧隱 李穡)이 굴에 대해 기문(記文)을 지은 것이 있다. 굴의 앞에 있는 흰 바위를 태종대(太宗臺)라 한다. 또 기담(妓潭)과 마담(馬潭)과 귀담(龜潭)이 모두 기이하다.

---

170) 이영간(李靈幹): 그는 어려서 산사에 가서 놀았다. 동자와 더불어 바위 위에 앉아 장기를 두었는데 큰 호랑이가 나타나 바위 가에 엎드려 있었는데 영간이 아무 말도 않고 장기를 끝까지 두었다. 중이 이상해서 가보니, 바위 위에는 오직 장기판만 있고 바위 아래에는 호랑이 발자국뿐이었다. 그래서 이 바위를 소년 바위[少年岩]라 한다. 오늘날까지도 흙비와 이끼가 끼지 않고 완연히 어제 일처럼 분명히 남아 있다. 『동국여지승람』 참조.

화 담
花 潭

화담[171]은 송악의 북쪽에 있으며 옛 처사 서경덕 선생이 살던 곳이다. 서원이 있고 그 서원 뒤에는 묘소가 있는데, 옛날에 백화담(白花潭)이라 불렸고 샘물과 돌이 매우 아름답다.

171) 서경덕의 무덤과 백화담에 대한 기사는 김수증(金壽增)의 「遊松都記」에만 나오니, 이 기록을 참고한 것으로 보인다.

해서[172]의 산수를 기록하다
記海西山水

총수산
葱秀山

총수산(葱秀山)[173]은 보산관(寶山館)의 서쪽 10리 지점에 있다. 요동의 총수산과 매우 닮아서 그렇게 이름을 붙인 것이다. 그 동쪽 벽에는 샘물이 뚝뚝 떨어지는데 돌이 모두 꽃무늬를 이루고 있다. 주지번(朱之蕃)이 가로로 쓴 옥류천(玉溜川)이라는 글자가 있고, 그 옆에는 도장을 새겨 놓았다. 또 옥류영천(玉乳靈泉)이라는 넉 자가 있는데 옆에는 장백유홍훈(長白劉鴻訓)이라 새겨져 있다. 또 청천선탑(聽泉仙榻)이라는 넉 자가 있고 위에는 좁은 돌 비탈길이 있으며 물이 빗줄기처럼 떨어진다. (여기에 관한 내용은) 또 명나라 사신 동원(董越)의 부[174]가 있다.

---

172) 해서(海西): 황해도(黃海道)를 이르는 말.

173) 총수산(蔥秀山): 황해도 평산(平山) 북쪽 30리 지점에 있는 산 이름이다. 해발 523m. 나무가 우거지고 물이 좋아 산수가 아름답다. 오늘 지도상에는 금동산으로 기록되어 있으나 『신증동국여지승람』, 『대동여지도』, 『평산군지』 등에는 총수산으로 기록되어 있다. 이 글은 이덕무의 「癸巳春遊記」를 많이 참고한 것으로 보인다.

174) 동월(董越)의 「朝鮮賦」를 말함.

석 담
石 潭

고산구곡담은 해주에 있으며 율곡선생이 거주했던 곳이다. 제1곡은 관암이란 곳에서 시작이 되는데, 그 모습이 돌과 같다. 제2곡은 화암이라 하니 바위틈이 모두 꽃이라 선유(仙榴: 신선 세계의 石榴)와 같다. 제3곡은 취병이라 하니 푸른 낭떠러지가 빙 둘러 있다. 제4곡은 송애라 하니 소나무와 돌이 있으므로 이름을 붙인 것이다. 그 아래에 있는 못물의 복판에 배와 같은 돌이 있어서 선암이라고 일컬은 것이다. 제5곡은 은병이라 하니 숨는다[隱]라고 하는 것은 선생이 조정에서 물러나와 쉰다는 뜻이다. 은병정사라는 건물이 있는데 그 후에 서원이 되었다. 제6곡은 조대라

〈고산구곡가(관암)〉

〈고산구곡가(화암)〉

고 하니 낚시터가 있어서 낚시질을 할 만하다. 제7곡을 풍암이라 하니 바위 위를 단풍나무가 덮고 있다. 제8곡을 금탄이라 하니 여울물 소리가 시원하여 절도가 있다. 제9곡을 문산이라 하니 산의 옛 이름을 가지고서 지은 것이다.

〈고산구곡가(취병)〉

〈고산구곡가(송애)〉

〈고산구곡가(은병)〉

〈고산구곡가(조대)〉

〈고산구곡가(풍암)〉

〈고산구곡가(금탄)〉

〈고산구곡가(문산)〉

구월산
九月山

구월산(九月山)은 문화현(文化縣)의 경계에 있다. 정곡사(停轂寺)[175]에서 산성(山城)까지 20리쯤 된다. 산성에서 10리쯤 가면 사왕봉(四王峯)에 오를 수 있으니 곧 구월산의 정상이다. 세 개의 폭포가 있으며 그 정상에 오르면 툭 트여서 바라보는데 막히는 것이 없다. 동쪽으로는 송악산을, 서쪽으로는 대동강을 바라보게 되며, 바다의 섬들은 모두 하나하나 꼽을 만하다. 패엽사(貝葉寺)[176]에는 단군의 유적과 또 삼성전(三聖殿)이 있다.

〈구월산〉

〈정곡사 터〉

---

175) 정곡사(停轂寺): 황해남도 은율군 은율읍 정곡동 구월산 서쪽 기슭에 있는 절. 31본산 시대에는 신천군(信川郡)에 있는 패엽사(貝葉寺)의 말사였다. 고려 말 이전에 창건되었으나 창건 연대는 확실하지 않다.

176) 패엽사(貝葉寺): 황해남도 안악군 구월산에 있는 신라 시대의 사찰. 806년(신라 애장왕 6)에 구업대사(具業大師)가 창건하여 한산사(寒山寺) 또는 구업사(具業寺)라고 하였다. 통일신라 중기 법심(法深)이 창건했다는 이야기도 전한다. 일제강점기 때 31본산의 하나로 7개군 24개 말사(末寺)를 거느린 큰 사찰이었다. 신라 말 서역에서 수도를 하고 돌아온 한 승려가 이 절에 패엽경(貝葉經)을 보관한 후 절 이름을 패엽사라 바꾸었다.

백사정
白沙汀

백사정[177]은 장연(長淵)의 아랑포에 있다. 아랑포에는 금사사(金沙寺)가 있고, 앞에는 관음봉이 있는데 전체가 둥글고 고우며 온통 모래다. 앞으로는 끝이 보이지 않는 서해를 마주하고 있다. 바람을 따라서 봉우리를 이루나, 자주 옮겨 다녀서 일정한 장소가 없다. 왼편에는 향로봉과 비로봉이 있었지만 지금은 메워져서 평평하다. 모래에는 푸른 풀과 해당화가 많으며, 또 승선봉(勝仙峯)이 있다.

〈백사정〉

177) 백사정(白沙汀): 황해남도 용연군 몽금포리에 있는 포구(浦口). 현재는 몽금포(夢金浦)로 불리고 있다. 주변 해안가에 흰 모래가 넓게 펼쳐져 있는 등 경치가 매우 아름다워 예로부터 명승지로 손꼽히는 지역이다.

관서의 산수를 기록하다
記關西山水

가수굴
佳殊窟

가수굴[178]은 상원군(祥原郡: 平安道) 관아에서 북쪽 15리 떨어진 지점에 있다.[179] 동굴로 들어가면 만나는 독존관음굴(獨存觀音窟)은 처음부터 매우 좁다. 다시 몇 길을 가다 보면 동굴이 위로 산과 통하여 있는데 천창굴(天窻窟)이라 한다. 불려굴(佛呂窟)[180]을 끼고 수백 보를 가면 남쪽 아래에 관음굴(觀音窟)이 있으며, 횃불을 사르며 따라가야 한다. (그 안에 들어서니) 처음은 좁지만 중간쯤은 넓으며 좌우에는 기이한 돌들이 많다. 가운데 있는 돌 하나는 사람이 엎드려 있는 것과 같아서 동자석(童子石)이라 한다. 또 다른 돌 하나는 일산(日傘)과 비슷하게 끈이 있고, 다른 하나는 일산과 비슷하긴 하나 끈이 없으니 이름을 마천개

---

178) 가수굴(佳殊窟): 평양시 상원군 영천리에 있는 천연기념물. 석회암 지대에 형성된 기묘한 자연 동굴로서 오래 전부터 알려져 있으며 자연의 변화 과정에 대한 지질학적 연구와 교육 사업에서 의의가 있으므로 1982년 12월 천연기념물 제398호로 지정되어 보존되고 있다. 동굴 안은 천태만상의 종유석과 석순이 황홀한 절경을 이루고 있어 석회암의 용식 작용에 의해 생겨난 모든 것이 신비하게 안겨 온다.

179) 이 글은 남효온(南孝溫)의 「遊佳殊窟記」를 참고한 것으로 보인다. 남효온의 기록에는 굴은 입구가 하나이고 동굴이 여덟 개라고 나온다.

180) 여기에는 굴 이름이 나오지 않지만, 남효온의 기록을 참고하면 불려굴(佛呂窟)이라는 것을 확인할 수 있다.

(磨天蓋)라 한다. (마천개를 지나서) 또 좌우에 천왕이란 이름의 바위가 두 개 있다. 천왕석을 지나면 나오는 큰 돌은 수미대(須彌臺)라 하고, 수미대 아래에는 감로천(甘露泉)이 있다. 또 두 개의 석탑 아래에는 논을 구획했던 형태가 남아 있으며, 그 위로 물방울이 떨어진다 하여 쌍룡대(雙龍臺)라 부르는 쌍 바위도 있다. 쌍룡대에서 서쪽으로 들어가는 굴을 칠보굴(七寶窟)이라 하는데, 유리(瑠璃), 영락(瓔珞), 보당(寶幢) 등의 바위들이 있으며, 또 부처 모습과 같은 돌도 있으니 천만 개는 됨직하다. 좌측으로 수미대를 끼고 나오면 서쪽으로 세 개의 굴이 있는데, 북쪽에 있는 것을 용설굴(龍舌窟)이라 하고, 서쪽에 있는 것을 지함굴(地陷窟), 남쪽에 있는 것을 우협굴(牛脥窟)이라 한다. 그중에 지함굴이 가장 깊다. (지함굴) 북쪽에 있는 자그마한 동굴은 더욱 깊이를 헤아릴 수 없을 정도였으니 어떤 사람은 북쪽으로 관북(關北)과 통한다고도 하였다. 우협굴은 동굴 입구가 시원스레 트여 있지만 위로 쳐다보면 작은 동굴이라 매우 좁다. 대장대(大藏臺)는 대가 매우 높고, 용설굴은 돌 모습에서 이름을 붙인 것으로 용설굴 끝에는 샘물이 떨어지고 있다.

묘향산
妙香山

묘향산[181]은 영변군(寧邊郡)의 북쪽에 있고 그 산맥은 청북[182]에 서려 있다. (산으로 들어가면) 보현사 앞에 있는 세 봉우리에 이르게 되니, 탐밀봉(探密峯), 굉각봉(宏覺峯), 탁기봉(卓旗峯)이다. 또 검봉(劍峯)과 궤봉(几峯), 증봉(甑峯)은 그 모습을 가지고 이름을 붙인 것이다. 안심사(安心寺)를 거쳐 상원암(上院庵)에 이르러 쇠줄을 휘어잡고 가파른 비탈 하나를 오르면 인호대(引虎臺)가 있다. 아래의 절벽은 깎아지른 듯하고 깊고 후미지며 모두 돌이다. 두 개의 폭포를 바라보면 매우 기이하고, 또 그 앞은 현

〈묘향산〉

181) 조호익(曺好益)의 「遊妙香山錄」을 참고한 것으로 보인다.
182) 청북(淸北): (청천강 북쪽이라는 뜻으로) 옛날 평안도(平安道)의 청천강 이북(以北)의 땅을 이름.

〈보현사〉

〈인호대 〈석례진의 그림〉〉

진대(玄眞臺)이다. 구불구불한 길로 가면 상원암(上院菴)에 이르게 되고, 상원암 위에는 용정암(龍井菴)이 있으며, 용정암의 동쪽에 큰 돌이 불쑥 일어난 곳을 사자암(獅子菴)이라 한다. 그 뒤는 법왕봉(法王峯)이다.

사자암에서 시내 하나를 건너가면 백운대(白雲臺)가 있고, 또 고개 하나를 올라가면 천선대(天仙臺)가 있다. 그 위에는 상운암(上雲菴)이 있고, 짙푸른 절벽이 빙 둘러 있으니, 그 터진 곳에서 바라보면 산봉우리들이 수려하다. 아래에는 중사자암(中獅子菴)과 내빈발암(內賓鉢菴)이 있다. 암자의 뒤에는 굴이 있고, 굴 안에는 시원한 샘물이 있는데, 세상 사람들이 전하기를 단군이 거기에서 살았다고 한다.[183] 다시 1리쯤 올라가면 있는 대(臺)는 삼면이 낭떠러지로 견고한 절벽이 만 길은 됨 직하다. 등천굴(登天窟)에서 큰 고개 하나를 넘으면 매굴(梅窟)이 있는데 승명(僧名)이 매(梅)라는 사람이 거기에서 살았다고 하며 가장 높고 그윽하다. 그 남쪽에는 두타암(頭陀菴)이라는 암자가 있고, 암자 밑 세 줄기의 폭포는 매우 장엄하다. 동북쪽으로 영신암(靈神菴)에 이르면 높고 넓어서 조망할 만하다. 그 서쪽에 있는 향로봉(香爐峯)은 묘향산의 가장 높은 곳이라 확 트여서 막힌 곳이 없다. 그 아래에 있는 금강굴은 나옹(懶翁)이 거처한 곳이다. 또 그 아래 내원암(內院菴)은 샘물과 돌이 깨끗하고 기이하며, 용추(龍湫)가 있고 옆에는 국진굴(國秦窟)도 있다.

183) 이중환의 『택리지』에는 "평안도 영변 묘향산은 …… 다른 길은 없고 오직 서남쪽 수구(水口)로만 들어갈 수 있으며 한 사람씩만 걸어갈 수 있다. 옛날에는 태백산이라 불렸다. 위에 단군이 태어난 바위 굴이 있다. 산속에 세 개의 큰 사찰이 있고, 작은 암자는 매우 많다. 중들이 입정(入定)하여 도를 익히는 곳이다"라고 나온다.

충청도의 산수를 기록하다
記湖中山水

선 담
銑 潭

선담[184]은 단양군(丹陽郡) 운암(雲巖)의 동쪽에 있다. 운암에서 시내를 따라 동쪽으로 몇 리쯤 가면 붉은 분을 칠해 놓은 것 같은 두 개의 절벽이 담장처럼 서 있다. 다시 앞으로 가면 선담에 이르는데, 돌이 사방을 에워싸고 가운데는 움푹 파여 선(銑: 쇠북[鐘]의 양쪽에 달려 있는 귀)과 닮아서 붙여진 이름이다. 물이 돌 위에서 패옥 소리를 내다가 선담의 입구에 이르러 폭포가 되니, 돌이 못물 위에 뒤섞여 늘어서 있는 것이 반짝이고 선명해서 기괴함이 만 가지로 변한다. 그중의 돌 하나는 널찍하고 평평하여 수십 사람이 앉을 만하다.

184) 이 글은 이준(李埈)의 「銑潭記」를 많이 참고하였다.

용 담
龍 潭

용담은 소백산 아래에 있다. 관아에서의 거리가 30리쯤 된다. 물가에 세 층계의 반석이 있는데, 첫 번째 층계는 백 길이 됨직하고, 두 번째 층계는 높이가 갑절이나 되며, 세 번째 층계는 두 번째 층계의 겨우 절반쯤 된다. 층계마다 이룬 못물이 항아리와 같은데, 아주 짙푸르러서 밑이 보이지 않는다. 용담의 좌우에는 철벽(鐵壁)이 담처럼 서 있으며, 사다리를 타고 올라가면 반석이 흐르는 물을 갈라 산으로 들어간다. 곧 교내산(橋內山)이니, 다리를 건너서 들어가기에 그렇게 이름을 붙인 것이다. 산속은 공간이 넓어 살만하여, 어떤 이는 "풍기의 경계로부터 오솔길이 있어서 통행할 수 있다"라고 했다.

〈교내산 지도〉

대야산
大冶山

대야산[185]은 아무 곳[결자]에 있으니 화양(華陽)의 주산(主山)이다. 동구(洞口)에는 보덕암(普德菴)이 있고, 보덕암을 지나가면 비로봉(毗盧峯)에 오르게 되는데 가팔라서 오르기가 어렵다. 방향을 틀어 남쪽으로 가면 절벽이 갈라져 생긴 문으로 속리산을 바라볼 수 있다.

〈대야산〉

185) 대야산(大冶山): 문경시 가은읍과 괴산군 청천면 경계에 위치한 산으로 보통은 대치산(大治山)이라 불린다. 『여지도서』와 『大東地志』 문경조 등에 '대야산(大野山)'으로, 『大東輿地圖』 문경조에 '대치산(大治山)' 등으로 표기하고 있는데, 무슨 의미의 산 이름인지는 잘 드러나지 않고 있다. 이 글은 송시열의 「遊大冶山記」를 참고한 것으로 보인다.

병 천
屛 川

병천[186]은 문경(聞慶)에 있으며 화양(華陽)에서부터의 거리가 40리 지점이다. 골짜기에 있는 돌들은 모두 희었다. 파곡(葩谷) 아래에는 용추(龍湫)가 있다.

186) 이 글은 김창협의 「華陽諸勝記」를 참고한 것으로 보인다.

속리산
俗離山

속리산[187]은 보은현(報恩縣) 경계에 있다. 신천동(新川洞)을 따라서 들어가면 푸른 소나무가 길을 끼고 있다. 큰 사찰의 문 밖에 이르면 구리로 만든 당간(幢竿)이 있는데 백 길은 됨직 하며 정통(正統) 24년에 주조했다는 글자가 새겨져 있다. 복천사(福泉寺)는 세조 때에 창건되었는데 매우 정교하고, 신미(信眉)[188]의 수놓은 가사가 있으니 세조가 하사한 것이다. 또 신미에게 하사

〈속리산〉

187) 이 글은 오원(吳瑗)의 「湖左日記」를 많이 참고하였다.

188) 신미(信眉, ?~?): 본관은 영동(永同). 속성은 김(金). 사호(賜號)는 혜각존자(慧覺尊者). 세조(世祖)가 매우 신임하여 왕위에 오르기 전부터 매사를 일일이 그에게 물어서 처리할 정도였다고 한다. 세조 즉위 후에는 왕사(王師)가 되었는데, 1458년에는 동생 김수온(金守溫)과 『月印釋譜』를 편찬하고 그 후에도 경전의 국역 사업에 참여하였다. 속리산 법주사(法住寺)에 신미의 부도(浮屠)가 있다.

한 어찰(御札)과 여러 왕자들의 모연문(募緣文)도 있다. 신미는 수온(金守溫)[189]의 아우이며, 김수온 또한 기(記)가 있다.[190]

그 동쪽 대는 매우 높다. 그 동북쪽 여러 봉우리를 천왕봉(天王峯)이라 하기도 하고 비로봉(毗盧峯)이라 하기도 하는데 비로봉이 더욱 기이하다. 대의 정상에는 쌍탑(雙塔)이 있고, 절 뒤의 벽에서 나오는 복천(福泉)은 물맛이 차다. 다시 한 고개를 넘으면 중사자암(中獅子菴)으로 매우 높고 널찍하며, 또 서쪽에는 대장암(大藏菴)이 있고, 대장암은 관음봉 아래에 있다. 대장암과 중사자암의 가운데에는 문장대가 있는데 문장대는 세 층계로 나무를 묶어서 사다리를 만든 뒤에야 비로소 올라갈 수 있다. 그 중대(中

〈문장대〉

189) 김수온(金守溫, 1409~1481): 자는 문량(文良), 호는 괴애(乖崖)·식우(拭疣). 학문과 문장이 뛰어났으며 불교에도 조예가 깊었다. 특히 그의 문장은 호방한 것으로 정평이 나 있었거니와 시작(詩作) 역시 자유분방하고 형식에 구애받지 않아 거칠기까지 하였다. 저서에 『拭疣集』이 있다.

190) 김수온의 「福泉寺記」를 말하는 것으로 보인다.

臺)에는 감로천(甘露泉)이란 샘물이 있고 아래에는 돌문이 있으며 길이 50개 마을로 나 있다. 절의 서쪽은 용화전(龍華殿)이고, 용화전의 서쪽으로 시내 언덕에 있는 석조(石槽)와 석옹(石甕)은 모두 세조(世祖)가 희사한 것이다.

그 뒤편은 곧 수정봉(水晶峯)으로 전부 다 돌이다. 돌 이름을 구암(龜巖)이라고 했으니 그 생긴 모습에서 이름을 취한 것이다. 절 서쪽에는 큰 바위가 시냇물을 굽어보고 있는데 입을 쩍 벌린 것 같은 구멍이 있다. 그 안으로 들어가니 시냇물이 맑고 찼다. 속리산은 복천사(福泉寺) 동쪽을 내산이라고 이르고, 큰 절 위쪽을 외산이라고 하는데, 내산에는 돌이 많고 흙이 적으나, 외산에는 흙이 많고 돌이 적다. 내산의 걸출한 곳을 비로봉(毗盧峯)과 천왕봉(天王峯)이라고 하며, 내외산(內外山)의 조종(祖宗)이 되고 있는 곳을 문장봉(文莊峯)이라 한다.

〈천왕봉〉

천정대
天政臺

천정대[191]는 부여 백마강 서쪽에 있다. 그 위에 있는 절은 호암(虎巖)이라고 하는데, 바위에 범의 발자국이 있다. 그 서쪽에는 대가 있으며, 잘려진 벼랑은 천 척이 됨직하다. 백제 때 좌평(左平)을 임명할 적에는 대신들이 당선자의 이름을 써서 천정대 위에 놓으면, 군신들이 도포와 홀을 갖추고 북쪽 강기슭의 모래밭에 도열하고 엎드린 채 잠시 기다렸다가 그것을 가져다 쭉 보고 나서 도장 자국이 있는 자를 임명했다고 한다. 그 아래에 자온대가 있다.

---

191) 천정대(天政臺): 백제 때 재상을 선출하던 곳. 1984년 7월 26일 충청남도 기념물 제49호로 지정되었다. 충청남도 부여군 규암면(窺岩面) 호암리에 있다. 백마강을 1.5㎞ 거슬러 올라가면 범바위라는 바위가 있는데, 이곳에서 동북쪽에 임금 바위 또는 신하 바위라고 부르는 바위들이 있는 곳이 천정대이다. 『삼국유사』, 「남부여조」에 "호암사에는 정사암이 있는데, 나라에서 재상을 선출할 때 후보자 3~4명의 이름을 써서 상자에 넣고 봉해서 바위 위에 두었다가 개봉하여 그 이름 위에 도장이 찍혀 있는 자로 재상을 삼았으므로 정사암이라는 이름이 생겼다."라 나온다. 천정대에 관한 글은 이곡의 「舟行記」와 박태보의 「濟都遊覽詩序」를 참고한 것으로 보인다.

월 악
月 嶽

월악은 충주의 동쪽에 있는데 폭포가 수문(水門)에서 나오니, 문에는 들보와 같은 모습이 있다. 산이 아주 험하여 백강(白江) 이경여(李敬輿, 1585~1657)가 성을 쌓기를 의논하였으나, 실현하지는 못했다고 한다.

의림지
義林池

의림지는 제천현에 있다. 넓고 깊어서 백 이랑쯤 되는데 그 옆을 트고 물을 대어서 폭포를 만들었다. 이곳에는 마름풀[192], 순채, 물고기로 끓인 국이 많다. 옆에는 우륵이 거문고를 타던 터가 있다.

〈의림지(이방운 그림)〉

192) 빈조(蘋藻): 물 위에 떠 있는 풀과 물속에 잠겨 있는 풀. 『詩經』, 「召南」, '采蘋'에 나온다.

호남의 산수를 기록하다
記湖南山水

금골산
金骨山

금골산[193]은 진도군의 관아에서 서쪽으로 20리 지점에 있다. 중악이 가장 높고 사면이 모두 돌이며 바라보면 매우 깨끗하다. 서굴(西窟)과 상굴(上窟)과 동굴(東窟)이라는 세 개의 굴이 있는데, 상굴이 가장 위험하다. 기울어진 비탈과 벼랑은 깊이를 잴 수가 없으므로 서굴을 경유해야 겨우 이를 수 있다.

〈금골산〉

193) 이 글은 이주(李冑)의 「金骨山錄」을 참고로 하였다.

덕유산
德裕山

덕유산[194]은 아무 곳[결자]에 있다. 황봉(黃峯), 불영봉(佛影峯), 향적봉(香積峯)이 가장 높은데 향적봉은 그중에서도 한층 더 높다. 산으로 들어가려면 시내 세 개를 건너야 한다. 향적암(香積菴) 남쪽에는 맑고 푸른 돌우물[石井]이 있고, 서쪽에는 향나무 숲[香林]이 즐비하게 서 있어서 향적암이란 이름을 얻게 되었다. 향적암 뒤편은 곧 상봉이니 산봉우리의 맨 꼭대기 돌에는 단(壇)의 형상이 있으며, 철마(鐵馬)와 철우(鐵牛)도 있고 동쪽에는 못물이 있다. 봉우리의 남쪽에는 계조굴(戒祖窟)이 있고 북쪽에는 칠불봉(七佛峯)이 있는데 대개 조령(鳥嶺)의 지맥이다. 서쪽으로 뻗어 대봉(臺峯)이 되고, 다시 서쪽으로 뻗어 지봉(池峯)

〈덕유산〉

194) 이 글은 임훈(林薰)의 「登德裕山香積峯記」를 많이 참고한 것을 보인다.

이 되며, 다시 서쪽으로 뻗어 백암봉(白巖峯)이 되고, 다시 서쪽으로 뻗어 불영봉(佛影峯)이 되며, 또 다시 서쪽으로 뻗어 황봉(黃峯)이 된다. 백암봉에서 북쪽으로 방향을 바꾸면 향적봉이고, 그 서북쪽의 기슭에는 골짜기가 매우 기이하다.

서석산
瑞石山

서석산[195]은 아무 곳[결자]에 있다. 골짜기에 들어가면 졸졸졸 물소리가 난다. 조금 더 앞으로 가면 절이 있고 절 옆에는 취백루(翠柏樓)라는 누각이 있다. 누대 서쪽에는 사인암(舍人巖)이 높이 솟아 있다. 중령(中嶺)을 경유하여 이르는 냉천정(冷泉亭)은 샘물이 돌 틈에 있는데 매우 맛이 좋다.

다시 앞으로 가서 입석암(立石菴)에 이르면 16개의 봉우리가 빙 둘러 펼쳐져 있는데 사방이 모두 깎여서 갈아 빛나는 모양이 먹줄[繩墨]로 튕긴 것과 같다. 암자의 동쪽에서부터는 평평한 길로 염불암(念佛菴)까지 이르게 된다. 암자의 동쪽에 쌓인 돌무

〈무등산〉

195) 서석산(瑞石山): 무등산(無等山)을 가리킨다. 광주광역시 북구와 화순군 이서면, 담양군 남면과의 경계에 있는 산. 이 글은 고경명의 「遊瑞石錄」을 참고한 것으로 보인다.

더기가 보이는데 지공너덜[指空礫][196]이라 부른다.

그 가운데는 움푹 패여 있어서 끝이 보이지 않는다. 사람들이 실수로 나무하는 도끼를 떨어뜨렸는데 도끼 떨어지는 소리가 오랫동안 나고서야 비로소 멈췄다고 한다. 산속에는 너덜[礫]로 이름 붙인 곳이 두 군데이니 증각사(證覺寺) 동북쪽에 있는 것을 덕산너덜[德山礫]이라 하는데, 산에 오랫동안 비가 내리면 벌레와 뱀이 많기 마련인데 유독 여기에만 그것들이 없다고 한다. 가장 높은 상봉이 세 개로, 동쪽은 천왕봉(天王峯)이요 가운데에는 비로봉(毗盧峯), 서쪽은 반야봉(般若峯)이라 한다. 반야봉과 비로봉은 매우 가깝게 마주 보고 있다. 반야봉의 서쪽은 자못 널찍하고 봉우리의 형세는 험절하다. 총총한 돌이 빗살처럼 서 있는

〈지공너덜〉

〈덕산너덜〉

196) 지공너덜[指空礫]: '너덜', '너덜겅'은 암석 무너진 것이 산비탈을 덮은 것으로 한마디로 '돌 바다'라고 할 수 있다. 바윗덩이가 제멋대로 굴러 떨어져 있지만 사이사이에 자라난 관목과 어울려 일대 장관을 이룬다. 그중 지공너덜은 산의 정상에서 동남쪽으로 3Km 남짓이나 돌 바다를 형성하고 있다. 인도의 승려 지공 대사가 이곳에 와서 석굴을 만들고 많은 제자에게 불법을 가르치면서 좌선수도(坐禪修道)하다가 그의 법력으로 수 없이 많은 돌을 이곳에 깔아 놓았기에 누가 어느 돌을 밟아도 덜컥거리지 않고, 그리하여 이곳을 지공너덜이라 부르게 되었다는 전설이 전해져 내려오고 있다.

데 높이가 백 자쯤 됨직하니 서석(瑞石)이란 것이 바로 이것이다. 봉우리 아래에는 삼일암(三日菴)의 월대(月臺)가 있으며 선바위가 매우 기이하다. 삼일암의 동쪽에는 금탑사(金塔寺)가 있고 또 그 동쪽에는 은적사(隱跡寺)가 있으며, 금탑사의 서쪽에는 석문사(石門寺), 동남쪽에는 금석사(錦石寺)가 있으니 모두 승려들의 요사채이다. 대자사(大慈寺)의 없어진 절터가 금탑사 아래에 있는데 옛 우물이 맑고 이끼가 끼지 않았다.

길가에 있는 석실을 소은굴(小隱窟)이라 한다. 금석산에서 산기슭을 둘러서 동쪽으로 가면 규봉(圭峯)이니 그 다른 이름은 자암(紫巖)이라고도 한다. 서쪽에는 광석대(廣石臺)가 있는데 돌 표면이 깎아지른 것 같은 것이 삼존석(三尊石)이고, 광석대 서쪽 석문(石門)으로 들어가면 그 가운데 문수암(文殊菴)이 있으며, 암자의 동쪽 석천(石泉)에는 석창포가 비스듬히 나있다. 광석대에서 서북쪽으로 돌 비탈길을 따라가면 자월암(慈月菴)인데, 자월암 동쪽에는 풍혈대(風穴臺)가 있고, 자월암 서쪽에는 선바위

〈서석대〉

〈천왕봉〉

〈석문〉

〈광석대〉

가 병풍과 같았으니 곧 장추대(藏秋臺)이다. 그 남쪽은 은신대(隱身臺)로 대의 서쪽 돌이 네모반듯한데, 사람들이 말하기를 도선(道詵) 선사가 살던 곳이라 한다. 그 북쪽에는 청학대(靑鶴臺)와 법화대(法華臺) 등 여러 개의 대가 있다. 바위에 뚫린 굴을 통과하면 엉금엉금 기어오른 뒤에야 이를 수 있다. 광석대의 남쪽을 송하대(送下臺)라 하고, 여기에서 동쪽으로 산골짜기를 따라가면 영신동(靈神洞)으로 가게 되니, 좁은 길이 실과 같고 촌락은 자취를 감추었다.

금쇄동
金鎖洞

금쇄동은 해남현의 남쪽 30리 지점에 있으며 대둔산의 지맥이다. 북쪽으로는 수정동(水晶洞)을 에워싸고 서쪽은 상봉이니, 돌의 기세가 푸른 하늘을 어루만지고 있는 듯 높이 솟아 있다. 또 내려오면 서쪽으로는 성봉산(成鳳山)을 지나게 되고, 다시 꺾어 동쪽으로 문소동(聞簫洞)을 지나면 금쇄동이니, 깊숙하고 고요하고 높이 솟아 있으며 석문(石門)과 석대(石臺)가 모두 다 기이하다. 그 서북쪽에는 옥녀동(玉女洞)이 있고 동쪽에는 병풍 같은 폭포[屛瀑]가 있다.

월출산
月出山

월출산[197]은 영암산에 있다. 산에는 도갑사[198]가 있으니 신라의 승려 도선(道詵)이 거처하던 곳으로 염주, 가사, 포단, 철학 등이 있고,[199] 또 용암사(龍巖寺)란 절에는 9층탑이 있다. 구정봉(九井峯)은 산의 정상이다. 사방이 모두 깎은 듯한 절벽인데 유독 서쪽 절벽 아래에만 직경이 겨우 한 자쯤 되는 조그마한 구멍이 있다. 그 굴속으로 들어갈 때에는 뱀처럼 기어서 들어가야 한

〈월출산〉

197) 이 글은 허목의 「月嶽記」와 김창협의 「登月出山九井峰記」를 많이 참고한 것으로 보인다.
198) 도갑사(道岬寺): 전라남도 영암군 군서면(郡西面) 도갑리(道岬里) 월출산(月出山)에 있는 사찰. 신라 말기에 도선국사(道詵國師)가 창건하였으며, 조선 전기 1456년 수미(守眉)가 중건하였다. 국보 제50호로 지정된 도갑사의 해탈문(解脫門)은 현존하고 있는 한국의 건물 중 보기 드문 옛 건축물이다. 이곳에 도선 및 수미대사의 영정(影幀)이 봉안되어 있다.
199) 앞뒤의 내용을 생략해서 남긴 물건들이 마치 도선의 것으로 보이는데, 허목의 글을 참고해 보면 조선 초기 학조(學祖)라는 스님의 물건임을 알 수 있다.

〈도갑사〉

〈구정봉〉

다. 또 아슬아슬한 벼랑은 그 직경이 겨우 발하나를 들일만하나, 여기를 지나면 비로소 툭 트이고 넓어져서 큰 바다가 내려다보인다. 구룡정(九龍井)에 구름과 안개가 걷히면 봉우리에 종과 같은 큰 바위가 있다. 한 사람이 흔들어도 움직일 것 같지만 열 사람이 흔들어도 한 사람이 흔드는 것에 불과하니, 고을 이름을 영암(靈

巖)이라 한 것은 이 때문이다. 산에는 이런 돌이 세 개가 있는데 하나는 도갑사 아래에, 하나는 용암사(龍巖寺) 아래에 있다. 소년대(少年臺) 위에서 구름과 안개가 사라진 뒤 천성봉(天星峯)을 보면 더욱 신비하고 빼어나다. 소년대 아래에는 구절폭포(九折瀑布)가 있는데 물이 고여서 이룬 깊은 못이 일곱 개이고, 그 위에는 칠지정사(七池精舍)란 곳이 있다. 구정봉의 남쪽에는 쌍석봉(雙石峯)이 있다. 그중에 높은 것이 청청대(靑靑臺)이고 그 남쪽은 불정봉(佛頂峯), 그 아래는 백운사(白雲社)이다. 구정봉의 북쪽은 원효대(元曉臺)로 물맛이 좋은 샘이 있다. 용암(龍巖) 아래에는 수레 모양의 돌 세 개가 있는데 운거(雲車)는 소년대 동쪽에, 마거(馬車)는 운거봉의 북쪽에, 녹거(鹿車)는 가장 아래에 있으니 모두가 기이한 유적들이었다.

그 동북쪽에 있는 뚝 떨어진 봉우리를 고산(孤山)이라 하고, 그 아래에는 고산사(孤山寺)가 있으니 남쪽으로 구정봉을 마주하고 있다. 월암의 북쪽에는 손초가 무성해서 향기가 나고, 얼음이 얼고 눈이 내린 뒤에도 모두 다 푸르다. 바다에 있는 여러 산에 많이 있으며 혹은 난초라고도 한다. 도갑사 아래 선바위에 국장생(國長生)이란 석 자가 새겨져 있고, 그 아래 황산의 선돌에는 황장생(皇長生)이란 글자가 새겨져 있는데, 산사람들이 도선이 세운 것이라 전한다. 그 밖에도 구림(鳩林)과 서호(西湖)의 석포(石浦)에도 모두 선돌[200]이 있는데, '어느 해 어느 달에 향을 묻었다.'라는 글자가 새겨져 있으나, 그 연월(年月)의 글자는 마멸되어서 볼 수가 없었다.

200) 허목의 글에는 우포(右浦)가 석포(石浦)로 되어 있다. 여기서는 허목의 것을 따른다.

천관산[201]

天冠山

천관산은 장흥부(長興府) 관아에서 남쪽으로 40리 지점에 있으며, 그 북쪽 곶[串]에는 천관사(天冠寺)가 있었다. 또 지제산(支提山)이라고도 하는데 지제(支提)는 탑묘(塔廟)의 이름이다. 산꼭대기 아래에는 탑산사(塔山寺)가 있고, 그 옆에는 황폐한 사찰이 있으니 의상암(義相菴)이라 이른다. 그 뒷쪽은 구룡봉(九龍峯)이라 하는데 보통 홍수나 가뭄이 들면 항상 거기에서 제사를 지낸다. 서쪽에는 통영대(通靈臺)가 있고 그 동쪽 고개 위에는 신정(神井)이 있다. 탑산 앞을 불영봉(佛影峯)이라 하는데, 봉우

〈천관산〉

201) 허목(許穆)의 「天冠山記」를 많이 참고한 것으로 보인다.

〈천관사〉

〈구룡봉〉

리 위에는 때때로 자색 구름이 끼기도 하고, 간혹 종소리와 북소리가 들린다고 한다.

금강굴(金剛窟), 반야대(般若臺), 신포석봉(神浦石峯)은 모두 산중의 깊은 곳이다. 신포석봉에는 포천(蒲泉)이라는 세 개의 바위 웅덩이가 있는데 여기에서 창포가 자란다. 그 동쪽 고개에는 신정(神井)이 있으며 동쪽 기슭의 종봉(鍾峯)에서 금수굴(金水

〈구정봉〉

窟)을 내려다보면, 굴에 있는 샘물에 황금빛이 가득 떠 있다. 석대장(石大藏)이 탑산 위에 있으며, 봉우리에는 첩첩이 돌이 쌓여 있는데 돌은 모두가 네모진 함의 형태로 거기에는 모두 범자(梵字) 문양이 있다. 그 옆의 봉우리는 석범(石帆), 또 그 옆의 것을 석당(石幢)이라 하며 석당 아래에는 석주(石舟)가 있고 석주 위에는 돌이 한데 엉겨 있다. 북쪽 곧 동쪽에 구정사(九精社)가 있고, 비로봉은 구룡봉의 뒤편에 있으며 그 옆에 약간 낮은 것이 석로사나(石廬舍那)이다. 석대장의 북쪽은 석문수(石文殊), 그 북쪽은 석보현(石普賢), 다시 그 북쪽의 가장 낮은 곳에는 구정봉(九精峯)이 있다. 향로봉에는 석비로(石毗盧), 그 아래에는 석신상(石神象)[202]이 있으며, 석지장(石地藏)은 구룡봉 서쪽의 통령대(通靈臺) 옆에 있다.

202) 허목의 글에는 석신중(石神衆)으로 되어 있다.

달마산
達摩山

〈도솔암〉

달마산[203]은 낭주(朗州)의 속현인 송양현(松陽縣)에 있다. 북쪽으로는 두륜산(頭輪山)과 접하고 있고 바다와 삼면이 닿아 있는 하얀 돌산이다. 산꼭대기 동쪽의 위태로운 절벽에는 미타혈(彌陁穴)이 있으며 앞에는 층대가 있다. 미타혈에서 남쪽으로 가면 또 높은 바위에 작고 네모진 못에 이르는데 바다와 통하고 있어서 물맛이 짜다. 도솔암(兜率菴) 북쪽에 있는 굴은 신라 때 의조화상(義照和尙)이 살던 곳이다. 서쪽에는 미황사(美黃寺)[204]와 통교사(通敎寺)가 있고 북쪽에는 문수암(文殊菴)과 관음굴(觀音窟)이 있으니 모두 상쾌하고 아름답다. 또 수정굴(水精窟)에서는 수정이 산출된다. 원(元)나라 때에 어떤 중국 사람이 산 동쪽에 정박하여 그곳에 사는 주민들에게 묻기를 "내가 듣건

203) 이 글은 『동국여지승람』을 많이 참고한 것으로 보인다.

204) 미황사(美黃寺): 전라남도 해남군 송지면(松旨面) 서정리 달마산 중턱에 있는 절. 749년(경덕왕 8)에 의조가 창건하였다고 전한다.

〈미황사〉

대 이 나라에는 달마산이 있다 하더니 바로 이 산인가?"라고 하기에 "그렇소."라고 대답하니 마침내 그림으로 그려서 돌아갔다고 한다.

한라산
漢拏山

한라산[205]은 제주에서 남쪽으로 20리 지점에 있다. 산기슭에서 40리를 가면 존자암(尊者菴)이 있다. 천불봉(千佛峯)을 바라보면서 수행굴(修行窟)을 지나게 되는데, 수행굴은 수십 명이 들어갈 만하다. 또 칠성대(七星臺)와 선암(禪菴)[206]을 지나면 그 정상에 이르게 되니, 춘분과 추분에 날씨가 개어 있어야 노인성(老人星)을 볼 수 있다고 한다. 동서쪽으로 돌아서 조금 가면 정상이 푹 꺼진 것이 솥과 같다. 두 개의 못이 있는데 얕은 곳은 정강이가

〈한라산〉

205) 이 글의 앞부분은 김상헌의 「遊漢拏山記」를, 뒷부분은 조구명(趙龜命)의 「耽羅異聞 己酉」을 참고하였다.

206) 선암(禪菴): 김상헌의 책에는 좌선암(坐禪菴)이라 나온다.

〈백록담〉

잠길만하고, 깊은 곳은 무릎이 빠질만한데 이름을 백록담(白鹿潭)이라고 하며 가물 때에 항상 비가 내리길 빈다고 한다. 상봉에서 남쪽으로 방향을 바꾸어 가면 두타사(頭陁寺)에 이르게 되는데 일명 쌍계사(雙溪寺)라고도 하니, 골짜기가 그윽하고 깊숙하며 대(臺) 앞의 시냇물은 맑고도 차다. 고개 위에 있는 남쪽 기슭은 움푹 패여 푹 꺼져 있고 석봉(石峯)이 사방으로 둘러 있어 성곽의 모습을 하고 있다. 산허리에 조그마한 구멍이 남쪽 바다로 통하니, 혈망봉(穴望峯)이라 부른다. 무릇 한라산이란 곳은 운한(雲漢)을 잡을 수 있을 만하다는 뜻이며 또한 두무악(頭無岳)이라고도 하니, 봉우리마다 모두 편편하기 때문이다. 또 두모악(豆毛岳)이라고도 하는 것은, 산의 모습이 이어져 있으면서 봉우리 정상마다 모두 못물이 있어 물을 모아 두는 그릇과 같기 때문이다. 한편으로는 원산(圓山)이라고도 하는데 산 모습이 덩그렇고 둥글기 때문이며, 수백 리를 걸쳐 웅대하게 자리 잡고 있어 5월

〈산방산〉

에도 쌓인 눈이 아직 남아 있고 8월이면 벌써 가죽옷을 입어야 한다고 한다. 산에는 사나운 짐승이 없고, 유독 멧돼지와 사슴만 천백 마리씩 무리를 지어 있다. 또 남쪽 지맥은 바다로 불쑥 들어가 있는데, 이것이 산방산(山房山)[207]이다. 나무꾼이 일찍이 들어갔다가 석굴에 썩은 물이 가운데 모여 있는 것을 보았는데, 무언가 엉겨있는 눈물과 같더니 그 다음날엔 엉겨있는 것이 더욱 두터웠다. 물은 밖에서부터 말라 오래되자 수모(水母)가 되고 또 굼벵이가 되어서 사지가 분리되었고, 머리와 발의 형체가 꿈틀거리고 귀와 눈이 점차 트여 사람과 비슷했다. 얼마 후에 여자가 되었으므로 데리고 돌아와서 젖을 먹이니 응애응애 하고 울었다. 여자가 자라자 남편을 얻어 주어서 두 아들을 낳고 구십 여세를 살았다.

---

207) 산방산(山房山): 제주도(濟州道) 남제주군(南濟州郡) 안덕면에 있는 산. 한라산(漢拏山) 기슭의 측화산(側火山)의 하나로 종상화산(鐘狀火山)을 이루고 있음. 높이 395m.

지리산
智異山

지리산은 다른 이름으로는 두류산(頭流山)이라고도 한다. 영남과 호남의 두 길이 교차되는 지점에 자리잡고 있다. 그 동쪽은 진주(晋州)·단성(丹城)이고 남쪽은 곤양(昆陽)·하동(河東)·살천(薩川)·적량(赤良)·화개(花開)·악양(岳陽)이며, 서쪽은 남원(南原)·구례(求禮)·광양(光陽), 북쪽은 함양(咸陽)·산음(山陰)이다.

가장 높은 봉우리는 동쪽은 천왕봉(天王峯), 서쪽은 반야봉(般若峯)으로, 서로 간의 거리는 백 여리이며 항상 구름에 가려 있다. 천왕봉에서 조금 내려오면 서쪽에는 향적사(香積寺)가 있고, 또 그 서쪽으로 50리 지점에 가섭대(迦葉臺)가 있으며, 가섭대의 남쪽에는 영신사(靈神祠)가 있다. 서쪽으로 내려가면 골짜기가 있는데 널찍하고 평탄하며 기름져서 벼와 기장을 심는데 적합하다. 남쪽으로 시내를 따라 내려가면 의신사(義神寺), 신흥사(新興寺), 쌍계사(雙溪寺)가 있다. 동쪽으로 고개 하나를 넘으면 불일암(佛日菴)이 나온다. 천왕봉에서 동쪽으로 자그마한 굴이 큰 바다를 임하고 있는데, 암법주굴(巖法主窟)이라 부른다. 물은 향적사(香積寺) 앞에서부터 살천(薩川)에 이르러 법계(法戒)의 물과 합쳐서 소남진(召南津)으로 흘러 들어간다. 살천(薩川)의 안쪽은 내산(內山), 바깥쪽은 외산(外山)이라 부른다.[208)]

〈쌍계사〉

천왕봉 정상에 성모사(聖母祠)[209]가 있다. 성모는 곧 석상으로 분과 먹이 칠해져 있다. 세상에서 일컫기를 석가모니의 어머니인 마야부인(摩耶夫人)이라 하였고, 이승휴(李承休)는 『제왕운기(帝王韻記)』에서 고려(高麗) 태조(太祖) 위숙왕후(威肅王后)라고 했다. 엄천(嚴川), 화암(花巖), 환희대(歡喜臺), 독녀암(獨女巖), 의론대(議論臺), 구롱(九壟), 영랑점(永郎岾), 소년대(少年臺), 해유령(蟹踰嶺), 선암(船巖), 중봉(中峯) 등은 천왕봉으로 가는 지름길이다. 여기에서 올라갈 수 있는 곳은 창불대(唱佛臺), 좌고대(坐高臺), 직지(直旨) 등이다.[210] 또 사자봉(獅子峯)에는 영신암(靈神菴), 비로봉(毗盧峯), 의신사(義神寺)들이 있으니 천

208) 여기까지는 이육(李陸)의 「智異山記」를 참고한 것으로 보인다.
209) 이중환의 『택리지』에도 나온다.
210) 여기까지는 김종직(金宗直)의 「遊頭流錄」을 참고한 것으로 보인다.

왕봉으로 가는 지름길이기도 하다.[211]

여기에서 좌고대(坐高臺)의 아래로 내려가면 법당(法堂)이 있는데 몽산(蒙山)[212]의 그림 족자가 쌓여 있다. 찬에 이르기를 '두타[213]의 제일이 바로 두수(抖擻)[214]가 된다. 밖으로는 이미 속세를 멀리했고, 안으로도 이미 때를 벗었도다. 남보다 앞서서 도를 깨달았고, 남보다 뒤에 입적했도다. 설의(雪衣)와 계산(鷄山)이 천추 동안 썩지 않고 전하리라.'라고 하였고, 옆에 인장(印章)에는 청지(淸之)라 했으니, 바로 안평대군의 글씨이다. 동쪽 섬돌 아래에는 영계(靈溪)가 있고 서쪽 섬돌 아래에는 옥천(玉泉)이 있는데 물맛이 달고 차갑다.[215]

대개 천왕봉은 얼음과 눈이 여름이 지나도 녹지 않는다. 6월에 처음으로 서리가 내리고, 8월이면 얼음이 언다. 초겨울에는 눈이 많이 내려, 골짜기가 모두 평평해져서 산에 사는 사람들이 가을이 되어 들어가면, 이듬해 봄에나 내려오게 된다. 산 아래에서는 간혹 큰 우레가 치고 비가 내려도, 산 위에는 날이 청명하여서 구름 한 점 없다. 산 밑에는 감나무와 밤나무가 많으며 조금 올라가면 홰나무 천지이다. 홰나무가 다 끝나면 또 소나무와 노송나무가 있는데 절반이나 말라 죽어서 푸른 나무와 흰 고사목이 서로 섞여 있다. 가장 높은 곳에는 다만 철쭉꽃뿐인데 한 자도 채 안 된다.[216]

---

211) 여기까지는 유몽인(柳夢寅)의 「遊頭流山錄」을 참고한 것으로 보인다.
212) 몽산(蒙山): 원(元)나라 고승 이름.
213) 두타(頭陀): 번뇌의 티끌을 떨어버리고 청정하게 불도를 닦는 일. 또는 그러한 중. 여기저기 돌아다니며 수행하는 행각승을 이르기도 한다.
214) 두수(抖擻): 불교 용어. 번뇌를 떨어버린다는 뜻이다.
215) 여기까지는 김종직(金宗直)의 「遊頭流錄」를 참고한 것으로 보인다.
216) 이 부분은 이육(李陸)의 「智異山記」를 참고한 것으로 보인다.

〈쌍계석문〉

쌍계사(雙溪寺)의 골짜기에 석문(石門)이 있는데 푸른 벼랑이 몇 길이 넘는다. 오른쪽에는 쌍계(雙溪)라 쓰여 있고, 왼쪽에는 석문(石門)이라 쓰여 있다. 글자 획이 큰 것은 사슴의 정강이만 한데 최치원의 필적이다. 서쪽 시내는 신응사(神凝寺)가 있는 의신동(擬神洞)의 물줄기이고, 동쪽 시내는 불일암(佛日菴)이 있는 청학동(靑鶴洞)의 물줄기니 사찰이 두 벼랑 사이에 있기 때문에 이름을 붙인 것이다. 사찰 문에는 최치원의 빗돌이 있다. 앞에는 누대가 있는데 팔영루(八詠樓)이고 또 독서대(讀書臺)가 있었는데, 지금은 헐리었다.[217]

반야봉(般若峯)의 북쪽에는 혼흑동(昏黑洞)과 월락동(月落洞)이 있고, 그 북쪽에는 중봉산(中鳳山)이 있으며, 또 그 북쪽에는 금봉산(金鳳山)이 있다. (반야봉) 서쪽에는 방장산(方丈山)이 있고, 방장산 정상에는 만복대(萬福臺)가 있다. 만복대의 동쪽에는

217) 이 부분은 조식의 「遊頭流錄」을 참고한 것으로 보인다.

묘봉암(妙峯菴)이 있고, 묘봉암의 북쪽에는 보문암(普門菴)이 있는데 다른 이름으로는 황령암(黃嶺菴)이라 한다. 봉우리의 남쪽에는 고모당(姑母堂, 노고단)이 있고 고모당의 남쪽에는 우번대(牛翻臺)가 있으니 우번(牛翻) 선사의 도량이었다. (반야봉) 동쪽에는 선인대(仙人臺)가 있는데 선인대[218]는 곧 쌍계동(雙溪洞)이다. 좌고대(坐高臺)에서 빈발암(賓鉢庵)[219]에 이르러 30리를 가면 의신암(義神庵)에 이르게 된다. 또 대나무와 감나무 숲 가운데를 지나고 큰 시내 세 개를 건너면 내당재(內堂岾)에 오를 수 있고, 남쪽으로 풀이 많이 우거진 속으로 내려와 30리를 가면 칠불사(七佛寺)에 다다르게 된다. 절의 본래 이름은 운완(雲浣, 현재 남원시 운봉읍)[220]이었으니 신라(新羅) 진평왕(眞平王) 때에 사찬(沙飡) 김다영(金茶永)[221]의 아들 옥보고(玉寶高)[222]가 거문고를 뜯던 곳이다. 옥보고는 선인(仙人)이라고 일컫는다. 또 청굴(靑窟)을 지나고 시내 하나를 거슬러 올라서 다시 큰 고개 하나를 넘으면 벌초막(伐草幕)에 도달하는데, 여기에서 30리를 올라가면 반야봉(般若峯)에 오르게 된다.[223]

쌍계사(雙溪寺)에서 석문(石門)을 나오면 무릉계(武陵溪)에 이

---

218) 남효온의 글에는 "선인대 동쪽이 곧 쌍계동이다."라 나온다.

219) 남효온의 기록에는 빈발암(貧鉢庵)이라 나온다.

220) 남효온의 기록에는 운상원(雲上院)이라 나온다.

221) 남효온의 기록에는 김공영(金恭永)이라 나온다.

222) 옥보고(玉寶高, ?~?): 통일신라 때의 거문고의 대가. 신라 경덕왕(景德王: 재위 742~765) 때의 사람으로 사찬(沙飡) 벼슬을 하던 공영(恭永)의 아들로 태어났다. 『삼국사기』에 따르면 옥보고는 지리산의 운상원(雲上院: 雲峰)에 들어가 50년 동안 거문고의 기법을 닦고 30여 곡의 새로운 거문고 가락을 지어 신라에 거문고가 널리 퍼지게 하였으며, 제자인 속명득(續命得)에게 그의 음악을 전하였다. 금오산(金鰲山)에 있는 금송정(琴松亭)은 그가 거문고를 타던 곳으로 알려지고 있다.

223) 남효온(南孝溫)의 「智異山日課」를 참고한 것으로 보인다.

르게 되고, 신흥동으로 들어가면 고을이 널찍하고 흰 돌이 펼쳐져 있으며, 맑은 여울물이 부딪쳐 쏟아진다. 신흥동 입구에 있는 선바위에는 삼신동(三神洞)이라 새겨 놓았다. 냇물 위에는 외나무다리가 가로 놓여 있는데 홍류교(紅流橋)라고 하였으니 여기를 거쳐서 화계동(華開洞)으로 나가게 된다.[224)]

청학동(青鶴洞)은 쌍계사(雙溪寺)의 석문(石門)에서 옥소(玉簫)의 동쪽 계곡을 지나면 전부다 깊은 물과 큰 돌뿐이라 사람들이 다니지 않는다. 쌍계사의 북쪽 언덕에서 산굽이를 따라 올라가다 암벽을 붙잡고 오르면 불일대(佛日臺) 앞 석벽 위에 이르러서, 남쪽을 향해 서면 (청학동이) 내려다보인다. 돌로 이루어진 골짜기는 아주 험하게 삐죽삐죽하다. 그 서남쪽에 있는 석봉(石峯)에는 옛날에 학이 살던 둥지가 있었으니 산중 사람들이 전하기를 “학은 검은 날갯죽지와 붉은 정수리, 자색 종아리를 가졌고 햇빛 아래에서 보면 날개와 깃이 모두 푸르렀다. 아침에 아득하게 높은 곳에 올라갔다가 저녁이면 둥지로 돌아왔는데 지금은 찾아오지 않은 지가 몇백 년이 되었다.”고 한다. 그러므로 봉우리의 이름을 청학봉(青鶴峯), 골짜기를 청학동(青鶴洞)이라 한다. 남쪽으로는 향로봉(香爐峯)을 마주하고, 동쪽으로는 세 개의 석봉(石峯)이 있으며, 그 동쪽 계곡은 모두 층층 바위와 기이한 바위들이다. 대의 위에는 완폭대(玩瀑臺)라고 새겨져 있다.[225)]

---

224) 이 부분은 양경우(梁慶遇)의 「歷盡沿海郡縣, 仍入頭流, 賞雙溪, 神興紀行祿祿錄」를 참고한 것으로 보인다.

225) 이 부분은 허목의 「智異山青鶴洞記」를 참고하여 작성한 것이다.

영남의 산수를 기록하다
記嶺南山水

가야산
伽倻山

가야산[226]은 합천(陜川)에 있으며 다른 이름으로는 우두산(牛頭山), 가야산(伽倻山), 비봉산(飛鳳山)이라고도 하고, 또 상골산(象骨山)이라 부르기도 한다. 멀리에서 바라보면 다만 뱀이 똬리를 틀고 있는 것 같은 하나의 흙무더기이다. 산꼭대기에 있는 돌은 겨울 죽순과 같으니 이름은 원모대(遠暮臺)이다. 산 아래에서 북쪽을 바라보면 산꼭대기에 세 개의 봉우리가 어슴푸레 보인다. 또 산봉우리가 붓을 세워 허공에 괴어 놓은 것과 같은 것은 사신대(捨身臺)라고 한다. 골짜기 입구에 이르러서 조그마한 냇물을 건너고 숲속으로 수백 보를 가면 나오는 작은 절을 하견암(下見菴)이라 한다.

불전 뒤에는 크고 둥근 봉우리가 있는데, 흙이 쌓여서 높았다. 소나무와 꽃들은 푸르게 우거졌고, 계곡물은 낭랑한 소리를 내며 봉우리 아래와 불전 밑을 문지르듯 지나간다. 계곡을 따라서 백여 보를 가면 맑고 푸른 돌이 쌓여 있으니 남연(藍淵)이라 한다.

---

226) 이 부분은 이인상의 「牛頭山記」를 참고한 것으로 것이다.

어지러운 비탈길을 따라서 올라가면 이어진 산등성이가 쭉 가로막고 있다가, 갑자기 사나운 폭포와 마주하게 된다.

마구 쏟아지는 십여 길쯤 되는 폭포를 비류동(飛流洞)이라 하고, 또 엎어놓은 사발과 같은 동쪽 산봉우리를 증암(甑巖)이라 한다. 서쪽으로 바라보면 불끈 솟은 돌이 있는데 괴이한 구름이 여섯 일곱 길이나 일어난 것과 같은 것을 원효대(元曉臺)라 하였으며, 다시 서북쪽으로 조금만 더 가면 고현암(古見巖)이라는 작은 암자가 있다. 강생원(降生院)은 커다란 석대(石臺)를 등지고 있다. 앞에는 반구(盤龜)라는 조그마한 언덕이 있고, 상봉을 우러러보면 온통 돌뿐인데 이 모두를 통틀어 칠성봉(七星峯)이라고 부른다. 그리고 가장 높은 봉우리를 의상대(義相臺)라고 하니 솜대[綿竹]가 무성하게 뒤덮고 있다. 산의 안팎이 푸른색과 자색, 붉은색과 흰색이 뒤섞여 무늬를 이루고 있다.

홍류동(紅流洞)은 곧 산의 동구(洞口) 이름이다. 칠성대(七星

〈홍류동 계곡과 농산정〉

〈취적봉(정선의 그림)〉

臺)와 무릉교(武陵橋)는 모두 골짜기의 하류다. 그 홍류동 옆 바위에는 크게 홍류동이라고 쓰여 있는데, 세상에서 전하기를 문창후(文昌侯) 최치원(崔致遠)의 필적이라고 한다. 또 2리쯤 가면 취적봉(吹笛峰)이란 봉우리와 자필암(泚筆巖)이란 바위가 있다. 물 가운데에 있는 너럭바위에는 광풍뢰(光風瀨), 제월담(霽月潭), 완재암(宛在巖), 분옥폭(噴玉瀑), 낙화담(落花潭), 음풍뢰(吟風瀨)라고 새겨져 있으니 모두가 최치원이 노닐던 곳이라 한다. 음풍뢰와 자필암은 모두 강희맹(姜熙孟)의 글씨이다. "첩첩바위 내닫는 물 겹겹산을 뒤흔드니, 사람 말은 가까워도 분간키 어렵도다. 언제나 옳다 그르다 소리들 듣기 싫어 짐짓 흐르는 물로 산을 온통 에워싸네."[227]라고 새겨진 28자는 최치원의 시이고 우암(尤庵) 송시열(宋時烈)의 글씨이다. 첩석대(疊石臺)는 모습이 쌓아놓은 누룩과 같다.[228] 홍류동에서 6~7리를 가면 일주문(一柱門)에 이르게 되는데, 일명 홍하문(紅霞門)이라고도 하니 해인사(海印寺)의 문이다. 절은 곧 희랑(希朗)[229]이란 중이 창건하였다. 희랑을 어떤 이는 천흉국(穿

227) 이 시는 최치원의 「題伽倻山讀書堂」이다.

228) 이백(李白)의 「襄陽歌」에 "이 강물이 만일 봄 술로 변화한다면, 쌓인 누룩으로 곧바로 술지게미 누대를 만들리라.[此江若變作春酒, 壘麴便築糟丘臺]"라고 하였다.

229) 희랑(希朗, ?~?): 신라 말기의 승려. 헌강왕 때 해인사(海印寺)에서 최치원(崔致遠)과 시문으로 사귀었고, 『華嚴經』에 정통했다. 뒤에 고려 태조 왕건(王建)의 귀의를 받았으며,

〈해인사〉

胸國) 사람이라고도 하며, 당나라 정원(貞元 785~805) 연간에 바다를 건너 우리나라에 온 사람이다. 해인사의 좌측에는 학사대(學士臺)가 있으니 또한 최치원이 배회하던 곳이다. 명나라 장수 이여송(李如松)이 삿갓 하나를 시주하였는데 그 뒤에 궁현당(窮玄堂)에서 불이 나서 타버렸다. 또 보안당(普眼堂)에는 팔만대장경이 보관되어 있다.

견훤의 귀의를 받은 관혜(觀惠)의 남악(南岳)에 대항하여 북악(北岳)이라는 1파를 세웠다. 그의 목상(木像)이 해인사에 있다. 해인사의 부속 암자인 희랑대(希郎臺)는 희랑이 지은 것으로 알려져 있다.

청량산
淸凉山

청량산[230]은 안동부(安東府) 관아 북쪽으로 95리 지점에 재산현(才山縣)에 있으니 태백산(太白山)의 동남쪽으로 뻗은 지맥에 해당한다. 신재(愼齋) 주세붕(周世鵬)이 봉우리 이름을 붙였는데, 외봉(外峯) 중 가장 긴 것을 장인봉(丈人峯)이라고 하였는데 태산(泰山)의 장악(丈岳)에서 본 뜬 것이다. 그 서쪽에 있는 것을 선학봉(仙鶴峯), 동쪽을 자란봉(紫鸞峯), 그 내봉(內峯) 중에 가장 높은 것을 자소봉(紫巢峯)이라고 하였으니 천 척쯤 되는 푸른 바위가 공중에 빼어나게 솟아 있다. 동쪽 봉우리의 이름은 경일봉(擎日峰)으로 '떠오르는 해를 손님맞이 하듯이 한다.'는 빈욱(賓旭)의 뜻에서 취한 것이다.

〈탁필봉〉

남쪽 봉우리를 축융봉(祝融峰)이라 했으니 중국의 형산(衡山)에서 모방한 것이다. 자소봉(紫霄峰)에서 서쪽으로 50보가 채 안 된 곳에 있는 가장 빼어난 곳의 이름은 탁필봉(卓筆峰)이다. 탁필봉에서 서쪽으로 10보가 채 안 된 곳에 우뚝

---

230) 주세붕(周世鵬)의 「遊淸凉山錄」과 허목(許穆)의 「淸凉山記」를 참고로 작성한 것이다.

솟아 서 있는 곳을 연적봉(硯滴峰)이라 하고, 연적봉 서쪽에 봉우리가 부용꽃처럼 빼어난 것을 연화봉(蓮花峰)이라 하였으니 곧 연대사(蓮臺寺)의 서쪽 봉우리로 승가에서는 의상봉(義相峰)이라 한다. 연화봉 앞에 향로와 매우 닮은 봉우리를 향로봉(香爐峰)이라 하고, 금탑봉(金塔峯)은 경일봉의 아래에, 탁립봉(卓立峰)은 경일봉 밖에 있다. 안팎의 봉우리를 합치면 모두 12개이다. 선학봉 아래에는 연대사가 있고 절 옆에는 의상굴(義相窟)이 있으나 길이 끊어져서 오를 수가 없다. 연대의 동쪽 모퉁이에서 석벽을 잡고 진불암(眞佛庵)에 오르면 그 위는 원효암(元曉庵)이다. 동쪽을 따라 보현암(普賢庵)을 돌아 서쪽으로 가면 곧바로 바위틈 수백 길이 되는 곳에서 원효정(元曉井)을 볼 수 있고, 또 곧장 바위틈을 따라 만월암(滿月庵)에 오르면 서쪽에 있는 대가 가장 기이하고 빼어나다. 축융봉은 정상과 서로 마주 보고 있는데 다른 봉우리에 견주어도 유독 울창하여 짙푸르고 우뚝하다.

그늘진 벼랑에는 석연(石蓮)이 자라는데 5월이 되어야 흰 꽃이 처음 피어난다. 그 북쪽 기슭은 외장인봉(外丈人峯)과 서로 마주하고 있다. 금탑봉(金塔峯)은 3층으로 된 바위 봉우리가 벽처럼 서 있다. 동굴 같은 석실(石室)이 있는데 바라보면 아득하며 여러 봉우리들 중 가장 가운데에 있다. 북쪽 벼랑을 따라 돌을 뚫어 길을 내었는데, 위에는 반야대가 있으며, 그 옆 석굴에서 솟아 나오는 샘물은 매우 깨끗하고 시원하다.

남쪽으로 열 걸음쯤 나가면 요초대(瑤草臺)가 있고, 또 남쪽에는 치원암(致遠菴), 그 남쪽에는 극일암(極一菴)이 있다. 북쪽 모통이에서 돌아 동쪽으로 들어가면 몇 길이나 되는 바위굴이 나온다. 위에 있는 것을 고운굴(孤雲窟)이라 하니, 더운 여름에도 서늘한 기운이 나와서 풍혈대(風穴臺)라고도 한다. 또 남쪽으로 조금 내려가면 안중암(安仲菴)이 있는데 앞쪽 계단 석벽 위를 채하대(彩霞臺)라 하고, 다시 동쪽으로 조금 내려가면 나오는 곳은 영산전(靈山殿)이라 한다.

석벽를 따라 올라가다가 방향을 틀어 동쪽으로 수십 보를 가면 상청량암(上淸凉庵)이라 하고, 또 그 동쪽으로 조금 내려가면 하청량암(下淸凉庵)이라 하는데, 어떤 이들은 "(하청량암이) 본청량(本淸凉)으로 가장 오래 되었다."라고 한다. 또 방향을 바꾸어서 북쪽으로 조금만 가면 경일암(擎日菴)이 있고, 골짜기 하나를 지나서 다시 북쪽으로 경일암의 서쪽 기슭을 넘으면 돌이 끊어져 나무를 가로놓아 다리로 만든 곳이 나온다. 이곳을 지나면 김생굴(金生窟)이 있는데, 위에 있는 폭포가 김생굴 앞 돌 위로 떨어진다. 굴의 북쪽을 따라 울창한 숲에 이르면 너럭바위 위에 참란대(驂鸞臺)가 있고, 그 옆에는 상대승암(上大乘庵)과 하대승암(下大乘庵)이 있다. 또 북쪽으로 조금만 가면 문수암(文殊庵)이 있고 석벽에는 폭포가 있다. 그 서쪽에 있는 보현암(普賢庵)의 서쪽 바위를 환선대(喚仙臺)

〈김생굴〉

〈청량사〉

라고 하니, 봉우리들이 쭉 둘러 서있는데 모두 바윗돌이다.

위 아래로 절이 16개인데, 매번 안개와 노을이 걷힐 때마다 바라보면 어렴풋하고 아득하다. 낙천(洛川)의 물은 황지(黃池)에서 발원하여 남쪽으로 흘러서 장인봉(丈人峰) 아래에 이르러서는 휘감아 돌아 골짜기 입구를 지나가는데, 울퉁불퉁한 돌과 흰 자갈이 많아서 여울물이 콸콸 소리를 내며 흐른다.

축융봉(祝融峯) 서쪽에 이르면 두 봉우리가 벽처럼 서서 서로 마주보는 문이 되고 있는데 이를 고산(孤山)이라 한다. 물이 여기에 이르면 더욱 넓어지며, 그 바깥은 넓은 들판과 백사장이다. (이 물이) 꺾어서 서쪽으로 5리를 흘러가면 단사협(丹砂峽)에 이르고, 또 서쪽으로 흘러 세 번 꺾어 도산의 상덕사(尙德祠) 아래에 이르러 탁영담(濯纓潭)을 이룬다. 어떤 이가 말하기를 지리지와 역사책에서 '최치원이 청량사에 노닐었다.'라고 하였으니 곧 합천 가야산 월류봉(月留峰) 아래이다. 이 산은 지리지에 실려 있으나 최치원과 김생에 대한 언급은 없으니, 후대 사람들이 이 산을 높이고자 끌어댄 것이다.

도 산
陶 山

도산[231]은 영지산(靈芝山)의 동쪽 지맥이다. 어떤 이는 이르기를 "산이 두 번 이루어졌기 때문에 도산이라 이름 붙였다."고 하며, 어떤 이는 이르기를 "옛날에는 산중에 도자기를 굽는 굴이 있어서 그렇게 이름 붙인 것이다."라고 한다. 산의 왼편을 동취병(東翠屛)이라 하고, 오른편을 서취병(西翠屛)이라 하는데, 동취병과 서취병이 서로 바라보면서 남쪽으로 8~9리를 구불구불 가다가 다시 넓고 아득한 남쪽 들판 밖에서 합쳐지게 된다. 산 뒤편에 있는 물을 퇴계(退溪), 산 남쪽에 있는 물을 낙천(洛川)이라 한다.

서쪽 산기슭으로 가는 냇물이 맑고 차가우니 곧 탁영담(濯纓潭)이고, 산 남쪽의 자그마한 골짜기는 앞으로 강과 들을 내려다보고 있으니 깊으면서도 아득하고 또 널찍하다. 이황 선생이 거기에서 살면서 도산서옥(陶山書屋)이란 편액을 걸었다. 그 동쪽 건물은 암서헌(巖棲軒), 그 가운데 건물을 완락재(玩樂齋)라 했고, 또 농운정사(隴雲精舍)도 있으며, 시습재(時習齋), 지숙료(止宿寮), 관란헌(觀瀾軒)이라는 건물이 딸려 있다.

그 문을 유정문(幽貞門)이라 하고, 그 골짜기를 곡구암(谷口

---

231) 이황의 「陶山雜詠 并記」를 참고로 하여 작성한 것으로 보인다.

〈농운정사 정면〉

〈관란헌〉

巖)이라 하며, 여기에서 동쪽으로 몇 발자국을 돌아가면 산기슭이 갑자기 뚝 끊어지니, 바로 탁영담(濯纓潭)이다. 탁영담 위 큰 돌은 깎아지른 듯한데 그 위에 있는 것을 천연대(天淵臺)라 하고, 서쪽 기슭의 대를 천광운영대(天光雲影臺)라고 하니, 모두 선생께서 이름을 지은 것이다.

편편한 돌이 탁영담 속에 있어 배를 맬 만하나, 장맛물이 불면 잠기고 장맛물이 걷히면 드러난다. 뒤에 선생의 서원을 세웠는데 임금이 도산서원이라 서원 편액을 하사하였으니, 곧 한석봉(韓石峯)이 상감 앞에서 명령을 받들어 쓴 것이다. 서옥(書屋)에는 선생이 평소 썼던 지팡이, 자리, 벼루, 단지 및 의식에 쓰는 그릇 등이 있다.

소백산
小白山

소백산[232]은 영주[榮川]와 풍기(豊基) 사이에 있다. 죽계(竹溪)를 따라서 십여 리를 올라가면 동부(洞府)가 깊숙하다. 안평교(安平橋)[233]를 건너면 백운대(白雲臺)가 나오는데 맑고 빠른 시냇물이[234] 빙돌아서 웅덩이를 이루었으니 주세붕이 이름을 붙인 곳이다. 태봉(胎峯)의 서쪽에서 시내 하나를 건너서 앞으로 가면 철암(哲菴)과 석륜사(石崙寺)가 있는데 철암이 가장 깨끗하다. 맑은 샘물이 암자 뒤의 바윗돌 사이에서 나오는데 물맛이 매우 달고

〈소백산〉

232) 이 글은 이황의 「遊小白山錄」을 참고한 것으로 보인다.
233) 이황의 글에는 안간교(安干橋)로 나온다.
234) 진(晉)나라 왕희지(王羲之)의 「蘭亭集序」에 "又有淸流激湍, 映帶左右, 引以爲流觴曲水"라 했다.

차다. 석륜사의 북쪽 바윗돌은 매우 기이하여 마치 큰 새가 머리를 들고 날아오르려는 것과 같아서 옛 이름은 봉두암(鳳頭巖)이라 했다. 그 서쪽에는 돌이 우뚝하게 서 있어서 사다리를 타야 오를 수가 있는 것은, 광풍대(光風臺)라고 하니 역시 주세붕이 이름을 붙인 곳이다.

여기부터는 길이 더욱 가팔라 힘을 다하여 올라가야만 정상에 이를 수 있다. 또 산등성이를 따라서 동쪽으로 몇 리를 가면 석름봉(石廩峯), 다시 동쪽으로 몇 리를 가면 자개봉(紫蓋峯), 또 그 동쪽으로 몇 리를 가면 국망봉(國望峯)이 나오는데, 그중 국망봉이 가장 높아서 좋은 날씨를 만나면 서울을 바라볼 수 있다. 산 위의 공기는 매우 차가워서 매서운 바람이 그치지 않으므로 나무들이 모두 동쪽으로 누워 있고, 가지와 줄기가 굽고 왜소하다. 삼봉(석름 · 자개 · 국망 세 봉우리를 말함) 사이에는 철쭉꽃이 매우 흐드러지게 피어 있다. 봉우리에서 앞으로 가면 제월대(霽月臺)가 있는데 지세가 외지고 까마득하여 정신이 아찔하고 떨린다고 한다. 또 석륜사를 거쳐 환희봉(歡喜峯)에 올라갈 수 있는데, 환희봉 서쪽에 있는 골짜기는 가장 아름답다. 수십 수백 보를 지나면 돌로 쌓은 옛 성터가 보이고, 그 서쪽에는 돌로 된 봉우리가 깎아지른 듯 솟아 있으니 수십 인이 앉을 만하다.

이황 선생이 자하대(紫霞臺)라고 이름 짓고 그 성을 적성(赤城)이라 불렀다. 자하대의 북쪽에 있는 두 봉우리는 하얗고 깨끗하며 서로 마주하고 있어서 선생이 그 동쪽의 것을 백학봉(白鶴峯)이라 이름을 짓고, 그 서쪽의 것을 백련봉(白蓮峯)이라 하였다. 여기에서 깊은 숲을 뚫고 통과해 아래로 굽어보면 구름과 샘물을 볼 수 있는데 바위 골짜기 중에서 가장 경치 좋은 곳으로 곧 상가타(上伽陁)이고, 그 서북쪽에는 금강대(金剛臺)와 화암대(華巖臺)라는 두 개의 대가 있다.

사불산
四佛山

사불산235)은 상주에 있다. 동쪽으로는 죽령(竹嶺)과 연결되고 남쪽으로는 화장산(華藏山)을 끌어당기고 있으니 어떤 이는 공덕산(功德山)이라고도 한다. 사방 한 길쯤 되는 돌이 있는데 돌의 네 면에 모두 부처를 새겨서 별봉(別峯)이란 곳에 안치하고 있다. 신라 진평왕(眞平王)이 유람하고 그 옆에 절을 창건하여 대승사(大乘寺)라 이름 붙였다 한다.

〈대승사〉

235) 사불산(四佛山): 신라(新羅) 진평왕(眞平王) 때에 하늘에서 큰 돌이 이 산 위에 떨어졌는데 그 돌 네 면에 부처가 새겨져 있어 임금이 이곳에 절을 지었다고 한다. 경상북도(慶尙北道) 문경군에 있는 산. 대승사(大乘寺)가 있으며 윤필(潤筆)・묘적(妙寂)・반야(般若) 등의 도사가 이 산에서 도(道)를 닦았다고 한다.

산의 곤방(坤方)에 백련사(白蓮寺)란 절이 있다. 뜰의 좌우에는 미면정(米麪井)이 있고, 의상(義相)이 설법(說法)하던 대(臺)도 있으며 종려 삿갓[236]과 석장[237]이 거기에 있다. 문밖으로 50보쯤에는 석 자쯤 되는 높이의 돌 하나가 있는데 금호석(禁虎石)이라 전해진다. 그 아래 샘물이 바위틈으로 쏟아져 나오고, 또 앉을 만한 반석이 있는 곳의 이름은 냉천정(冷泉亭)이며, 그 아래에 있는 다리를 신청교(神淸橋)라고 한다. 백연사(白蓮社)는 강 남쪽에 있고, 공덕산(功德山)이 강 동쪽에 있으므로 동백연(東白蓮)이라고 불러서 구분한다.

236) 종립(椶笠): 종려털과 대오리로 엮어 만든 모자. 햇볕을 가리거나 비를 맞지 않으려고 쓴다.

237) 석장(錫杖): 중이 짚고 다니는 지팡이. 보살(菩薩)이 두타행(頭陀行)을 닦을 때, 또는 길을 갈 때 독사 독충(毒蛇毒蟲) 따위를 쫓거나, 걸식(乞食) 때에는 소리를 내어 그 뜻을 말하거나, 노인(老人)을 만나면 부축하는 데에 쓴다. 밑부분은 상아(象牙)나 뿔로 만들고, 가운데부분은 나무로 만들며, 윗부분은 탑(塔) 모양인데 큰 고리를 끼웠고 그 고리에 여러 개의 작은 고리를 달아 소리가 나게 한다.

옥 산
玉 山

옥산(玉山)[238]은 경주(慶州)의 안강현(安康縣)에 있으며 회재(晦齋) 이언적 선생이 거기에서 살았다. 골짜기로 들어가면 물이 깊게 고여 있으니 하룡추(下龍湫)라 한다. 또 시내를 따라 수십 보를 가면 원문(院門)에 이를 수 있다. 약간 서쪽에 있는 수백 사람이 앉을 만한 반석을 세심대(洗心臺)라 일렀으니 돌 사이에 퇴계선생의 필적이 새겨져 있다. 조그마한 폭포가 세심대 아래에 떨어져 맑은 못물이 되고, 못물 위에는 퇴계 선생이 쓴 용추라는 글자가 있다. 또 북쪽으로 수십 보를 가면 곧 독락당인데 선생이

〈옥산서원〉

238) 오숙(吳䎘)의 「遊玉山書院記」를 참고로 한 것으로 보인다.

〈관어대〉

조용히 거처하던 곳이다. 독락당의 북쪽에는 계정(溪亭)이 있고 계정 아래에는 관어대(觀魚臺)가 있는데 돌빛이 더욱 맑고 매끄럽다. 영귀대(詠歸臺)와 서로 마주하고 있으며 또 북쪽으로 수십 보를 가면 곧 정해사(淨慧寺)이니 원(元)나라 순제(順帝) 때에 창건한 것이라 전한다. 탑 앞에 있는 불화는 기묘해서 볼 만한데, 실은 선생이 글을 읽던 곳이다.

빙 산
氷 山

〈풍혈〉

빙산[239]은 문소(聞韶 의성(義城)의 고호(古號))에서 남쪽으로 47리 지점에 있다. 산에는 쌓여 있는 돌무더기에 구멍이 많으니, 낙숫물 그릇과 같고 사립문과도 같고 규호(圭戶, 홀(笏) 모양으로 된 방문)와도 같으며 부뚜막과도 같고 또 방과도 같은 것이 이루 셀 수가 없다. 입춘이 되면 찬 기운이 처음으로 생기고 입하가 되면 얼음이 비로소 얼었다가, 하지의 막바지에 이르면 얼음이 더욱 단단해지고 찬 기운이 더욱 사무쳐 온다. 대서에도 땅이 얼어서 풀과 나무가 나지 않으며, 입추가 되면 얼음이 처음으로 녹고 입동이 되면 한기가 다 사라지게 되며 동지의 막바지에 이르게 되면 구멍이 다 텅 비게 된다. 그러므로 산을 빙산이라 하고, 시내를 빙계라 이른 것이다.

239) 허목의 「氷山記」와 매우 유사하다.

태백산
太白山

태백산[240]은 동이(東暆)[241]와 신라의 경계에 자리 잡고 있으며, 그 남쪽 지맥은 순흥의 경계이니 부석사(浮石寺)가 있고, 그 동북쪽으로 삼척의 경계에는 소나무가 많으며, 그 북쪽 지맥은 영춘의 경계이니 호서의 네 군이 시작되는 기이한 곳이다.

산 중에서 가장 높은 곳은 천의봉(天衣峰), 상대봉(上帶峰), 장산봉(壯山峰), 함박봉(含朴峰)이다. 함박봉은 속칭 목단봉(牧丹峰)이라고도 한다. 그 물을 황지(黃池), 공연(孔淵), 오십천(五十川)이라 한다. 상대산의 가장 높은 곳은 바람이 매우 차가워서 풀

〈태백산〉

240) 이 글은 이인상(李麟祥)의 「遊太白山記」와 허목의 「太白山記」를 많이 참고하였다.
241) 동이(東暆): 낙랑(樂浪)의 고을 이름이다.

과 나무가 살지 못한다. 장산의 북쪽은 온통 흙이고, 남쪽은 온통 바위로 보물이 생산된다. 모란봉은 현란하며 새긴 것은 꽃처럼 곱고 매끈하다. 황지(黃池)는 산 중턱에 있는데 10리나 되는 평야에 못물이 돌아 나간다. 너비는 겨우 반묘쯤 되고, 모습은 호박에 구멍을 뚫어 놓은 것 같아서 속은 널찍하지만 바깥은 쪼그라져 있다. 땅을 삼 장(丈)이나 흔드는 것은 주지(周池)로 겨울철이 아니면 감히 밟거나 가까이하는 자가 없다. 샘물 빛이 옻칠한 것처럼 검고 얼음처럼 차다. 만약 그 물을 움직이는 일이 있으면 한 해 동안 바람이 괴이하게 불어 사람이 편안할 수 없게끔 남쪽으로 범람한다. 공연(孔淵)에는 파도가 일어나고, 그 아래에 십여 장이나 서 있는 석벽은 푸르고 가파르게 깎아지른 듯하며 간간히 붉은 색이 있다. 그 중간에는 큰 구멍이 열려 있어 성문과 같은데, 물이 세차게 솟아 나와 낙동강의 원천이 되고 있다. 산에는 자단이 나고 뽕나무 열매는 길이가 세 치니, 지리지(地理誌)에서 말하기를 "동해의 세촌심(三寸椹)"이라고 한 것이 바로 이것이다. 오십천은 우보(虞甫)를 따라 아래로 내려가면 삼척의 바다로 흘러 들어가게 된다.

금 산
錦 山

금산[242)]은 남해현(南海縣)에 있으며 바다를 굽어보고 있다. 그 정상을 연대봉(蓮帶峯)이라 이르고 위에 둥근 대를 세워서 망을 보게 했다. 그리고 대의 서쪽 돌 표면에 '홍문을 지나서 금산에 올랐다.[由虹門上錦山]'라고 크게 새겨져 있으니, 주세붕(周世鵬)이 유람하던 곳이고[243)] 오현남(吳顯男)이 쓴 것이다.

산을 따라서 몇 굽이를 돌아가면 모제암(暮提菴)이 있다. 모제

〈금산 설경〉

242) 이 글은 이인상의 「錦山記」와 허목의 「泛海錄」을 참고로 하여 작성한 것으로 보인다.

243) 허목, 『미수기언』에 다음과 같은 내용이 나온다. 위에는 연대(煙臺 외침을 막기 위해 변경에 세운 봉수(烽燧))가 있는데 그 아래에 '홍문을 지나 금산에 올랐다.[由虹門上錦山]'는 여섯 자를 돌에 새겼고, 또 '가정(嘉靖) 임진년에 전 한림학사 주세붕 경유(周世鵬景遊 경유는 자임), 이응 한지(李鷹翰之 한지는 자임), 상주포 권관 김구성(金九成)이 같이 오르다.'라고 새겨져 있었다. 그 외의 돌은 깎이고 떨어져 읽어볼 수가 없었다.

암 뒤에는 금수굴(金水窟)이 있으니 굴속의 샘물 빛은 금박과 같아서 불면 곧 사라지고, 빙빙 돌다가 다시 평평하게 퍼진다. 북쪽으로는 지리산을 바라보고 동남쪽으로는 대마도를, 서남쪽으로는 탐라를 가리킨다. 바다 속에 서있는 바위는 큰 구멍이 뚫려서 성문처럼 깊어[244] 세존도(世尊島)[245]라고 한다. 산등성이를 가로질러서 1리쯤 가면 구정봉(九井峯)[246]인데, 그 정상에는 웅덩이나 가마처럼 생긴 것이 여덟아홉 개 있지만 물이 솟는 샘은 없다. 돌의 형세가 점차 높아져서 아래를 굽어볼 수가 없다. 석문을 지나

〈세존도〉

244) 규조(窈篠): 규(窈)와 조(篠)는 모두 심원(深遠)하다는 뜻이다.

245) 세존도(世尊島): 옛날에 세존이 금산에서 성불하여 석주(石舟)를 타고 쌍홍문을 통하여 이 섬의 한복판을 뚫고 지나가면서 섬의 중앙에 커다란 행상 동굴이 생겼다고 한다. 남해에서는 옛날 비가 내리지 않아 기우제를 지낼 때에는 제일 먼저 남해의 진산인 망운산에서 기우제를 지내고 그래도 비가 내리지 않을 경우에는 제물을 준비하여 이곳 세존도에서 제를 올렸는데 그때에는 반드시 비가 내렸다고 하므로 세존도를 신성시하는 곳 중의 하나이다.

246) 상사암의 암면에 9개의 둥근 홈이 있어 빗물이 괴이면 마치 9개의 샘이 되기 때문에 구정암이라 부른다.

〈금산 조감도〉

북으로 가면 펼쳐져 있는 세 개의 봉우리가 보이는데, 숭엄하고 빼어나며 맑고 또 빛이 나니 일월대(日月臺)[247], 화엄대(華嚴臺)[248], 대장봉(大藏峯)이라 한다. 보제암(普齊菴)이 대장봉 아래에 있고, 아래로 수십 보를 가면 조그마한 돌탑이 있는데 두들기면 쟁그랑거리는 소리가 난다. 아래를 굽어보면 까마득하니, 이름을 탑대(塔臺)[249]라고 한다.

또 서쪽으로 단단한 돌이 우뚝 서 있어서 마치 바다 빛을 끊어

247) 화엄봉 왼쪽에 2개의 바위가 층암절벽을 이루고 있는데 가까이에서 보면 "日" 자형이고 멀리 떨어져 전체를 보면 "月"자로 보이기 때문에 일월봉이라 부른다.

248) 대장봉과 농주암의 왼편에 있는데 신라 시대 원효대사가 이 바위에서 화엄경을 읽었다고 전해진다. 바위의 모양이 화엄(華嚴)의 글자 모양과 비슷하다. 그러나 신라 5교중 화엄종은 의상대사가 개종, 포교한 것으로 만약 이 화엄봉이라는 이름이 불교식에서 붙여졌다면 이곳에서 화엄경을 읽은 대사는 의상대사일 것으로 추정할 수 있다.

249) 천인단애 위에 보리암전 삼층석탑으로 불리고 있는 탑이 서 있어 이 절벽을 탑대라 한다. 보리암 바로 밑에 있어 전망이 좋아 봄철의 푸른 나뭇잎과 가을철의 만산 단풍경은 천하 절경이라 하여 관광객들이 가장 많이 찾는 곳이다.

가둔 것 같다가 갑자기 열리기도 한다. 동쪽과 서쪽에 있는 두 구멍을 홍예문(虹蜺門)이라 한다. 탑대 아래에 석굴 두 개가 있는데 높은 곳은 와룡굴(臥龍窟), 아래에 있는 것을 음성굴(音聲窟)이라 한다. 돌 가운데가 텅 비어서 두들기면 쟁그랑거리는 소리가 난다. 금산은 높이는 십여 리에 지나지 않지만 툭 트여서 끝없이 멀리 보인다. 돌의 기이한 변화가 몇 리에 걸쳐 있다가 동서쪽으로 회복했으니 이것은 기이하다.[250] 벼랑에는 겨울에도 작설차 꽃이 활짝 핀다.

250) 이인상의 글은 다음과 같다. 蓋錦山高不過十餘里, 而通望無盡, 石之奇變在數里, 而回復東西, 終日應接不暇, 斯爲奇.

관동의 산수를 기록하다
記關東山水

금강산
金剛山

금강산은 동해에 있는데 이름이 6개 있다. 개골(皆骨), 풍악(楓嶽), 열반(涅槃), 지달(枳怛), 금강(金剛), 중향(衆香)이라 하니 개골은 이 산의 돌이 희어서 붙여진 이름이고, 풍악은 이 산에서 생산되는 것을 두고서 붙여진 이름이며, 열반, 지달, 금강, 중향은 모두 선가(禪家)의 말이다.[251)]

단발령은 내산(內山, 내금강)의 관문이 되니 금강산 전체를 여기에서 볼 수가 있다. 아주 하얗고 깨끗하며 뛰어나고 아름다워 옥이나 눈과 같다. 옛날부터 전하기를 "신라의 태자가 여기에 올라 금강산을 바라보고서 마침내 머리를 자르고 중이 되었기 때문에 이러한 이름이 붙었다."라고 하였고, 남효온(南孝溫)이 이르기를 "고려 태조가 여기에 올라와서 비로봉을 바라보고 예를 올렸으며 머리카락을 잘라 나뭇가지에 걸고 불문(佛門)에 들어가려는 심정을 보였으므로 붙여진 이름이다."라고 하였다.

비로봉은 내산과 외산에서 으뜸이다. 아주 높고 험해서 올라가

---

251) 이 부분은 남효온(南孝溫)의 「遊金剛山記」를 참고한 것으로 보인다.

기는 어렵지만, 봉우리 위에 서면 시야가 탁 트여 막히는 것이 없다. 대개 형상은 높고도 둥글고, 그 색깔은 희어서 바라보면 싸락눈과 같다. 명나라 때 귀인인 정동(鄭同)이 일찍이 사신으로서 명령을 받들고 풍악산에 들어갔다가 명나라로 돌아가서, 천 개의 부처를 북경의 홍광사(洪光寺)에 조각을 해서 비로봉을 본떴다고 한다.[252)]

장안사는 산으로 들어가 제일 처음 보게 된다. 절 아래의 시내는 바로 만폭동의 하류인데 울퉁불퉁한 돌들이 어지럽고, 시냇물은 세차게 쏟아진다. 절이 크고 화려한데 그 대웅보전이란 넉 자에 대해서는 이경석(李景奭)[253)]은 의창군[254)]의 글씨라 하고, 정

〈장안사〉

252) 이 부분은 황경원(黃景源)의 「毗盧圖記」를 많이 참고하여 작성한 것이다.
253) 이경석(李景奭, 1595~1671): 조선 인조 때의 문신. 자는 상보(尙輔)이고 호는 백헌(白軒). 병자호란 때 부제학으로 삼전도 비문을 쓰고, 척화신으로 선양(瀋陽)에 끌려갔다가 돌아왔다. 영의정을 지냈고, 글씨와 문장에 뛰어났다. 저서로 『백헌집』이 있다.
254) 의창군(義昌君, 1589~1645): 조선 제14대왕 선조의 여덟째 서자(庶子). 광해군의 패륜을 한탄하던 중 1618년 모반죄로 주살된 처족 허균의 사건에 연좌되어 훈작을 삭탈당하고 유배되었다. 1623년 인조반정으로 풀려나와 종친으로서 인조의 총애를 받았으며, 글씨에 능하였다.

엽(鄭曄)[255]은 한석봉의 글씨라고 한다. 절 앞에 대홍교가 시냇물 위에 놓여 있으며 다리를 건너면 산영루에 이르게 된다. 훗날 큰물이 나서 다리와 산영루를 무너뜨렸다. 절 안에는 은입사(銀入絲) 철향로(鐵香爐) 세 개가 있는데, 지정(至正, 원 순제 때의 연호. 서기 1341~1367)이란 연호가 쓰여 있는 것으로 보아 원나라 순제(원의 마지막 황제)가 시주한 것으로 보인다. 절의 좌측 수백 보쯤 되는 곳에 극락암이 있다.[256]

배참은 장안사의 진산이다. 산에 들어가는 자들이 여기에 오를 때 반드시 머리를 숙이게 된다 하여 이름이 붙여졌다. 원나라 지정(至正) 정해년(1347)에 큰 종을 주조해서 종각을 짓고 매달았다.

백천동은 대홍교에서 시내를 따라 들어가는데, 좌우에 깎아지른 듯 서 있는 봉우리와 절벽은 높이가 백여 길이나 되고 전부 다 돌이다. 3~4리쯤 가면 못에 이르는데, 그 못물 위의 돌은 넓어서 수십 수백 명이 앉을 만하고 이름을 옥경대(玉鏡臺)라 한다.[257] 못물의 오른편에 있는 큰 돌에 옥경담이라 새겨져 있다. 그 동쪽 봉우리 중에 더욱 빼어난 곳을 명경대(明鏡臺)라고 한다. 돌로 쌓은 큰 성은 신라 왕자가 나라가 망한 뒤에 은거하던 장소이다. 중들이 지옥이라 잘못 부르기에, 내가 극락이라 고쳐 불렀다. 금사굴(金沙窟)을 지나면 궁궐터가 나온다. 6~7리를 가면 온

255) 정엽(鄭曄, 1563~1625): 조선 중기 문신. 본관은 초계(草溪). 자는 시회(時晦), 호는 설촌(雪村)·수몽(守夢)이다. 시호는 문숙(文肅)이다. 이이(李珥)·성혼(成渾)의 문인. 여러 번 보직을 옮겼으나 언제나 대사성을 겸함으로써 대사성을 겸직하는 선례를 만들었다. 저서에 『守夢集』, 『近思錄釋疑』가 있다.

256) 이 부분은 이경석의 「楓嶽錄」을 참고로 한 것으로 보인다.

257) 이 부분은 김창집(金昌緝)의 「東游記」를 참고로 한 것으로 보인다.

〈명경대〉

탑동(溫塔洞)에 이르게 된다. 또 그 앞에 있는 영원동(靈源洞)은 물이 더욱 맑고 산은 더욱 깨끗하다. 시내의 북쪽에는 옥초대(沃焦臺)와 배석대(拜石臺)가 있고, 다시 구불구불 5~6리를 내려가다 꺾어 북으로 가면 현불암(顯佛菴)이 나온다. 현불암 왼편에는 칠성대(七星臺)가 있는데 누대가 서 있는 곳이 까마득하다. 다시 암자의 뒤쪽으로 고개 몇 개를 넘어 빙 돌아서 북쪽으로 가면 깎아지른 듯한 길을 휘어잡고 송나암(松蘿菴)에 이르게 된다. 맑고 시원한 우물이 있으니 감로수(甘露水)라 이른다.

표훈사는 만폭동 입구에 있으니 세상에 전하기를 "신라의 승려 능인(能仁)과 신림(神林), 표훈(表訓) 등이 창건한 절이다."라고 한다. 절의 오른편 바위에 원나라 사람 양재(梁載)[258]가 지은

258) 양재(梁載, ?~?): 고려 충숙왕 때의 간신이다. 원래 원(元)나라 연남(燕南) 사람으로 고려에 귀화하였다. 1335년 인사권을 담당하는 전주(銓注)를 맡았는데, 그에게 돈으로 벼슬을 산 사람이 백여 명이 넘었다고 한다. 1336년의 과거 때는 지공거 채홍철(蔡洪哲)과

〈표훈사 보덕암〉

「상주분량기(常住分糧記)」를 새겨 두었는데. 고려 시중 권한공(權漢功, ?~1349)[259]이 글씨를 쓴 옛날 비석이다. 또 원나라 영종(英宗)과 그의 태후가 돈과 비단을 시주한 것을 기록한 글도 있다. 절은 장엄하면서도 화려하여 장안사와 견주어도 대등하다.[260]

만폭동이다. 표훈사에서 왼편으로 열 발자국쯤 가면 입을 쩍 벌린 것 같은 바위 구멍이 있으니 금강문[261]이라 하고, 또 만폭동이라 새겨진 큰 바위가 있다. 1리 정도를 가면 너른 바위에 양사언이 쓴 '봉래풍악원화동천(蓬萊楓嶽元化洞天)'이란 8자의 큰 글자가 새겨져 있다. 그 위에 있는 그릇 같은 돌에는 '머리를 씻은 동이[洗頭盆]'라는 글이 새겨져 있다. 그 옆의 학소대(鶴巢臺)는 옛날에 학이 새끼를 길렀다고 하나, 지금은 찾아볼 수 없다.

동지공거 안규(安珪)에게 부탁하여 이윤(李潤)을 급제시켰다. 충숙왕은 양재의 청을 들어주었다 하여 안규에게 옥대(玉帶)와 오종포(五綜布) 600필을 상으로 내렸다.

259) 권한공(權漢功, ?~1349): 고려조의 권신. 본관은 안동(安東). 호는 일재(一齋), 시호는 문탄(文坦). 1294년 성절사(聖節使)로 원나라에 다녀왔다. 충선왕이 양위한 후 원나라에 가서 만권당(萬卷堂)에서 이제현(李齊賢)과 함께 독서하며 문명(文名)을 떨쳤다. 후에 충숙왕에 의하여 구금되고, 이어 장류(杖流)되었으나 원제(元帝)의 명으로 풀려 나와 그 복수로 심양왕(瀋陽王) 고(暠)를 옹립하고, 충숙왕을 폐위시키려고 획책하였으나 원나라의 거부로 실패하였다. 문집에 『一齋逸稿』가 있다.

260) 이 부분은 이만부의 「金剛山記」와 『신증동국여지승람』을 참고로 한 것으로 보인다.

261) 금강문(金剛門) 강원도 금강산 내금강 지역 만폭 구역에 있는 바위. 표훈사에서 만천쪽으로 놓여 있는 돌문이다. 돌문은 바닥 너비 약 5m, 높이 약 2.5m, 길이 약 4m 되는 삼각 모양이고 들어가면서 좁아졌다. 돌문 앞 왼쪽 바위에 금강문이라는 글이 새겨져 있다. 금강문을 지나면 드높은 봉우리를 배경으로 서 있는 큰 절벽이 있다.

〈만폭동〉

〈청룡담(정수영의 그림)〉

〈흑룡담망보덕암(黑龍潭望普德庵)(김홍도의 그림)〉

앞으로 가면 청용담(青龍潭)과 백용담(白龍潭)이 나오고, 다시 위로 1리쯤 올라가면 흑룡담(黑龍潭)이 있고, 그 위의 길고도 얕은 것을 비파담(琵琶潭)이라 하며, 또 그 위의 깊고 넓은 폭포를 벽하담(碧霞潭)이라 한다. 벽하담 앞의 하얀 돌은 평평하고 비단과 같은 무늬가 있으니, 채운석(采雲石)이라 한다. 또 지붕 같은

〈분설담(김홍도의 그림)〉

〈진주담(김홍도의 그림)〉

큰 돌 위로 폭포가 떨어지는 것을 응벽담(凝碧潭), 분설담(噴雪潭)이라고 한다. 또 그 위로 100보쯤 되는 곳을 진주담(眞珠潭), 귀담(龜潭), 선암(船巖), 화룡담(火龍潭)이라 한다. 그 북쪽은 사자석이고 또 그곳의 북쪽은 대향로봉(大香爐峰)과 소향로봉(小香爐峰)이며, 앞은 청학대(靑鶴臺), 남쪽은 오현봉(五賢峯)이다. 뒤쪽에는 중향성(衆香城)이 바라보이는데 온통 흰 돌뿐이니, 돌이 희기로는 귀담과 같은 것이 없었고 깊고 넓은 것으로는 화룡담 같은 것이 없었으며, 폭포로는 응벽담(凝碧潭)과 같은 것이 없었으나, 진주담은 여러 승경을 모두 갖추고 있다. 명운담(鳴韻潭)[262]은 진주담의 하류로, 일명 울연(鬱淵)이라고도 하는데 신연강(新淵江)[263]의 상류이다.

262) 이유원의 『임하필기』에 다음과 같이 나온다. 명연은 곧 장안사(長安寺)에서 동쪽으로 5리쯤 떨어진 지점에 있는 큰 늪인데, 글씨가 새겨져 있으며, 만폭동(萬瀑洞)의 하류이다. 명연은 바닥이 보이지 않을 정도로 깊은데, 일명 금동연(金同淵)이라고도 한다. 금동은 고려 말의 거사(居士)인데, 나옹(懶翁) 및 혜릉(惠勒)과 함께 도술을 다투었다. 나옹이 묘길상(妙吉祥)을 새기자 금동이 정으로 그것을 깨뜨리려고 하였는데, 하늘이 우렛소리를 내며 비를 내려서 금동을 못에 빠뜨렸다. 이에 금동은 이무기로 변하였으며, 물이 그 때문에 슬프게 우니, '울연(鬱淵)'이라 하기도 하고 '명운연(鳴韻淵)'이라 하기도 한다.

263) 이유원의 『임하필기』에 다음과 같이 나온다. 신연강(新淵江)은 만폭동의 서남쪽에서

〈보덕굴〉

〈분설담도(김홍도의 그림)〉

보덕굴은 응벽담(凝碧潭) 위에 있다. 돌 비탈길이 매우 위태롭다. 한 칸의 집을 굴속에다 얽고 그 절반쯤은 밖으로 나와 있다. 밖에는 구리로 만든 기둥을 세워서 좌우로 집을 떠받치고 있으니, 모두 19개이다. 쇠사슬로 매어 두어서 사람이 붙잡고 오를 때 흔들리고 굽어보면 매우 무섭다. 세상에 전하기를 고려의 승려 보덕(普德)[264]이 만든 것이라 한다. 굴 안에는 옥으로 만든 조그마한 부처가 있으며 분설담(噴雪潭)이 그 아래쪽으로 돌아 나간다.

중향성은 비로봉의 중간 지맥이다. 성은 모두 조각해서 치첩을 만들었다. 색깔이 하얗고 깨끗해서 사람들이 함부로 넘볼 수가 없었다. 해가 뜨면 광채를 반짝반짝 띠고 층층 바위와 여러 봉우리들이 겹겹으로 모여 서있다. 아래에는 만회암(萬灰菴)이 있는데, 맑고 그윽하며 외지고 까마득하니 이곳을 지나면 백운대로 올라가게 된다.[265]

흐르기 시작하여 명연(鳴淵)이 되어 홍천강(洪川江)과 합쳐지고 다시 굴운천(窟雲川)을 지나 남쪽으로 흘러 용진(龍津)이 되어서 한강으로 흘러든다.

264) 보덕(普德, ?~?): 고구려 말기에 불교가 쇠퇴함을 개탄하고 백제로 건너가 경복사(景福寺)를 짓는 등 부흥 활동을 벌였다. 이후 신라 열반종의 개조(開祖)가 되었다.

265) 이 부분은 신익성(申翊聖)의 「遊金剛內外山諸記」를 많이 참고한 것으로 보인다.

망고대(望高臺)는 송나암(松蘿菴)의 동쪽 산 위에서 측백나무를 붙잡고 몇 개의 고개를 넘어야 한다. 우러러보면 깎아지른 듯 서 있는 하얀 돌이 몇 천 길이나 되는지 알 수가 없다. 곳곳에 쇠사슬이 아래로 늘어뜨려져 있어서 그것을 붙잡고 오르면 승상(僧床)과 응암(鷹巖) 두 봉우리의 사이로 나가게 된다. 10여 리를 가야 비로소 망고대 위에 이르게 되니, 봉우리를 대라고 하는 것은 세 봉우리가 떨어져 서 있다가 하나의 봉우리로 합쳐지기 때문이다. 거쳐 온 여러 봉우리들은 모두 작은 언덕과 같았는데, 진견성봉(眞見性峯)만이 홀로 그 북쪽에 위치해 있다. 그 뒤에 있는 비로봉이 하늘에 꽂힐 듯 솟아 있으며, 봉우리의 서쪽에는 만경대(萬景臺)와 백운대, 중향성이 있다.

향로봉은 공중에 쌍으로 서 있고 산봉우리들은 깎아지른 절벽처럼 구름 밖으로 나란히 솟아 있는데, 씻어 놓은 돌과 같아서 윤이 나고 반질반질하며 매끄러운 것이 둘레는 거의 몇 천 척이나 되었다.

마하연암(摩訶衍菴)은 중국말로 대승(大乘)이란 뜻이다. 만천(萬川) 위에 있으니 곧 산의 가운데로 가장 그윽하고 깊다. 앞에 있는 누대에는 담무갈(曇無竭)의 석상이 있다. 고려의 승려 나옹(懶翁)이 일찍이 여기에 살면서 참배를 했다 하여 중들은 감히 그곳을 밟을 수가 없어서 돌을 쌓아 대를 만들었는데 이상한 풀과 커다란 계수나무가 있었다. 회양군수를 지낸 조 아무개가 그 나무를 베어서 관으로 만들었다고 한다. 동쪽으로 반야암(般若菴)을 지나면 약간 동북쪽에 거빈굴(巨彬窟)이 있으니 철벽이 높

〈마하연(김홍도의 그림)〉　〈정양사(정선의 그림)〉

은 곳을 끼고, 맑은 물은 섬돌을 휘돌아 흐른다. 벼랑을 따라 가면 불지암(佛知菴)에 이르게 된다.

정양사[266]는 표훈사의 뒤편, 방광대(放光臺)[267]의 아래에 있다. 절벽 위에 있는 그림은 승려들이 이르기를, 중국의 오도자(吳道子)가 그린 그림이라 한다. 천일대(天逸臺)는 절의 동남쪽에 있으며, 내산에 있는 여러 봉우리의 전면을 볼 수가 있다. 약간 동쪽에 삼장암(三藏菴)을 만들었는데, 지세가 깨끗하고 그윽하다. 북쪽에는 개심대(開心臺)가 있고, 개심대 아래에는 천덕암(天德菴)이 있으며, 헐성루(歇惺樓)는 바로 그 동쪽의 누대인데, 여기

266) 정양사(正陽寺): 북한의 국보 문화 유물 제99호로 지정되어 있다. 일제강점기의 31본산 중 하나였던 금강산 유점사의 말사였다. 내금강의 표훈사 북쪽 방광대(放光臺) 중턱에 자리잡고 있으며, 산의 정맥이 양지바른 곳에 놓였다고 하여 정양사라 이름 붙였다고 전한다.

267) 방광대(放光臺): 강원도 금강산 내금강 지역 만천 구역 표훈동에 있는 봉우리. 표훈사 북쪽 정양사 뒤에 위치해 있다. 산의 생김새가 병풍을 둘러친 듯하다. 고려 태조가 이곳에 왔을 때 담무갈(부처의 일종)이 몸을 나타내며 상서로운 빛을 내뿜었다 하여 방광대라 이름 지었다고 한다.

서 보이는 것들이 천일대와 같았다. 정양사는 바로 금강산의 정맥이고, 헐성루는 또 정양사의 시원스런 누각이며 팔각전(八角殿) 또한 매우 아름답다.

무학대(無學臺)는 불지암(佛池菴)에서 동쪽으로 고개 하나를 넘으면 이르게 된다. 무학대는 높은 봉우리의 정상에 위치해 있는데 무학대의 아래에는 무학암이 있다. 무학암에서 동쪽으로 5~6리를 내려가면 원암(元菴)이니, 깊숙하고 조용한 것이 내원통(內圓通)과 서로 비슷하다. 앞뜰에는 거북처럼 생긴 푸른 돌이 있고, 특이한 향기가 나는 나무가 있는데 이무기가 서려 있는 것 같다.

만회암(萬灰菴)을 지나서 또 4리쯤 가면 묘길상암(妙吉祥菴)에 이른다. 묘길상암은 시내의 동쪽에 있는데 물과 돌이 깨끗하고 넓다. 남쪽에는 봉우리가 네 개 있고, 북쪽으로는 절벽 하나가 깎아지른 듯 서 있다. 그 서쪽 벽에는 미륵대상을 조각해 놓았으니, 이것이 미륵대(彌勒臺)란 곳이다. 이곳을 지나 5리쯤 되는 곳에는 높은 데에서 떨어지는 폭포수와 맑은 못물이 있다. 못물 위 돌에는 이허대(李許臺)[268]란 글자가 새겨져 있으니 이명준(李命俊)은 강릉부사, 허계(許啓)[269]는 고성군수가 되어 함께 여기에

268) 이허대(李許臺): 강원도 금강산 내금강 지역 백운대 구역에 있는 대. 묘길상 근처에 있는 전망대이다. 바위에 '이허대'라고 새긴 글발이 있다. 강릉의 이명준과 고성의 허계가 이곳에 와 놀았다 하여 이허대라고 하였다.

269) 허계(許啓, 1594~?): 조선 중기의 문신이다. 본관은 양천(陽川)이다. 자는 옥여(沃余)이고, 호는 성우(醒愚)이다. 1636년 우승지와 1639년 형조참판을 거쳐 경기감사로 부임하였다. 1642년 동지중추부사가 되어 청나라의 연호를 쓰지 않는 등 배청친명(背淸親明)을 주장하였다가 뜻을 같이한 사람들과 함께 청나라의 선양[瀋陽]으로 끌려가 심문을 받았다. 후에 풀려나 귀국한 후에 도승지·호조참판·병조참판·예조참판 등을 역임하였다. 문집인 『성우집』이 전한다.

〈묘길상〉

〈묘길상(김홍도의 그림)〉

서 유람을 했기 때문에 이름을 붙인 것이다.

수미봉(須彌峯)은 웅허봉(熊虎峯) 아래에 있다. 그 형상이 특출하게 날카롭고도 높아서 박산(博山)과 같았다. 여기에서 영랑대에 다다를 수가 있는데 이내 기운이 저절로 생기며, 생황이나 퉁소 소리가 매우 아득하게 들리는 것 같았다. 대개 내금강에서는 오직 이 암자와 영원선암(靈源禪菴)이 가장 그윽하고 외져서 사람의 발걸음이 드물게 찾아온다. 암자의 왼편으로 맑은 냇물이 보이는데, 여기에서 수미탑에 갈 수 있다.

혈망봉(穴望峯)은 마하연의 남쪽에 있다. 암자의 앞 기둥에서 바라보면 그 구멍이 옹기의 입구와 같아서 휑하니 통하여 막히는 것이 없다. 목련과 적목, 사철나무, 측백과 해송 등이 많다.

개심대(開心臺)는 정양사 서북쪽에 있다. 개심대 북쪽에 흙으로 된 산은 매우 높아서 미륵봉의 동서쪽과 서로 마주 보고 있으니 이름을 서수정봉(西水精峯)이라 한다. 그 뒤에는 수정암(水精

〈수미탑(김홍도의 그림)〉

菴)이 있는데 곧 비로봉의 북쪽 물이 흘러 들어가는 골짜기다. 또 대의 뒤편으로 가면 단발령에 이를 수가 있다.

선암(船巖)은 수미대의 남쪽에 있고, 그 아래에는 석굴이 있는데 중들이 암자를 그곳에 지어 살고 있다. 굴 아래에는 삼단 폭포가 있다.

진불암(眞佛巖)은 웅호봉 아래에 있는데, 암자 동쪽에 있는 돌이 서 있는 부처와 같아서 진불암이란 이름이 붙여졌으며, 세조 때의 원찰이었다. 수미봉에서 오른편으로는 두서너 개의 돌 봉우리가 사람을 엿보고 있는데, 매우 가파르고 빼어났다. 암자의 좌측 산기슭에서 수미대를 바라보면 반절만 보이는데 매우 기이하다. 그 아래에 있는 청량대(淸凉臺)는 매우 가파르다. 여기를 거쳐 4~5리를 가서 시내를 두 개 건너고 서쪽으로 방향을 틀면 능인암(能仁巖)이 있다. 능인암 남쪽으로는 조그마한 대가 있으니, 앞은 곧 내원통(內圓通)이란 곳이다.

〈증명탑(김홍도의 그림)〉

백탑동(百塔洞)은 천등봉(天燈峯) 아래에 있다. 대개 석굴 앞 돌의 형세가 층층으로 쌓여 탑을 꿰맨 것과 같다.[270] 백탑에서 구불구불 내려오면 지장봉(地藏峯)이 있고, 그 아래에는 영원암(靈源菴)이 있으니 골짜기의 물이 백마봉의 물과 합쳐져 백천동(百川洞)이 된다. 증명탑(證明塔)과 다보탑(多寶塔)이 모두 골짜기에 있는데 돌의 모습이 또한 탑과 같다. 시냇물을 따라 3~4리를 가면 옆에 탑 하나가 있는데, 형세가 절벽에 의지해 있으며 두 개의 작은 금부처가 돌 사이에 서 있다.

백화암(白華菴)은 명운담(鳴韻潭) 위에 있다. 명운담의 왼편에는 푸른 절벽이 몇 십 길이나 깎은 듯이 가파르게 서 있다. 명운담 오른편 벼랑에 매달린 잔도가 위태롭게 기울어 있다. 다시 시냇물을 건너서 천여 걸음을 가면 백화암에 이르게 되니, 터가 넓

270) 신익성(申翊聖)의 「遊金剛內外山諸記」와 매우 유사하다.

〈백화암(김홍도의 그림)〉

고 탁 트여 있어서 또한 아름다운 암자이다. 앞에는 두 개의 큰 돌이 마주 서 있는데 한 면에는 53개의 부처가 그려져 있다.

백운대(白雲臺)는 마하현의 동쪽으로 5리쯤에 있다. 상백운대와 중백운대, 하백운대가 있는데 그중에 중백운대가 가장 기이하다. 만회암(萬灰菴)을 거쳐 도착하면 높은 곳은 쇠밧줄을 끌어당기면서 올라가야 한다. 산등성이는 매우 좁아서 가까스로 발을 디딜 만하고, 앞뒤로 모두 까마득하게 높은데 임해 있다. 또 몇십 보를 가서 중백운대에 이르러 금강대의 전면을 볼 수가 있으니, 정양사의 옆에서 곁눈질로 보는 것과는 비교할 수가 없다. 또 곧장 북쪽으로 5~6리를 가면 도솔암(兜率菴)이 나오고, 다시 동쪽으로 2리쯤에는 반야암(般若菴)이 나온다.

수점(水岾)[271]은 곧 외금강인 고성의 경계이다. 이허대(李許

271) 수점(水岾): 내.외금강산이 나뉘는 경계이자 회양과 고성의 군계가 되는 안문재라는 잿

〈유점사〉

臺)를 거쳐서 시냇물을 따라 올라가 20리쯤에서 볼 수 있으며 안문봉(雁門峯)의 지맥이다. 남점(南岾)에는 상견성암(上見性菴)이 있고, 암자 앞에는 높이가 백 길쯤 되는 석대가 있다. 동쪽으로 작은 고개 하나를 내려오면 하견성암(下見性菴)이 있고, 또 동남쪽으로 가면 유점사(楡岾寺)[272]에 이르게 된다. 다시 이허대에서 동쪽으로 4리쯤 되는 곳에 대장암동(大藏菴洞)이 있는데, 흰 돌이 첩첩으로 쌓여 있어 서책(書册)을 쌓아놓은 것과 비슷하다. 호승(胡僧) 불공(不空)[273]이 말하기를 "이 돌 가운데에 대장경이 있구나."라고 했으니 이 때문에 골짜기 이름을 붙인 것이다. 바윗돌은 희고 흐르는 냇물은 맑고 넓다.

마루가 있다. 이는 금강산 동쪽에 위치하며, 표훈사에서 유점사로 가는 길목에 위치한 안문령, 일명 물재(水岾)라고도 한다.

272) 유점사(楡岾寺): 강원도 고성군 서면 백천교리 금강산에 있는 절. 신라 유리왕 23년(46)에 인도에서 조성한 53불(佛)이 신룡(神龍)에 의하여 안창현 포구에 도착한 것을 그 고을 군수가 이상하게 여겨 임금에게 고하고 창건하였다고 한다. 광복 이전까지 53불 중 3불이 없어지고 50불이 남아 있었다.

273) 불공(不空, 705~774): 중국, 당대에 밀교(密敎)를 포교한 인도승.

은선대는 다른 말로 은신대(隱身臺)[274]라고도 한다. 내수점(內水岾)에서 동남쪽으로 20리쯤 가다가 유점사로 가는 큰길을 버리고 북쪽으로 꺾어 5리쯤 되는 곳에서 깎은 듯한 절벽을 천여 보나 올라야 한다. 그 위에는 바위에 뚫린 굴이 우뚝 솟아 있다. 동남쪽으로 부여잡고 기어오르면 그 정상은 약간 평평하고 길이는 수십 보쯤 되는데, 바로 은선대(隱仙臺)이다. 형세가 매우 가팔라 사람들이 벌벌 떨려서 제 몸을 가누지 못할 정도이다. 동북쪽으로 바라보이는 큰 석벽은 넓디넓어서 매우 장엄하다. 십이폭포는 긴 것은 수십 길이 될 만하고 짧은 것도 열 길쯤은 된다. 그 아래 큰 골짜기가 있으니, 이곳이 이른바 성문백천동(聲聞百川洞)이란 곳이다. 절벽 위는 다시 평평하게 넓어져서 해송이 빽빽

〈은선대 십이폭(김홍도의 그림)〉

274) 은신대(隱身臺): 강원도 금강산 외금강 지역 은선대 구역 효운동에 있는 바위. 바리 폭포를 지나 오른쪽에 위치해 있다. 깊숙하고 은은하며 경치가 아름다워 신선이 내려와 놀았다는 전설이 깃들어 있다.

하게 들어서 있는데, 곧 백전암(柏田菴)과 적멸암(寂滅菴) 두 암자의 오래된 터이다. 대의 동쪽은 또 넓게 트여서 막힘이 없고 푸른 바다가 하늘과 맞닿아 있다.

유점사는 지세가 넓다. 앞으로는 큰 시내를 굽어보고 있으며 옛날에는 산영루가 그 위에 자리 잡고 있었다 하나, 지금은 다만 작은 시냇물이 그 누대 아래로 흘러가고 있으며 여기에서 자석이 많이 생산된다. 세상에 전하는 말은 다음과 같다. 이 절에는 아홉 마리 용이 살았고, 못물 위에는 늙은 느릅나무 한 그루가 있었다. 신라 때 53개의 부처가 바다 위에 떠서 이곳에 이르자, 고성 군수인 노춘(盧椿)이 용을 쫓아내고 그 못을 메워 버린 후 절을 지어 부처를 안치하였다. 우리 세조께서 산에 거둥했다가 승려들에게 중수하라는 명을 내려 드디어 큰 사찰이 되었다. 그 후에 화재로 불타버리자 승려 성준(聖俊)과 응상(應祥)이 다시 지었는데

〈유점사 산영루〉

매우 웅장하고 화려했다. 법당의 편액에는 능인보전(能仁寶殿)이란 네 개의 큰 글자가 있다. 명나라의 급사중이었던 주조(周祚)란 자가 쓴 글씨로, 광해군의 부인 유씨가 백금을 주고 그 글씨를 구해 시주를 했다고 한다. 당 옆에는 오탁정(烏啄井)이 있다. 세상에 전하기를 이곳에는 우물이나 샘물이 없었는데 까마귀 떼가 절의 동북쪽 모퉁이에 모여 들어서 땅을 쪼아대자 신령스런 샘물이 솟았기 때문에 샘물 이름을 오탁정(烏啄井)이라 붙였다고 한다. 그 절의 동쪽에 당을 지었으니 이름을 대권당(大權堂)이라 하고, 노춘의 커다란 소상(塑像)을 봉안하였다.

선담(船潭)은 유점사 서북쪽 3리 지점에 있으며 시내를 따라서 뛰어난 경치의 못과 폭포가 많이 있다. 선담에 이르면 못물의 크기가 화룡담(火龍潭)과 같고, 돌은 하늘이 빚은 구유와 같으니 물이 구유처럼 생긴 그 돌을 거쳐서 폭포가 된다. 또 아주 아슬아

〈선담(김홍도의 그림)〉

슬한 벼랑길을 따라서 십여 보쯤 올라가면 두 개의 폭포가 나오고, 다시 열 걸음쯤 올라가면 서쪽 돌 위에 만경동(萬景洞)이란 글자가 새겨져 있다. 여기를 거치면 만경대(萬景臺)에 이를 수가 있으니, 만경대가 있는 곳은 곧 외금강의 가장 높은 봉우리이다. 동쪽으로는 너른 바다를 굽어보고 있고 그 아래 남쪽 골짜기에는 상내원(上內院)이 있으며, 동쪽으로는 영은암(靈隱菴)이 있는데 일명 자월암(紫月菴)이라 한다.

수점(水岾)을 거쳐서 대장암(大藏菴)을 지나 북쪽의 구정봉 정상에 오르면 9개의 우물 같은 돌절구가 있다. 물이 항상 우물에 가득하므로 구정봉(九井峯)이라 이름을 지은 것이다. 웅대하고 상쾌하며 높게 빼어나서 비로봉에 버금간다. 그 아래는 환희령(歡喜嶺)이 있다.

불정대(佛頂臺)는 만경대의 남쪽에 있다. 끊어진 벼랑이 깊은 골짜기를 굽어보고 있고, 바윗돌이 불쑥 일어나 낭떠러지 사이를 가로 막고 있다. 너비는 몇 걸음쯤 되고 외나무다리를 놓고 지나가야 한다. 바위 위에는 수십 명이 앉을 만하다. 아래를 굽어보면 헤아릴 수 없이 까마득하고, 긴 냇물이 그 밑에서 시끄럽게 흐른다. 동쪽으로 보면 바다 빛이 맑고 밝으며, 아래로 몇 리쯤에 있는 굴의 이름은 풍혈(風穴)이다. 왼편에는 학소대(鶴巢臺)가 있고 또 1리를 내려가면 오송대(五松臺)가 있으니, 푸른 절벽을 돌아보면 불정봉보다도 낫다. 불정봉 아래를 통칭 박달곶[朴撻串]이라 한다.

오송대(五松臺)는 박달곶을 넘어 고개를 거의 다 내려간 뒤에

〈오송대(김홍도의 그림)〉

이를 수 있다. 여기에서 올려다보면 돌봉우리가 깎아지른 듯 높으니 곧 송림암 뒤에 있는 고개다. 길가에는 흰 돌과 맑은 못물이 많으며, 수백 보 정도만 올라가면 송림암(松林菴)이 있고 앞에는 석굴이 있다. 좌측 굴은 작아서 물이 그 틈으로 나오고, 우측 굴은 약간 커서 가운데에 불상이 있다.

효양치(孝養峙)는 옛 기록에서는 찾아 볼 수 없다. 생각건대 남효온이 소인곶[小人串]이라 말했던 곳이 여기일 것이다. 환희령의 남쪽 10리 지점에 있는데 산등성이의 동서쪽이 모두 깊은 골짜기다. 서쪽에는 원통곶[圓通串]이 있고, 원통곶에서 십이폭천(十二瀑川)을 건너면 그 서쪽에 성불암(成佛菴)과 불정암 등이 있다.

환희령은 게방(憩房), 문수촌(文殊村), 니유암(泥遊巖), 구령(狗嶺), 노춘정(盧椿井), 장항(獐項) 등의 이름이 있다. 세상에 전하는 말은 다음과 같다. 불상이 종에 담겨 바다에 떠내려가 고성군의 포구에 정박하자, 군수 노춘이 진흙 위에 있는 종의 흔적을 찾아 고개를 넘어 계곡 입구로 들어가니 소나무 숲속에 한 그루 느릅나무 가지에 종이 걸려 있었다. 신라 남해왕이 그 소리를 듣고 이상히 여겨 어가를 타고 이곳에 행차하여 절을 짓고는 느릅나무라는 이유로 그 이름을 삼았다 한다. 노춘이 종의 흔적을 찾아 와서 종을 보고 쉬었던 까닭으로 그 장소를 게암이라고 이름붙였다. 혹은 문수가 비구의 몸으로 변하거나, 혹은 비구니로 변해서 갈 곳을 가리켜 주었으므로 문수촌(文殊村), 니유암(泥遊菴)이라고도 한다. 또는 개가 나타나고 또는 노루가 나와서 노춘을 인도해 갔으므로 구령(狗嶺)이라고도 하고 장령(獐嶺)이라고도 한다. 또 노춘이 목이 너무 말라 땅을 파서 샘물을 찾았으므로 노춘정(盧椿井)이라고 한다. 혹은 노춘이 피곤해서 조금 쉬다가 종소리를 듣고 기뻐서 달려갔다 하여 환희령(歡喜嶺)이라 한다. 그러나 모두 다 허황된 말이다.

민지(閔漬)[275]의 기문에 "폭포암은 효양곶을 거쳐서 이르고, 시냇가의 수석은 매우 기이하다. 왼편은 채운봉(彩雲峯)이고 오른편은 청학봉(靑鶴峯)이다."라고 하였다. 시내 옆 돌에는 양사언의 글씨로 봉래도(蓬萊島)라는 석 자가 새겨져 있다. 폭포가 있는데 볼 만하다.

발연사(鉢淵寺)는 폭포암(瀑布菴)의 아래에 있는데 시내의 폭포수가 폭포암의 위아래로 떨어져 움푹 파인 석담(石潭)이 되었

275) 민지(閔漬, 1248~1326): 고려 충숙왕 때의 문신. 자는 용연(龍涎), 호는 묵헌(默軒). 충숙왕 때 수정승(守政丞)에 올랐으며, 『千秋今鏡錄』을 증수하여 『世代編年節要』를 만들고, 『本國編年綱目』을 편찬하였다.

으니, 두 번째 못물이 가장 크고 둥글어서 이름을 붙인 것이다. 돌이 매끄럽고 물도 맑아서 중들이 여기에서 물놀이를 한다. 계수대(桂樹臺)는 바로 못 뒤에 있는 봉우리로, 돌의 형세가 길게 뻗쳐 있어 매우 기이하다.

구룡연은 비로봉의 동쪽, 구정봉(九井峯)에서 나와 석벽을 뚫고 못의 수원이 되었다. 구정봉에서 조금씩 흘러나와 안문령을 지난다. 안문령은 돌이 안탑(鴈塔)과 같아서 높이가 백여 척이나 되고 동서쪽으로 서로 마주 보고 있는데, 천 길이나 되는 계수나무가 있어서 바라보면 깡마른 신선과 같다. 보이지 않게 흐르기도 하고 혹은 폭포수로 30리나 가다가[276] 동쪽으로 흘러 첫 번째 못이 되니, 너비는 2묘쯤 되고 굽은 돌이 장군[缶]을 만들어 그 물을 담고 있으며 돌은 닳아서 새까만 거울과 같다. 동쪽으로 백 보쯤 흘러된 것이 두 번째 못인데, 못물은 높은 곳 매달려 있는 바가지 같은 형태이며, 못 위의 절벽은 세 길이 됨직하다. 다시 동쪽으로 170보쯤 가면 큰 골짜기가 있고 무성한 숲이 많다. 숲 안의 푸른 절벽은 보불로 수를 놓아 둘러친 병풍과 같

〈구룡연〉

276) 이 부분은 황경원(黃景源)의 「九龍淵記」를 참고한 것으로 보인다.

고, 스무 길쯤 되니 바로 세 번째 못으로 너비가 7묘쯤 된다. 또 동쪽으로 흘러가면 네 번째 못이 되니, 너비는 작은 배를 띄울 만하고 그 깊이는 대나무 낚싯대 예닐곱 척을 넣을 만하다. 그 아래로 흘러된 것이 다섯 번째 못으로 너비는 3묘 정도고 돌아 흐르는 것이 매우 세차다. 또 그 동쪽으로 흘러된 것이 여섯 번째 못인데 너비가 4~5묘쯤 되고 바깥쪽은 둥글며 안쪽은 모가 났다. 다시 그 동쪽으로 흘러 3리쯤에 우뚝 솟아서 지붕과 같은 것이 회병(回屛)이다. 샘물이 회병 위에서 흩어져 내려 일곱 번째 못이 되는데 못이 매우 작다. 또 동쪽으로 500보를 흘러가면 여덟 번째 못이 되니 5척이 되지 않을 정도로 얕아서 물고기가 노는 것을 셀 수 있을 정도다. 다시 또 동쪽으로 40여 보쯤 흘러가면 아홉 번째 못으로 그 너비는 첫 번째 못보다 배나 넓다. 용이 각각 하나씩을 차지하고 있으니, 산에 사는 사람들이 말하기를 유점사의 용이 여기에 옮겨 왔다고 한다. 그 아래에는 쌍봉폭포(雙鳳瀑布)가 있는데 두 개의 폭포수가 동남쪽으로 흘러서 주연(舟淵)이 된다. 또 남쪽으로 흘러 이연(里淵)이 되었다가, 방향을 틀어 북쪽으로 흘러 전탄(箭灘)이 되며, 고성군 남쪽에 이르러 남강(南江)이 되고, 동쪽으로 흘러 고성포(高城浦)가 되었다가 바다로 들어간다.

옥류동은 곧 구용연의 하류이다. 발연사에서 서쪽으로 3리 정도 가서 시내를 건너고 골짜기로 들어간다. 어지러운 돌과 빽빽한 숲속을 거쳐 또 시내를 건너야 이를 수 있다. 다시 옥류동에서 깊이 들어가면 구기연(九岐淵)과 감학연(坎壑淵), 금장동(金藏

〈만물초(김홍도의 그림)〉

〈옥류동〉

洞), 만물초(萬物草) 중향폭포(衆香瀑布)가 있는데 모두 외금강의 비경으로 사람들이 드물게 찾아온다.

신계동은 구용연의 아래에 있다. 산봉우리가 수려한데 응자암(鷹子巖)이 가장 기이하다. 물과 돌이 부딪쳐 졸졸거리는 것이 거문고와 비파 소리와 같다. 아래에는 동석암(動石菴)이 있는데, 양사언이 일찍이 집을 짓고 살았다는 터가 남아 있으며 여기를 거쳐 옥류동에 이를 수 있다. 옛날에 있던 신계사(新溪寺)는 방백 황근중(黃謹中)[277]이 창건한 것이었으나 지금은 불에 타서 없다. 어떤 이는 역리(驛吏)들이 몰려드는 유람객을 험한 곳에 안내하는 일이 괴로워 불을 놓았다고도 한다. 초목이 아주 우거져서 길이 막혀 지나다닐 수가 없다.

277) 황근중(黃謹中, 1560~1633): 조선 중기의 문신. 본관은 창원(昌原), 자는 일지(一之), 호는 월담(月潭)이다. 어려서부터 총명하였으며 문장에 뛰어나 주변의 칭송을 받았다. 1615년에는 강원감사로 임명되었으며 동부승지와 좌부승지를 거쳐 전라도관찰사를 지내다 파직된 후 은거하였다.

〈신계사〉

경고촌(稼庫村)은 백천교(百川橋) 하류에 있다. 산이 사방을 둘러싸고 있고 나무들은 울창하다. 금강산에 있는 중들은 시골 마을에서 양식을 얻어다가 여기에 저장해 두었다. 몇몇 중들이 그곳을 지키고 있으며 방아를 설치하여 방아를 찧기도 한다.

삼일포는 외금강의 기슭에 있다. 호수가 평평하고 둥글며 36개

〈삼일포(김홍도의 그림)〉

의 봉우리가 에워싸고 있으며 소나무와 돌이 많고 작은 섬의 푸른 돌은 펀펀하다. 위에는 사선정(四仙亭)이 있는데, 사선은 신라 때의 영랑(永郎), 술랑(述郎), 남석행(南石行), 안상(安詳) 네 사람이다. 벼슬하지 않고 자연에서 노닐다가 전하는 말에는 신선이 되었다고 한다. 호수의 남쪽에 있는 붉은 절벽에 네 사람의 이름이 쓰여 있다. 속설에는 이 네 사람이 여기서 사흘 동안 노닐다가 돌아가지 않았으므로 붙여진 이름이라 전한다. 그 남쪽에 빗돌이 있는데 "원(元)나라 지대(至大) 2년 기유(己酉)에 강원도 존무사인 김천호(金天皓) 등이 산승 지여(志如)와 함께 향목(香木)을 바다 인근의 여러 고을에 묻고 기록을 한다."라고 되어 있다. 호수의 서남쪽에는 사자석(獅子石)이 있는데, 물속에서 사자가 새끼를 등에 업고서 엎드려 있는 모습 같다.[278)]

옹천(瓮遷)은 남쪽 벼랑에 있는데 이것 또한 외금강의 지맥이

〈옹천(김홍도의 그림)〉

278) 이 부분은 오원(吳瑗)의 「遊楓嶽日記」를 많이 참고한 것으로 보인다.

다. 바다를 베개로 삼아 베고 있으며, 높고도 둥글었으니 대부분 솟아 오른 돌이다. 오솔길이 그 가운데를 따라 뻗쳐 있어서 말을 타고 지나는 것은 불가능하다. 게다가 파도가 그 아래에서 출렁이고 있어 굽어보기도 매우 두

〈금란굴〉

렵다. 민간에 전하기를 관군이 이곳에서 왜구를 쳐부수어 모두 다 바다에 처넣었다고 한다.

금란굴은 통천(通川) 동쪽에 있는데 외금강의 남은 산세가 바다를 굽어보고 절벽이 된 것이 꼭 병풍 같다. 첩첩이 푸르고 흰 것들은 대체로 모두 굴이다. 금란굴이 가장 깊어서 그 안을 들여다보면 아득하고 어두우며 겨우 조그마한 배가 들어갈 정도이니, 바람이 불지 않고 물결이 잠잠해야 비로소 들어갈 수 있다. 높이가 삼 척쯤 되는 모퉁이 돌은 그 무늬가 누렇고 귀고리 모양이며, 난간은 떠있는 것 같다. 대 아래의 돌은 약간 푸르스름해서 중들이 관음의 진짜 몸이 살았던 곳이라 이른다.[279]

총석정은 통천의 북쪽 20리 정도에 있다. 금란굴의 옆이고 또한 외금강의 지맥 끝자락이다. 가로지른 봉우리가 높이 솟아 바다와 임해 있고, 줄지어 서 있는 바위는 네모난 기둥과 같다. 모두 육면으로 모난 것은 각각 한 자쯤 되고 높이가 5~6장쯤 되는

279) 이 부분은 안축(安軸)의 「金欄窟詩」를 많이 참고한 것으로 보인다.

〈총석정(김홍도의 그림)〉

데, 모두 먹줄을 튕겨 깎은 것[繩削] 같다. 또 언덕으로 십여 척을 가면 네 개의 돌기둥이 나란히 물 가운데 서 있으니 사선봉(四仙峯)이라 부른다. 사선봉 위에는 키 작은 소나무가 있다. 사선봉의 북쪽은 돌 모습이 거듭 변해서 어떤 것은 크고 어떤 것은 작고, 또 어떤 것은 길고 어떤 것은 짧고, 어떤 것은 기울고 어떤 것은 가로 놓여 있으니, 모두 기괴하여 볼 만한 경치다.

성류굴
聖留窟

성류굴[280]은 울진현 남쪽 몇 리쯤에 있다. 시내 위 낭떠러지에 석벽이 서 있고 아래에는 굴이 있는데 깊숙하고 어두워서 횃불을 잡아야만 비로소 길이 통하게 된다. 입구는 좁아서 무릎으로 네다섯 걸음을 기어가야만 차츰 넓어지는데, 수십 보를 가면 평평한 땅이 몇 묘쯤 됨직하고 좌우에 있는 돌들은 매우 기이하다. 또 십여 보쯤에는 구멍이 있다. 북쪽의 구멍은 매우 좁아서 그 아래로 기어가야 하고, 땅은 축축해서 자리를 깔아야 하며 7~8보를 가다 보면 점차 넓어진다. 돌 모습이 더욱 특이하여, 번당과 부도

〈성류굴(김홍도의 그림)〉

280) 이 부분은 김창흡(金昌翕)의 「蔚珍山水記」를 많이 참고한 것으로 보인다.

의 형상이 있다. 또 수십 보를 가면 더욱 기괴한 번당과 부도가 있는데 길면서도 또 커다랗다. 다시 4~5보를 가면 승불(僧佛)의 몸뚱이와 같은 것이 있고, 아래에는 못물이 있는데 매우 맑고 넓어서 몇 묘쯤 됨직하며, 가운데에는 아주 기이한 두 개의 돌이 있다. 사면에 있는 돌들은 모두 오색이 찬란한데, 두들기면 장단에 따라 소리가 나서 편경과 같다. 사람들이 말하기를 깊이 들어갈수록 더욱 기괴하고, 길의 양 옆에는 굴이 많아서 사람이 잘못 들어가면 나올 수가 없다고 한다. 어떤 이는 평해군(平海郡)에 갈 수 있으니 굴의 거리는 이십여 리쯤 된다고 한다.

오대산
五臺山

오대산은 강릉부(江陵府) 서쪽 120리 지점에 있는데 설악산의 남쪽에 자리 잡고 있다. 높고 크고 깊숙하며 다섯 봉우리가 빙 둘러 펼쳐져 있으므로 오대산이라고 이른다. 북쪽에는 상왕봉(象王峯)과 지로봉(地爐峯) 두 개의 봉우리이고, 남쪽에는 기린봉(麒麟峯), 동쪽에는 만월봉(滿月峯). 서쪽에는 장령봉(長嶺峯)인데 그 산세가 서로 비슷해 막상막하이기는 하지만, 상왕봉의 대가 가장 높고 험준하다. 그 정상이 비로봉(毗盧峯)이고 그 다음이 북대(北臺)이다. 비로봉의 남쪽은 지로봉이며 지로봉의 위는 중대(中臺)이다. 산이 깊고 공기가 맑으며 새와 짐승의 발자취가 없으니, 산 중에 최고이다.

〈월정사(김홍도의 그림)〉

아래에는 사자암(獅子菴)이 있으니 우리 태조(太祖)의 원찰(願刹)이다. 북대의 동남쪽이 만월봉이고 그 정상은 동대이다. 동쪽으로 푸른 바다를 바라보고 북쪽으로는 설악산과 마주하고 있다. 상왕봉의 서남쪽은 장령(長嶺), 그 위가 서대(西臺), 동남쪽이 기린봉, 그 위가 남대이며, 남쪽 기슭에 있는 영감사(靈鑑寺)에는 왕조실록을 수장하고 있다. 지로봉의 동쪽 기슭에 있는 상원(上院)은 아름답다 일컬어지는 곳이다. 그 동쪽에는 큰 나무가 있는데, 가지와 줄기와 붉은 잎은 전나무와 같고 서리가 내리면 잎이 시들어 노삼(老杉) 혹은 비(枇)라고도 한다. 상원에서 중대로 5리쯤 올라가서 다시 북대로 5리쯤 올라가고 서쪽에 있는 장령으로 10리쯤 올라가면, 청계가 15리고 남대가 10리며 또 남쪽으로 10리 지점은 월정사(月精寺)이다. 월정사에서 관음사로 올라가면 서쪽으로 종봉(鐘峯)을 대하게 되는데, 종봉은 장령의 서남쪽에 있는 것으로 흙은 많고 돌은 적으며 전나무가 많다. 서대에서 발원하는 샘물을 우통지수(于筒之水)라고 하니 한송, 선정과 함께 영천이라고 일컬으며 한강의 원천이 되고 있다. 그 동대에서 발원한 것이 청계, 북대에서 발원한 것이 감로, 남대에서 발원한 것이 총명, 중대에서 발원한 것이 옥계이다. 산중의 여러 골짜기 물들이 합쳐서 반야연(般若淵)이란 못이 되고, 월정사 아래에 이르러 금강연(金剛淵)이 된다.

「한 계
寒 溪」

한계[281]는 설악산의 서쪽에 있다. 남계역(藍溪驛)의 하류에서 옛날의 원통(圓通)을 지나면 한계사(寒溪寺)에 들어가게 되는데, 모랫길과 소나무 숲이 풍악산의 장안사(長安寺) 입구와 같다. 또 골짜기에서 나와 시내를 따라 동쪽으로 가면 북쪽으로 기이한 여러 봉우리들이 보이고, 다시 앞으로 4~5리를 가면 북쪽에 산천폭포가 있으니 벼랑을 따라 옥류천(玉流泉)이란 세 글자가 새겨져 있다. 그 물이 다하는 곳에는 옛날의 성터가 있는데, 평평하고 넓어서 살 만하다. 석문(石門)이 있는 그 북쪽을 지리곡(支離谷)이라고 하고, 수십 리 아래에는 매우 기이하고 장엄한 삼룡추(三龍

〈한계산〉

281) 이 부분은 김수증(金壽增)의 「寒溪山記」와 「遊曲淵記」를 참고로 작성한 것으로 보인다.

湫)가 있다.

한계사의 옛 터를 지나면 그 북쪽에 여러 봉우리들이 높이 솟아 늘어서 있는 모양이 두려워할 만하다. 사자봉(獅子峯)이 매우 위태로워서 이곳을 거쳐 대승암(大乘菴)에 갈 수가 있다. 또 그 위는 상승암(上乘菴)이고 아래는 망폭대(望瀑臺)니, 폭포가 꼭대기에서 거의 삼백여 길이나 떨어진다. 다시 10리를 가면 진목전(眞木田)에 이르게 된다. 그 뒤쪽 봉우리의 높은 곳이 난야(爛若)와 옥설(玉雪)인데, 흙으로 된 산등성이 세 줄기가 북으로부터 구불구불하게 오니, 가운데 지맥이 가장 높고 좌우의 언덕과 산은 마치 그것을 부축하고 있는 것 같다. 앞산은 그다지 높지 않은데 초목이 무성하여 아주 시퍼렇다. 그 동쪽으로 5리쯤 되는 곳에는 아차막(阿次莫)이란 골짜기가 있고, 시내를 따라 북쪽으로 들어가면 폭포가 몇 군데 있으며, 시내를 돌아가면 상설악(上雪嶽)의 백운암(白雲菴)에 닿을 수 있다.

또 진목전(眞木田)에서 골짜기의 10리 지점 정도까지만 가서 시내를 따라 북쪽으로 올라가면 물과 돌이 맑고 그윽하다. 다시 5리를 가면 터 하나를 만나는데 암자를 지을 만하다. 절벽을 등지고 동남쪽을 향하는데, 여러 봉우리들이 빙 둘러서 깨끗하게 펼쳐져 있다. 남쪽에는 상필여봉(上筆如峯)이 있고 서쪽에는 입모봉(笠帽峯)이 있으니, 그곳에 올라가면 동해를 바라볼 수 있다. 옛날에 왕유정(王維楨)[282]이 「한계산기」를 지어 오묘함을 상세

282) 왕유정(王維楨): 명(明)나라 섬서(陝西) 화주(華州) 사람. 자는 윤녕(允寧). 호는 괴야(槐野). 가정(嘉靖) 연간의 진사(進士). 벼슬은 남경 국자 좨주(南京國子祭酒). 어머니를 뵈러 집에 가다가 지진이 발생하여 죽었다. 시문에 능하였다. 저서로는 『槐野存笥稿』가 있다.

히 말했으니, 중국 사람에게도 이처럼 칭찬을 받은 것이다.

곡연(曲淵)은 한계(寒溪)와 설악산의 사이에 있다. 남교역(藍橋驛)에서 한계의 하류를 건너면 하나의 절터에 이르게 되고 길이 점점 매우 험해진다. 벼랑을 부여잡고 절벽을 올라가면 아래로 아슬아슬한 골짜기를 굽어보며 다시 하나의 산등성이에 이르는데 북쪽으로부터 온 망견폭포가 매우 장엄하였다. 대승암(大乘菴)을 지나 다시 20리를 가면 소나무 숲과 큰 시내를 만나게 되니, 바로 곡백연(曲百淵)이라는 동부(洞府)다. 못물이 깊어서 두 길이 될 만하고, 넓기로는 수백 보 정도 펼쳐져 있다. 물이 맑고 깨끗해서 바닥을 볼 수가 있으니 색깔이 푸른 옥과 같다. 다시 웅정동(熊井洞)을 지나서 벼랑을 따라 수백 보를 가면 깊숙한 땅이 하나 나오는데 경작을 할 만하다. 그 동쪽으로 수십 리를 가면 오세암(五歲菴)에 이를 수 있고, 길동(吉洞)에 있는 황상뢰(黃腸瀨)를 지나면 산기슭이 수구(水口)[283]를 가로막고 있는데, 천춘령(千春嶺)이라고 하며 바로 곡운 김수증[284] 옹이 이름을 붙인 곳이다. 1리쯤 가면 속칭 부전암(負轉巖)과 포전암(抱轉巖)이 있고, 이곳을 지나쳐 허공교(虛空橋)를 지나면 동구(洞口)로 나가게 된다. 못물 위에는 네다섯 개의 봉우리가 있으니 곧 삼연 김창흡이 이름을 붙인 오로봉(五老峯)이다.

---

283) 수구(水口): 1. 저수지(貯水池)의 물이나 하수를 끌어들이거나 흘러 내보내는 곳 2. 풍수(風水) 지리(地理)에 있어서 득이 흘러 건 곳.

284) 김수증(金壽增, 1624~1701): 조선 후기의 문신. 본관은 안동, 자는 연지(延之), 호는 곡운(谷雲). 1689년 기사환국으로 수항이 사사(賜死)되자, 벼슬을 그만두고 화음동(華蔭洞)에 들어가 정사를 짓기 시작하였다. 1694년 갑술옥사 뒤에 다시 기용되어 한성부좌윤(左尹)·공조참판 등에 임명되나 모두 취임하지 않고 은둔하였다. 당시 성리학에 심취하여 북송의 성리학자들과 주자의 성리서를 탐독하였다. 문집에 『곡운집』이 있다.

설악산
雪 嶽

설악산은 매우 높다. 8월에 처음 눈이 내리고 여름이 되어야 눈이 녹기 때문에 이름을 설악이라고 한다. 그 북쪽은 양양이고 남쪽은 인제이니 양양 쪽의 경치 좋은 곳으로는 식당폭포(食堂瀑布)와 계조굴(繼祖窟)을, 인제 쪽의 경치 좋은 곳은 곡백담(曲百潭)과 심원사(深源寺), 삼연정사(三淵精舍)와 십이폭포(十二瀑布), 봉정암(鳳頂菴)과 폐문암(閉門菴)을 일컫는다.[285)]

유홍굴(俞泓窟)은 구담(龜潭) 옆에 있다. 영시암(永矢菴)에서 동쪽으로 시냇물을 건너고 우거진 숲속을 통과해 어렴풋한 돌 비

〈계조굴(김홍도의 그림)〉

285) 이 부분은 홍태유(洪泰猷)의 「遊雪嶽記」를 참고한 것으로 보인다.

탈길을 몇 리 따라가면 운모담(雲母潭)에 이르는데, 돌이 작고 여울물은 맑으며 운모가 많이 생산되어서 이런 이름이 붙었다. 또 우거진 숲을 통과해 구담에 이르면 높고 커다란 소나무로 자못 그윽한 풍취가 가득하다. 다시 앞으로는 유홍굴에 이르게 되니, 유홍[286]이 강원도 관찰사로 이 산에서 유람을 하다가 비를 피한 장소였다. 두 갈래의 시냇물이 굴 옆에서 합쳐져 남쪽으로는 십이폭포를 향하고 동쪽으로는 폐문암을 향한다.[287]

폐문암(閉門巖)은 유홍굴 옆에 있다. 두 개의 낭떠러지가 높이 솟아 있는데 서 있는 것은 석선(石扇)이 되고, 깔린 것은 반석이 되고 정돈이 된 것은 층층 섬돌이 된다. 여울물과 폭포가 서로 이어져 있으니, 위에 있는 못물은 잔잔하고 아래에 있는 두 못은 아주 맑다. 못의 동서쪽에는 또 앉을 만한 큰 바위가 있다.[288]

봉정(鳳頂)은 곧 설악산의 끝이 되는 곳이다. 폐문암에서 5리를 가면 빙호동구(氷壺洞口)에 이르고, 시내를 벗어나 남쪽으로 가면 곧 봉정(鳳頂)으로 가는 지름길이다. 희미해서 길을 잃기가 쉬워 중들이 돌을 쌓아 올려 표시해 두었다. 대장암(大藏巖)에 이르면 바위가 첩첩으로 포개진 것이 대장경을 쌓은 것과 같다. 수백 보를 올라가면 큰 바다가 눈앞에 가득 펼쳐지고 여러 개의 산이 발아래에 펼쳐져 있다. 벼랑을 따라 남쪽으로 가면 탑이 우

---

286) 유홍(兪泓, 1524~1594): 조선 중기의 문신. 본관은 기계(杞溪). 자는 지숙(止叔), 호는 송당(松塘). 시호는 충목(忠穆). 시문에 뛰어나 선조가 그의 시를 보고 직접 화운(和韻)하기도 하였으며, 독서를 좋아하여 가장(家藏)한 책이 만여 권에 이르렀다. 『燃藜室記述』에는 황정욱(黃廷彧) · 홍성민(洪聖民) 등과 함께 정철(鄭澈)의 세력을 의지하였다고 평하고 있다.

287) 이 부분은 김창흡의 「遊鳳頂記」를 참고한 것으로 보인다.

288) 이 부분은 김창흡(金昌翕)의 「遊鳳頂記」를 참고한 것으로 보인다.

뚝하게 서 있는데, 바위로 받침을 삼고 있으며 모두 삼층이다. 그 북쪽으로 약간 평평한 공터를 탑대(塔臺)라고 한다. 동쪽으로 수백 보를 내려가면 암자가 있으니, 바위들을 등지고 있어 엄숙함이 신이 호위하는 것과 같다. 봉우리 하나가 홀로 암자를 굽어보는 형세가 봉황이 주둥이를 드리우고 있는 것과 같아서 떨어질 듯 위태로웠으니 암자의 이름은 이 때문에 붙인 것이다.

십이폭포는 봉정에서 거의 20리 지점에 있다. 험한 바윗길을 헤치고 이른 곳에는 쌍폭(雙瀑)이 드리워져 있는데, 하나의 못으로 함께 떨어지는 물줄기 중 동쪽에 있는 것은 짧고 남쪽에 있는 것은 길다. 남쪽 폭포 위에는 또 세 개의 폭포가 있는데 세차게 흘러 물안개가 뽀얗고 자욱하여, 자줏빛과 녹색이 끝없이 펼쳐져 있다.[289] 돌 비탈길을 따라서 서쪽으로 가면 비로소 못가에 이르게 된다. 못물이 깊고 넓어서 백 칸이 될 정도이고, 그 물이 넘쳐 하담(下潭)이 되고 있으니 너비가 또한 그것과 같으며, 위는 네모지고 아래는 홀과 같았다. 아래 못물은 또 넘쳐서 어지러운 폭포가 되고 있으니 보이는 것이 다만 12개뿐만이 아니다. 쌍폭에서 15리쯤을 가면 상수렴(上水簾)인데 돌의 표면이 밝고 매끄럽다. 남쪽으로 공중을 떠받치고 있

〈십이폭포〉

289) 김창흡, 「遊鳳頂記」에 "南瀑之上更加三層飛流, 縹緲空濛, 與紫翠無際, 非遠目可窮其狀"이라 나온다.

는 돌 하나가 어렴풋이 보이는데 이것이 쌍폭의 근원이다. 다시 5리쯤 가면 하수렴(下水簾)에 이르게 되는데 동부(洞府)가 크고 넓으며 또 못물과 폭포의 뛰어난 경치가 있다.

심원사는 곡백담(曲百潭)에서 위험한 잔도를 여러 차례 지나면 높은 고개 하나가 나오는데 (그곳에서) 다시 시냇물을 따라 5리쯤 가면 이를 수 있다. 앞에 있는 봉우리는 자못 기이하고 높으며 시냇물이 콸콸 흘러서 맑은 밤에는 더욱 소리가 난다.

〈심원사, 현 백담사〉

삼연정사(三淵精舍)는 곧 영시암(永矢菴)으로, 심원사에서 동쪽으로 몇 리 지점에 있다. 직서루(直書樓)가 있는 봉우리는 하나의 띠처럼 가로로 열려 있는 것이 금수의 모습과 같아서 그 모습이 천백 가지이고, 색깔은 또 희고 깨끗하니 곧 고명봉(高明峯)이다.[290]

290) 이 부분은 홍태유(洪泰猷)의 「遊雪嶽記」를 참고로 하여 작성한 것으로 보인다.

오세암(五歲菴)은 매월당 김시습이 거처하던 곳이다. 폐문암에서 우측으로 높은 고개 하나를 넘으면 만경대(萬景臺)라고 하는데, 이곳을 경유해서 이르면 산봉우리가 더욱 빼어나다.

만경대(萬景臺)는 하나의 돌봉우리이다. 가장 앞이 뚝 끊어진 낭떠러지라서 아래로 굽어보면 땅이 아득하다. 위는 다시 가파르게 깎아지른 듯하고 겨우 한 사람이 앉을 만한 곳이다.

청봉(靑峯)은 곧 설악산에서 가장 높은 곳이니 봉정은 그것만 못하다. 높고 푸른 하늘을 어루만지고 있으나 멀리서 보면 다만 어렴풋이 푸를 따름이다. 그래서 그 정상을 가리켜 이름을 청봉(靑峯)이라 한다. 둥글되 가파르지 않고, 높아도 깎아지른 듯하지 아니하며, 꼿꼿하게 우뚝 서 있는 것이 거인과 같다. 수렴동(水簾洞)을 지나서 사자항(獅子項)에 오르면 반야대(般若臺)와 비파대(琵琶臺)를 지나게 되는데, 여기서부터 산 정상에 가파른 석성이 줄지어 있다. 가장 높은 곳은 나는 새도 지나갈 수가 없다고 한다. 돌의 표면이 대패로 깎은 듯이 평평한 곳에 단서(丹書)의 자취가 있으니 영랑 등 여러 신선들이 돌에다 쓴 곳이라 전한다. 이곳을 거치면 봉우리 위에 다다를 수가 있지만 매우 험하다. 삼연(三淵) 김창흡도 겨우 한 두 차례 올랐고, 도암(陶菴) 이재(李縡)도 한 번 올랐다고 한다. 산이 희고 깨끗하여 눈과 같아서 설악이라 일컬어진 것이다. 청봉에서 동남쪽으로 가면 오색령(五色嶺)으로 뻗쳐 있는 것이 상설악(上雪嶽)이고, 상설악에서 남쪽으로 가면 장차 한계(寒溪)가 된다. 중간에 빼어나게 솟아 선장봉(仙掌峯) 등 여러 봉우리를 이룬 것이 중설악(中雪嶽)이고, 또 북쪽으로부터 와서 봉정(鳳頂)에 거의 다다라서는 다시 솟아 고명봉(高明峯) 등 여러 봉우리의 조(祖)가 된 것이 하설악(下雪嶽)이다.

보문암(普門菴)은 설악산의 동쪽에 있다. 양양에서 설악산에 오르면 보문암이 (설악산의) 오분의 사 지점에 위치하고 있어 높다. 보문암 앞 가까운 곳에는 향로대(香爐臺)가 있는데 기이한 바위가 층층이 쌓여 있어 그 위에 앉으면 봉우리들을 가리킬 수가 있다. 동쪽으로 큰 바다를 임하고 있어 해가 떠오르는 것을 볼 수 있고 아래에는 만장(萬丈) 폭포가 있다.

식당천석(食堂泉石)은 보현봉의 하류 10리 지점에 있다. 바위 틈에서 나오는 샘물이 시원하고 동부(洞府)가 탁 트여 넓으며, 붉은 언덕과 푸른 절벽이 그곳을 끼고 있으면서 설악산의 먼 봉우리가 구름 밖으로 보인다.[291)]

〈토왕성 폭포〉

토왕성폭포[292)]는 식당 아래로 10여리 지점에 있다. 큰 절벽이 구름 위로 솟아 있고 폭포는 가운데에서 갈라져 떨어지는 것이 매우 기이하고 장엄하며, 동쪽으로 바다까지의 거리가 20리쯤 된다.

---

291) 이 부분은 김창흡(金昌翕)의 「東遊小記」를 많이 참고한 것으로 보인다. 전문은 다음과 같다. 食堂泉石, 在普門下流十里地, 而巖泉洒落, 洞府宏暢, 夾以丹崖翠嶺, 而不至襯礙, 雪岳遠峰, 層現於雲靄間者隱隱, 可坐而挹也.

292) 토왕성(土王城)폭포: 현재 토왕성(土旺城) 폭포로 잘못 쓰이고 있다. 강원도 속초시 설악동에 있다. 신광폭포(神光瀑布)·토왕폭(土旺瀑)이라고도 한다. 설악산을 대표하는 3대 폭포 가운데 하나이다. 설악산국립공원 외설악의 칠성봉(七星峰: 1077m) 북쪽 계곡 450m 지점에 있다.

화음산
華陰山

곡운(谷雲)은 화악(華嶽)의 북쪽에 있고 그 서쪽은 영평(永平)의 백운산(白雲山)이다. 옛날에 사탄(史呑, 現 화천 사창리)이라 했는데 곡운 김수증 공이 스스로 곡운이라 이름을 고쳐 부른 것이라 한다. 춘천의 경계에서 들어가 탄기(灘岐)라는 냇물을 건너고 또 산현(蒜峴)이란 고개를 넘으면 곧 제1곡이다. 동부(洞府)는 고요하고 세찬 여울과 층층 바위가 있는데, 바위 옆에 수없이 많은 꽃이 피어서 방화계(傍花溪)라 한다. 시내를 따라 돌길을 지나면 숲속 지름길이 끝났다가 다시 통한다. 또 십여 리를 가면 물가에 약간 널찍한 돌 여울[石磯]이 있는데, 곧 제2곡인 청옥협(靑

〈화음산〉

玉峽)이다. 다시 1리쯤 가면 제3곡인 신녀협(神女峽)이 있으니 또 다른 이름으로는 정녀협(貞女峽)이라 한다. 소나무 벼랑이 훤하고 내려다보면 수석(水石)이 매우 깨끗하고 넓으니, 김시습이 유람하던 곳이다. 다시 1리쯤을 올라가면 청람산(靑嵐山)에 이르게 되며 동남쪽에 있는 못의 형태는 움푹 패어 있다. 좌우의 큰 돌은 펀펀하고 뒤섞여 늘어서 있어서 꼭 거북이나 용이 물을 마시는 것 같다. 물살이 세차고 물 아래 하얀 돌은 모두 깨끗하여 펀펀하고 매끄러운 것이 수백 보에 걸쳐 뻗쳐 있다. 이 고장 사람들이 통발이나 그물을 설치해 열목어를 잡는 이곳이 곧 제4곡 백운담(白雲潭)이다.

그 옆에는 벼랑이 우뚝 솟아 있으며 여기에서 수백여 보를 올라가면 평온하여 앉을 만한 곳이 한 군데 나오니, 제5곡인 명옥뢰(鳴玉瀨)이다. 하나의 벼랑을 돌아 고인 물이 맑디맑아서 깊이를 잴 수 없는 곳은 곧 제6곡인 와룡담(臥龍潭)이다. 다시 그 윗산은 물이 둘러싸고 도니 널찍해서 경작을 할 만하고 화악(華嶽)의 푸른빛은 궤안을 마주 대한 것 같다. 그 남쪽 물가에는 소나무 숲이 울창하며, 다시 서북쪽 구석으로 나가면 앉을 만한 반석이 있으니 곧 제7곡인 명월계(明月溪)다. 또 그 위는 제8곡인 융의연(隆義淵)이고, 다시 서쪽으로 약간 나아가면 기이한 바위가 뒤섞여 늘어서 있고 물이 그 가운데 쏟아지고 있는 곳이 제9곡 첩석대(疊石臺)이다. 그 시내를 총칭하여 백운계(白雲溪)라고 하며, 그 북쪽 봉우리를 총계봉(叢桂峯)이라 한다. 총계봉의 아래에는 큰 돌이 있는데, 곡운 김수증이 삼일정(三一亭)을 그 위에 짓고 하도낙서(河圖洛書)와 팔괘 태극도(八卦太極圖)를 새겼다 하여 인문석(人文石)이라 한다. 또 그 위에는 집 세 칸을 만들어서 제갈량과 김시습의 초상을 두었는데, 뒤에 또 삼연 김창흡의 초상화를 설치했다. 북쪽으로 영평(永平)의 구정(龜汀)까지는 30리쯤 된다.

석천곡
石泉谷

석천곡[293]은 영평현(永平縣) 용화(龍華)의 서쪽에 있는데 그윽하고 깊으며, 석천사(石泉寺)란 절이 있다. 서재곡(西齋谷)에서 들어가 동쪽으로 수십 보를 가면 물을 건너게 되는데 맑고 깨끗하고 흰 자갈돌이 쭉 늘어서 있다. 북쪽에 가까운 사벽(沙壁)은 돌 아래가 단사(丹砂)와 같은데, 물이 나아가서 못을 이루고 있다. 못의 좌우에는 석창포(石菖蒲)[294]가 덮여 있어 이름을 창포담(菖蒲潭)이라 한다. 거의 네다섯 번을 돌아가면 다시 긴 못 하나가 나오는데 모습이 큰 구유통과 같고, 옆에 있는 늙은 나무는 돌 위에 서려 있으며, 물결 따라 흔들리고 있으니 이름을 유주담(流珠潭)이라고 한다. 여기에서 가는 동안에는 여러 번 못과 폭포를 보게 되니 거울로 비출 만도 하고 씻을 만도 하다. 가장 뒤에 있는 큰 못물은 길이가 오십 보쯤 되고 너비는 그 절반쯤 된다. 빛깔이 푸르고 깨끗하며 동쪽으로는 높은 여울물을 받고 있는데 북처럼 생긴 돌이 여울물을 누르고 있다. 북쪽으로 솟아 있는 돌 하나는 산짐승이 물을 마시려고 못 안으로 바로 고개를 숙이고 있는 것 같으니 이를 금벽담(金碧潭)이라 한다. 바위를 돌면 길이 끊어지

---

293) 이 부분은 김창흡(金昌翕)의 「石泉谷記」를 많이 참고한 것으로 보인다.

294) 석창포(石菖蒲): 창포과에 딸린 늘 푸른 여러해살이 풀. 흔히 물가에 남. 잎은 칼 모양이며 뭉쳐서 나고, 여름철에 황록색의 잔 꽃이 막대 모양으로 꽃줄기 끝에 핀다. 뿌리줄기는 한방에서 청량 건위약(健胃藥)으로 쓰며, 한 치에 아홉 마디가 있는 것을 특히 양품(良品)으로 친다. 구충제로도 쓴다.

고, 기울어진 돌 하나가 접해 있다. 나무를 가로 질러 놓아 보태어 놓은 것을 통현교(通玄橋)라 한다. 북쪽으로 조금 가면 큰 돌이 있는데 펀펀하면서 맑게 흐르는 물을 굽어보고, 봉우리의 형세가 빙 둘러 있으며, 기이한 꽃들은 사이사이 섞여 있어 무성하고 어지럽고 또 기이한 향내가 있으니, 미화석(迷花石)이라고 한다.

북쪽으로 수십 길이나 절벽처럼 서 있는 큰 돌이 바라보이는데, 돌 틈에 있는 천 그루나 되는 나무는 기세를 믿고 다투어 올라가는 것 같고 공중에 깃들인 것처럼 보이는 것을 구첩병(九疊屛)이라 한다. 구첩병이 다 끝나고 남쪽으로 꺾어서 돌 비탈길을 여러 차례 돌면 폭포가 나오는데, 돌 위에서 펼쳐져 구불구불하게 끌어 나간다. 소나무 바람은 잔잔하게 불고 흐르는 물거품이 흩날리니 이를 소운폭(素雲瀑)이라 한다. 소운폭(素雲瀑)에서 올라가면 석천사(石泉寺)에 도착하게 된다. 절의 좌측에 있는 골짜기의 남쪽을 소회곡(小檜谷)이라고 하고 북쪽을 대회곡(大檜谷)이라 한다. 대회곡에서부터는 거친 잡목과 등 넝쿨이 가려서 마치 앞길이 없는 것 같다가 갑자기 폭포가 나오는데, 여기를 하수렴(下水簾)이라 하고 그 옆에 서 있는 돌을 문암(門菴)이라 한다. 또 그 위에 있는 두 개의 얕은 못물은 맑고 깨끗해서 얼른 달려가 즐겨도 좋을 만하니, 상수렴(上水簾)이라 한다. 절 안의 매우 차가운 석천을 감로천(甘露泉)이라 일컫는다. 절의 남쪽에는 봉우리의 등마루가 남향하여 날아 내려가는데, 그곳에 올라 멀리 바라볼 수 있는 곳을 자운대(紫雲臺)라고 하니, 모두 삼연 김창흡 선생이 이름을 붙인 것이다. 그 산은 대개 명성(鳴城)이라 일컬으며 고려 때에 쌓은 성첩이 남아 있다고 한다.

청평산
淸平山

청평산(淸平山)[295]은 춘천에 있다. 고려 이자현(李資玄)이 숨어 살던 곳으로 이자현은 진락(眞樂, 이자현의 시호)이라고도 부른다. 퇴계 이선생이 일찍이 시를 지어서, "삼한의 은일전을 누가 지어 전하려나. 조그마한 흠 때문에 흰 옥을 물리치지 말라."[296] 라고 했으니, 대개 이자현은 비록 재물의 이익을 구한다는 비난을 불러일으키기는 했으나, 그 세상을 피해서 훨훨 노니려는 풍모는 우뚝해서 숨길 수가 없다.

〈청평산〉

295) 이 부분은 박장원(朴長遠)의 「遊淸平山記」를 참고하여 작성한 것으로 보인다.

296) 이황(李滉)의 「過淸平山, 有感」에 "峽束江盤棧道傾, 忽逢雲外出溪淸. 至今人說廬山社, 是處君爲谷口耕. 白月滿空餘素抱, 晴嵐無跡遣浮榮. 東韓隱逸誰修傳, 莫指微疵屛白珩." 이라 나온다. 성해응이 인용한 시와는 글자의 출입이 있다.

지나가다 떨어진 사다리를 세워 골짜기로 들어가면 구송대(九松臺)가 나온다. 구송대 아래에는 돌이 희고 물이 깨끗하며 두 개의 폭포가 있다. 다시 용담(龍潭)과 안담(鞍潭)을 만나고 영지(影池)에 이르면 물이 매우 맑고 푸르며 작은 돌 네 개 정도가 그 가운데에 나란히 서 있는데, 산중턱에 있는 견성암(見性菴)이 그 속에 비쳤으므로 영지(影池)라고 이름을 붙였다.[297] 붉은 나무 네댓 그루가 아름드리로 못을 두르고 있으니, 고려 승려 나옹(懶翁)이 심은 것이라고 이른다. 청평사는 본래 경운산(慶雲山) 보현원(普賢院)이었는데 이자현이 청평사로 이름을 고쳤다. 절 앞 서쪽에 있는 비는 송(宋)나라 건염(建炎) 4년에 김부식[298]이 이자현의 사적을 기록하고, 승려 탄연(坦然)이 글씨를 썼다. 그 동쪽에 있는 비는 원(元)나라 태정황후(泰定皇后)가 태자를 위하여 여기에 불경을 보관하고 복을 기도했는데 (이러한 사실을) 이제현(李齊賢)이 글을 짓고, 이암(李嵒)[299]이 글씨를 썼다.

절의 남쪽 골짜기 안에 있는 세향원(細香院)은 김시습(金時習)이 살던 곳이었으나 지금은 폐허가 됐다. 절 서쪽으로 수백 보 지점의 시내에는 매끄러운 반석이 있는데, 맑게 흐르는 물이 그 위를 띠처럼 비추고 있다. 부용봉(芙蓉峯)과 경운봉(慶雲峯)을 우러러 보면 매우 기이하다. 시내에서 오른편으로 돌아 6~7리를 가서 선동(仙洞)에 들어가면 조그마한 암자가 있으며, 암자의 뒤에

297) 김상헌의 「清平錄」에 비슷한 내용이 나온다.
298) 김상헌의 「청풍록」에는 김부철(金富轍)로 되어 있다.
299) 이암(李嵒, 1297~1364): 고려 시대의 문신・서화가. 자는 고운(古雲). 호는 행촌(杏村). 찬성사, 좌정승, 수문하시중(守門下侍中)을 지냈다. 글씨에 뛰어나 동국(東國)의 조자앙(趙子昻)으로 불리었으며, 그림으로는 묵죽(墨竹)에 능하였다.

〈청평사〉

있는 석벽 위에는 청평식암(淸平息菴)이라는 커다란 넉 자가 새겨져 있는데 어떤 이는 이자현의 필적이라고 이른다.

옛날 지(誌)에는 식암은 둥글기가 따오기의 알과 같아서 다만 두 무릎을 도사리고 그 안에 묵묵히 앉아서 몇 달 동안을 나오지 않았다고 하니 바로 이곳이다[300]. 지금의 작은 암자는 바로 뒷사람들이 지은 것으로 매우 멀리 떨어져 있다. 암자의 뒤에는 푸른 절벽이 깎아지른 듯 서 있으며 그 위가 송단(松壇)이다.

300)『新增東國輿地勝覽』 권46 춘천조(春川條)에 나온다.

관북의 산수를 기록하다
記關北山水

칠보산[301]
七寶山

칠보산은 명천(明川)[302]의 동쪽으로 60리 지점에 있다. 문암(門巖)에서 15리를 가면 금장사(金藏寺)가 깊은 계곡 가운데에 있고 개심사(開心寺)[303]가 맑은 시내 위에 있다. 여기를 지나 하마대(下馬臺)에 오르면 그 북쪽에 뾰족하게 높아서 조각한 것과 같은 봉우리가 만사봉(萬獅峯)[304]이고, 동쪽으로 봉우리가 천 길이나 깎아지른 듯한 것은 천불봉(千佛峯)[305], 봉우리 아래 절벽

---

301) 칠보산(七寶山): 함경북도 명천군(明川郡) 남쪽에 있는 산. 해발 고도 906m. 함북팔경(咸北八景)의 하나로 내칠보와 동쪽의 외칠보로 나뉘며, 기암괴석의 수려한 산세가 유명하고 용신굴·금강굴·사자굴·지옥굴 등 동굴과 소(沼)·폭포 등이 절경을 이룬다. 북서쪽에 있는 개심사(開心寺)는 고려 시대에 창건된 절로서 관북 사찰의 본산이다. 북쪽 어랑단(漁郎端)에서 무수단(舞水端)에 이르는 수백 미터의 절벽은 해칠보(海七寶)의 장관이다.

302) 명천(明川): 함경북도에 남동부에 위치.

303) 개심사(開心寺): 함경북도 명천군 보촌리에 있는 조선 시대의 사찰. 북한의 국보 문화유물 제120호로 지정되어 있다. 기암괴석과 수려한 산세 등으로 함경의 금강이라 불리는 칠보산의 개심대에 자리잡고 있다. 개심사는 현존하는 사찰 가운데 함경북도 최대의 사찰로, 관북 지방의 총본산으로 알려져 있다.

304) 만사봉(萬獅峯): 함경북도 칠보산 내칠보 오봉의 하나. 사자가 웅크리고 앉은 것처럼 보인다.

305) 천불봉(千佛峯): 함경북도 칠보산 내칠보 오봉의 하나. 해발 659m. 마치 절벽 위에 천개의 부처를 조각해 놓은 것처럼 보인다. 지난날 중들은 천명의 부처가 내려와 모여 이루어진 것이라고도 하였다.

〈칠보산〉

사이에 박산(博山)[306]처럼 높은 바위 하나가 향로봉(香爐峯)이다. 또 그 아래 하나의 봉우리가 앞을 가리고 있는 모양이 꼭 높은 평상을 굽어보고 있는 듯한 것이 탁자봉이다. 그 아래 조그마한 봉우리 하나는 가파르면서 뾰족하고, 돌의 모양이 종고(鍾鼓)와 같다. 그 아래는 굴이 있고 소나무 아래에 나한이 벌려 앉은 것과 같은 것이 종각봉(鍾閣峯)이며, 그 동쪽으로 봉우리가 빙 둘러 늘어서 있는 것은 나한봉(羅漢峯)[307]이다.

또 그 아래 여러 봉우리 중 위는 높고 아래가 넓은 것은 노적봉(露積峯)이고, 머리는 높고 꼬리가 큰 동쪽 봉우리는 우산봉(雨傘峯), 그 옆에 높게 서 있는 바위는 교의봉(交椅峯), 그 위에

306) 박산(博山): 중국 전설(傳說)에 나오는 산. 바다 가운데에 있으며 신선이 산다고 함.
307) 나한봉(羅漢峯): 함경북도 칠보산 내칠보 오봉의 하나. 지난날 중들이 이 봉우리가 작은 부처처럼 보인다 하여 석가의 제자인 나한의 이름을 붙인 것이다.

〈노적봉〉

동쪽 가까이 있으며 위는 높고 아래가 넓어 장막을 펼친 것과 같은 봉우리는 차일봉(遮日峯)이다. 또 하나의 산등성이 옆에 구불구불 굽어서 누워 있는 소와 같은 것은 판대봉(板臺峯)이다. 차일봉에서 동쪽으로 궁전처럼 우뚝한 바위는 사암(寺巖)이고, 약간 북쪽으로는 하나의 봉우리가 비스듬히 길다. 뚝 떨어져 있는 봉우리가 매우 뾰족한 것이 돛대와 키의 모습과 같은 것은 주암(舟巖)이다. 남쪽에 있는 큰 돌은 모서리가 네모반듯하여 서책과 같아서 책암(册巖)이고, 다시 그 북쪽의 바위는 높게 깎아지른 듯하고 위로는 작은 바위 하나를 이고 있는 모양이 꼭 병풍과 같아서 관음봉(觀音峯)이다.

하마대에서 해망대(海望臺)에 이르러 산중의 암석과 뾰족한 산봉우리들을 둘러보면, 그 모습이 만 개 천 개나 되고 산 밖으로는 바다 빛이 끝이 없으니 곧 슬해(瑟海)이다. 해망대에서 금강굴에 이르면 그 봉우리의 바위너설이 구름 밖으로 우뚝 솟아 빙 둘러 있는 것이 괴이하고 기이하며 장엄하다.

굴 옆에는 작은 바위가 깎아지른 듯 서 있고, 위에 있는 옥섬여와 같은 한 개의 자갈돌은 연적봉(硯滴峯)이며, 굴의 서남쪽으로 돌의 형세가 높이 솟아 절벽처럼 서 있는 것을 회상대(會象臺)라고 하니, 곧 금호(錦湖) 임형수(林亨秀)[308]가 올라가서 이름을 붙인 것이다.

그 위로 올라가 동쪽으로 바라보면 바위 하나가 높직하고 위에는 세 개의 돌이 우뚝하게 서 있는데 이것을 삼부도봉(三浮屠峯)이라 하고, 봉우리의 북쪽에 가파르고 험준한 봉우리를 아리왕탑(阿里王塔)이라 한다. 그 동북쪽으로 5리쯤 가면 도솔암(兜率菴)이 있으니, 민간에 전해 내려오기를 일곱 개의 산이 나란히 솟아 있었기 때문에 산 이름을 칠보산(七寶山)이라 했는데 그 후에 여섯 개의 산은 바다에 가라앉고 이 산만이 남아 있다 한다. 산밭에는 조개껍질이 많고, 또 무[蘿菖]가 산에 가득하니 모두 종자 없이도 난다고 한다.

---

308) 임형수(林亨秀, 1504~1547): 자는 사수(士遂), 호는 금호(錦湖). 문장력이 뛰어나고 풍채가 아름다워 당시에 큰 인물로 일컬어졌으나 윤원형(尹元衡)의 모함으로 부제학(副提學)에서 제주목사로 밀려났었고, 나중에 파직되었다가 사사(賜死)되었다.

학 포
鶴 浦

학포[309]는 안변부(安邊府) 동쪽으로 60리 지점의 바닷가에 있다. 학포의 동북쪽에는 명사(鳴沙)가 수십 리 있는데 바람에 따라 무늬가 생겨서 어떤 것은 크고 어떤 것은 가늘며 찬란하기가 흰 비단과 같다. 학포의 동쪽에 사봉이 우뚝 솟아서 쌓인 눈과 같으니, 때때로 바람이 일면 날리는 모래가 흐르는 물과 같으나 봉우리의 높이는 전과 같다.

학포의 둘레는 20리 인데 거울처럼 평평하면서 둥글고, 사봉의 서쪽에는 소청봉(小靑峯)이 물을 굽어보고 있으며, 소나무와 전

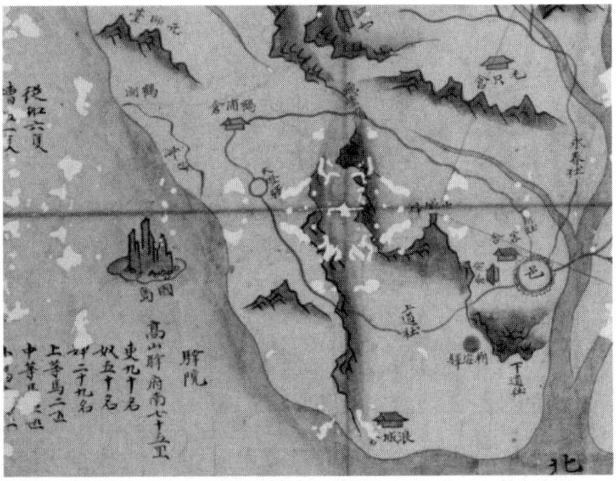

〈학포 지도〉

309) 이 부분은 남구만(南九萬)의 「北關十景圖記」를 참고로 작성한 것으로 보인다.

나무 그리고 덩굴이 뒤덮고 있으니 이것이 원수대(元帥臺)[310]이다. 포구의 복판에는 또 하나의 외딴 섬이 있는데 이름이 율도(栗島)[311]이다. 꼿꼿하게 홀로 서 있으며, 그림자는 물속에 잠겨 있는데 사방의 물이 얕아서 푸르고 영롱함이 채색 병풍을 둘러 친 것과 같다. 포구의 물이 바다와 통하는 어구가 매우 좁아서 가까스로 배 한 척이 들어갈 만하다.

310) 원수대(元帥臺): 강원도 통천군 군산리 동쪽에 있는 야산. 조선 시대 병마사들이 휴식처로 이용하였다 한다. 현재 그 터가 남아 있다.

311) 율도(栗島): 밤섬. 강원도 통천군 강동리의 동남쪽에 있는 섬. 밤나무가 자라고 있어 한자 표기로 율도(栗島)라고도 하고, 장구처럼 생겼다 하여 장고섬 또는 장구섬이라고도 한다.

국 도[312)]
國 島

학포313)의 사봉314) 동쪽에서 배를 타고 바다로 10리쯤 들어가야 비로소 섬에 정박할 수 있다. 섬의 삼면은 높고 한 면은 낮으며, 물가의 흰 모래는 마전한 것과 같고, 해당화는 짠 비단과 같

〈국도〉

312) 국도(國島): 북관 10경(北關十景)의 하나였다. 북관 10경은 학포(鶴浦)·국도(國島)·도안사(道安寺)·괘궁정(挂弓亭)·석왕사(釋王寺)·성진진(城津鎭)·칠보산(七寶山)·창렬사(彰烈祠)·용당(龍堂)·무이보(撫夷堡) 등이다. 국도는 강원도 통천군 군산리. 강원도 통천군 군산리의 북쪽 바다에 있는 섬. 왕대가 많이 자란다 하여 죽도라고 하다가 왜적들을 물리치는 싸움에서 이곳의 왕대를 이용하여 화살을 만들어 나라 방위에 큰 역할을 하였다 하여 국도라고 부르게 되었다. 섬의 여기저기에 우뚝 서 있는 총석들이 동해의 푸른 물결과 어울려 아름다운 경치를 뽐내고 있다. 국섬이라고도 한다. 이 부분은 남구만(南九萬)의 「北關十景圖記」를 참고로 작성한 것으로 보인다.

313) 학포(鶴浦): 강원도 통천군 화통리 소재지 서쪽에 있던 마을. 지난날 마을 앞에 있던 늪에 학이 많이 내렸다 하여 학포라 하였다. 현재 늪을 확장 개건하여 관개용 저수지로 만들었다.

314) 사봉(沙峯): 강원도 통천군 군산리 소재지 북쪽 백산에 있는 봉우리.

다. 다시 조금 올라가면 푸른 대나무 떨기가 그곳을 덮고 있다. 배를 옮겨 절벽을 돌아서 동쪽으로 가면 돌 낭떠러지가 묶어 놓은 것처럼 서 있는데 어떤 것은 몇 십 길이 되고, 어떤 것은 수십 길이 되며, 어떤 것은 백여 길이 됨직하다. 사면이 먹줄로 바로잡은 것 같다.

약간 남쪽의 작은 굴은 깊고 어두워서 (깊이를) 헤아릴 수가 없다. 배를 저어서 들어가려 해도 좁아서 갈 수 없고, 굴 위를 우러러보면 단사(丹砂)가 돌 틈으로 드러나 있어 손으로 잡을 만하였다. 굴에서 다시 남쪽으로 돌면 돌의 모습이 더욱 높고, 섬의 사방 모퉁이 돌은 모두 깎아 세운 것 같으며, 굴속 또한 그와 같다. 섬이 금강산과 가까워지므로 맑은 기운이 이와 같이 모이는 것이다.

부록

※ 『동국산수기』에는 보이지 않고, 『東國名山記』에만 실려 있는 글

임진강 적벽
臨津赤壁

〈임진적벽(정선의 그림)〉

임진나루는 장단부에서 남쪽으로 37리 떨어진 지점에 있다. 강을 굽어보고 있는 정자를 화석정(花石亭)이라 하니, 율곡 이이 선생이 사시던 옛 거처였다. 흐르는 강물이 정자를 등진 것이 기운 달과 같으며, 멀고 가까이 있는 여러 봉우리들이 기이하게 빼어나다. 동쪽의 것이 적벽인데, 적벽의 형세는 처음에는 높다가 몇 리를 가서 장포에 이르면 붉은 낭떠러지가 깎아지른 듯 서 있으니 수십 길이 될 만하였으며, 수백 보의 거리에 뻗쳐있는데, 단풍나무와 소나무가 언덕을 따라 있고 언덕 위에 있는 집들은 모두 강을 향하고 있어 깨끗하다.

금수산
錦繡山

금수산[315]은 평양부 북쪽으로 5리 지점에 있으며 평양의 진산이다. 평양은 수레와 배가 모이는 근거지다. 풍속이 화려하고 마을들이 즐비하게 있으니 산 정상에 오르면 다 볼 수가 있다. 그 정상은 바로 을밀대(乙密臺)인데 사허정(四虛亭)이라 일컫기도 하며 땅이 평평하고 시원스레 트여 있다.

그 아래 있는 모란봉(牧丹峯)은 만력 임진년에 이제독 여송이 왜적들을 쳐부순 곳이다. 앞으로 대동강을 굽어보고 있고, 강에

〈을밀대〉

315) 금수산(錦繡山): 평양시의 중부 대동강의 오른쪽 기슭에 있는 산. 평양시 중구역의 북부에서 모란봉 구역의 동부, 대성 구역의 남서부까지 길게 자리 잡고 있다. 가장 높은 곳은 최승대(最勝臺 95m)이며, 모란봉을 주봉으로 하고 있다. 비단실로 수놓은 것 같이 아름다운 산이라 하여 금수산이라 불렀다.

〈부벽루〉

는 능라도(綾羅島)가 있는데 그 둘레가 12리나 된다. 남쪽 방향으로 덕암(德巖)이 있는데, 덕암이 강에 기대어 용솟음치는 물을 막아 주는 것을 성 안에 사는 백성들이 고맙게 생각하여 이름을 붙였다고 한다.

연광정이 그 위에 치솟아 있고, 왼편 산기슭 아래에 있는 부벽루(浮碧樓) 또한 강에 기대어 있다. 아래에 있는 기린굴(麒麟窟)은 세속에서 동명왕이 말을 기르던 곳이라 일컫는다. 다시 남쪽으로 5리쯤 가면 땅의 기세가 널찍하니, 기자(箕子)가 실시했던 정전제(井田制)의 터가 있다.

성 안에 있는 숭인전(崇仁殿)에서는 기자(箕子)를 제사지내고 있다. 또 산에서 언덕이 하나 튀어 나와 구불구불하게 서쪽으로 간 곳에 기자묘가 있다. 이 산은 훌륭함과 웅장함이 없어서 백두산이나 금강산 같은 멋진 경치는 없다. 기자 이래로 천 년의 왕도가 되었기에 문명의 기운이 동방에서 으뜸이다.

계룡산
鷄龍山

계룡산은 진잠현(鎭岑縣)에서 서쪽으로 15리 떨어진 지점에 있으며, 웅장하면서도 깊고 울창하다. 『여지승람』에 이르기를, 우리 강헌대왕(이성계)이 처음 즉위할 때 계룡산 남쪽에 도읍을 이전하고자 하여 바로 공사에 착수했으나 갑자기 물길로 운반하는 길이 멀다고 해서 그만두었다. 도랑과 주춧돌, 섬돌은 아직도 남아 있다. 현(縣)은 곧 진현성이니 백제 때에 이곳을 근거지로 삼아 남쪽으로 신라를 막느라 어지러웠던 웅대한 진지였다. 당나라 유인궤(劉仁軌)가 밤에 성 아래에 붙어 있다가 풀을 휘어잡고 들어가 차지하고는 신라의 군량을 통하게 했다. 대개 추풍령의 고개 등마루에는 신라와 백제의 경계가 구부러져 있고, 바위가 험하며 견고해서 충분히 지킬 만한 곳이었다.

〈계룡산〉

변 산
邊 山

변산[316]은 부안의 관아에서 25리 떨어진 지점에 있으며, 다른 이름으로는 능가산(楞伽山)이라 하고 또 다른 이름으로는 영주산(瀛洲山)이라 한다. 산봉우리는 빙빙 둘러 가면서 백여 리를 에워싸고 있는데, 겹겹으로 높고 크며 바위와 골짜기가 깊고 깊어서 궁실과 배를 만드는 자재들은 고려 때부터 반드시 여기에 모였다. 민간에 전하기를 범이나 표범이 보면 피한다고 하니, 밤에 다니기에도 지장이 없다. 처사인 유형원(柳馨遠)이 일찍이 그 산 밑에 은거하였다.

〈변산〉

316) 변산(邊山): 높이는 508m이고, 최고봉은 의상봉이다. 예로부터 능가산, 영주산, 봉래산이라 불렸으며 호남의 5대 명산 중 하나로 꼽혀왔다.

내연산
內延山

내연산[317]은 청하현(淸河縣)에서 북쪽으로 10리쯤 되는 지점에 있다. 산의 입구에는 학산서원(鶴山書院)[318]이 있으니 회재 이언적에게 제사지내던 곳이다. 앞으로는 보경사(寶鏡寺)에 이르게 되는데, 대대로 서로 전하기를 한나라 명제(明帝)때 창건한 것

〈내연산〉

317) 내연산(內延山): 경상북도 포항시 송라면(松羅面)·죽장면(竹長面) 및 영덕군 남정면(南亭面) 경계에 있는 산. 높이는 710m이다. 원래 종남산(終南山)이라 불리다가, 신라 진성여왕(眞聖女王)이 이 산에서 견훤(甄萱)의 난을 피한 뒤에 내연산이라 개칭하였다. 1983년 10월 1일 군립공원으로 지정되었다.

318) 학산서원(鶴山書院): 경상북도 포항시 북구 송라면 중산리에 있는 서원. 1692년에 지방 유림의 공의로 이언적(李彦迪)의 학문과 덕행을 추모하기 위하여 창건하여 위패를 모셨다. 선현 배향과 지방 교육의 일익을 담당하여 오던 중, 대원군의 서원 철폐령으로 1868년에 훼철되었다가 그 뒤 복원하였다.

〈보경사〉

이라 하고, 대개 영남의 동쪽에 있는 큰 절이라 한다. 또 10리를 올라가면 용추가 있으니 돌 비탈길을 예닐곱 굽이 꺾으면 이를 수 있다.

폭포의 흐름이 매우 장엄하여 깊고도 어두워 가까이에서 볼 수가 없다. 남쪽에 있는 학소대(鶴巢臺)는 높이 솟구친 돌이 하늘에 닿을 듯한데, 사방이 깎아지른 것 같지만 위는 평평하다. 산 정상에는 대비암(大悲菴)이 있고 그 위에는 내원(內院)이 있다. 시내를 거슬러서 올라가면 용추 하나가 나오는데 물이 흐르는 형세는 아래 용추만 못하나, 아리따운 경치는 그보다 낫다.

돌문이 옆으로 열려 있는데 겨우 지름길로 통하면, 인가 수십 가호가 간수를 굽어보며 자리 잡고 있다. 촌락과 닭, 개가 꽉 차 있다. 이곳은 바로 내연산의 깊은 곳이다. 또 세 개의 흔들바위가 솟아 있는 것 또한 기이한 볼거리이다.

백두산
白頭山

백두산(白頭山)은 무산(茂山)의 경계에 있다. 일명 불함(不咸), 태백(太白), 도백(徒白), 개마(盖馬), 장백(長白), 가이민상견아린(歌爾民商堅阿隣), 백산(白山)이라 부른다. 무산(茂山)의 길에서 들어가면 두만강을 끼고 가는데, 구불구불 뱀처럼 굽은 길이다. 산양암(山羊巖)을 지나면 하박천(下朴川)과 통한다. 대로평(大蘆坪)과 오갈암(烏渴巖), 서대천(西大川)을 지나 삼산덕(三山德)에 오르면 평평한 땅이 장파(長坡)까지 이어져 있으니, 모든 산언덕이 높으면서도 위가 평평하여 북쪽 사람들이 덕이라 한다.[319] 남쪽으로 풍파(豊坡)를 지나면 홍단(紅湍)에 이르는데 여기가 두만

〈백두산〉

319) 이 부분은 홍세태(洪世泰)의 「白頭山記」를 많이 참고한 것으로 보인다.

강의 근원이다. 무산읍의 관아에서 백두산 정상까지 299리인데, 삼수에서부터 들어간다. 곧 허천구(虛川口)를 건너면 혜산진(惠山鎭)에 다다르고, 괘궁정(挂弓亭)에서 오시천(五時川)에 올라 백덕로(柏德路)를 취하면 검천(劍川)의 곤장우(昆長隅)에 다다른다. 강을 건너서 화피덕(樺皮德)을 따라가다가, 다시 강을 건너 소백산(小白山)을 지나면 산길이 매우 가파르다. 약간 서쪽으로 수백 보를 내려가면 산혈(山穴)에서 나오는 샘물이 있으니, 몇 십 보 안되어 큰 골짜기 안으로 그 샘물이 흘러 들어간다. 또 가다가 동쪽으로 야트막한 산등성이 하나를 넘으면 샘물 하나를 만나게 되는데, 서쪽으로 30~40보를 흐르다 갈라져서 두 줄기로 흘러 나가니, 그 하나는 서천과 합쳐지고 다른 하나는 동쪽으로 가늘게 흘러간다. 다시 동쪽으로 고개 하나를 넘으면 어떤 샘물이 동쪽으로 백여 보를 흐르고 있는데, 가운데 샘물이 갈라졌다가 동쪽으로 와서 만나니 이것이 압록강의 근원이다.

삼지(三池)는 허적령(虛頂嶺)을 지나서 5리를 가면 이를 수 있다. 삼지(三池)에서 백두천(白頭泉)을 향하면 23리이고 백두천에서 연지봉(臙脂峯)에 이르기까지는 27리, 연지봉에서 목극등비(穆克登碑)까지 18리가 되니, 목극등비에서 대택(大澤)까지는 8리가 된다. 왼편에 있는 못은 둥글고 오른편에 있는 못은 네모지고 가운데 있는 못은 넓으면서도 둥글어서 15리는 됨직하다. 섬들이 둥근 마름과 같고 나무들은 평상과 같으며, 물이 맑아 바닥이 보이고, 물속에는 노는 물고기를 셀 수 있을 정도며, 오리들은 사람을 보고 놀라지 않는다. 백두산이 서북쪽에 있고, 소백산은 동북쪽, 침봉(枕峯)과 허항(虛項)은 서남쪽, 보다(寶多)는 동남쪽에 있으니 진실로 아름다운 경지이다.

연지봉(臙脂峯)은 모양이 뾰족하고 색깔이 붉어 붙은 이름이다. 앵두나무 떨기가 그것을 덮어 붉은 것이지 흙과 돌의 색깔 때문만은 아니다.

포석동(泡石洞)은 백두천(白頭泉)에서 자그마한 산등성이 하나를 넘어 약간 서쪽으로 5리를 꺾어 가면 움푹 들어간 긴 계곡에 이르게 되는데 좌우가 모두 속돌[水泡石][320]이다. 심하게 비가 퍼부으면 나는 샘물이 여러 길로 쏟아져서 화살처럼 빨리 달려 곧장 내려가거나, 혹은 빙빙 돌아 소용돌이가 되기도 하고, 커다란 소리를 내기도 한다. 동북쪽으로 40리를 내려가다가 적암(赤巖)을 통과하면서 물줄기가 두만강(豆滿江)으로 들어간다. 천곡(泉谷)에서 15리쯤 떨어진 곳에 토암(土巖)이 9개가 있는데, 차례대로 이어져 나란히 솟아 있다. 가운데가 약간 굽어서 벌의 허리처럼 잘록하다 하여 녹함석(鹿鹹石)이다. 소금꽃[鹹華]이 위로 떠올라서 눈처럼 보이는데, 봄에서 여름 사이에 사슴들이 이것을 핥아 먹고 뿔을 자라게 한다.

큰 못은 신분(神湓)이라 불리는데, 높은 봉우리의 가운데 산기슭에 있으며 위로 올라갈수록 더욱 가파르다. 못에 이르면 고요한 물결로 가득 차 있고 한없이 맑아서 푸른빛이 파초 잎과 같다. 열두 봉우리가 (그 못을) 둘러싸고 있으며 속은 모두 깎아지른 듯한 절벽이다. (석벽에) 단황(丹黃)이 꽂혀 있어 고운 푸른빛이 찬

320) 속돌[水泡石]: 화산(火山)이 분출할 때 나온 용암이 갑자기 식어서 된 다공질(多孔質)의 가벼운 돌. 정원을 꾸미거나 물건을 가는데 쓰임.

란하고,[321] 위는 넓으나 아래는 약간 좁아진다. 동쪽에 있는 돌사자는 색깔은 누렇고 목을 늘여 서쪽을 바라보고 있으며, 크기가 집채만 하고 꼬리와 갈기는 진짜 움직일 것만 같다. 그 바깥쪽은 푸른빛이 날 정도로 희면서 혼연하게 하나의 큰 덩어리를 이루었으니 수포석이 엉겨서 만들어진 것이다. 깊이는 50길이나 되고 그 주위는 40리나 된다. 서북쪽은 마주선 두 봉우리가 입을 딱 벌리고 있는 것이 문처럼 생겼다. 못물이 넘쳐서 내려가면 흑룡강(黑龍江)의 수원이 된다. 산의 동쪽 서쪽 북쪽이 모두 천평(天坪)이다. 오직 삼수와 갑산만이 산세가 구불구불하다. 강계(江界)[322] 서쪽은 요동(遼東)과 심양(瀋陽)의 경계이다. 산들이 흐릿하며 아득한데, 서쪽 봉우리가 바로 그 백두산의 가장 높은 곳이니 속칭으로는 병사봉(瓶師峯)이라 하고 그 정상을 대각봉(大角峯)이라 한다.

소백산은 백두산의 지맥이다. 백두산의 지맥이 분수령(分水嶺)에 이르면 세 개의 둥근 봉우리가 된다. 건해방(서쪽에서 북으로 45도~60도 방향)에서 들어온 것이 소백산이 되고, 내 천[川]자 모양과 같은 것이 연원봉(烟遠峰)이 된다. 위쪽으로 첩첩이 포개져 여러 봉우리가 되고, 그 지맥이 뚝 떨어져서 침봉(枕峰)이 되며, 아래의 평지는 허적령(虛頂嶺)이 된다. 소백산의 동쪽으로 고개 하나를 올라가 백두산을 바라보면, 그 모습이 웅대해서 천 리가 하나의 푸른빛이다. 유독 그 정상만 흰 항아리를 높은 도마 위에 덮어 놓은 것과 같으니, 이름을 백두라고 한 것은 이 때문이다.

---

321) 이 부분은 서명응(徐命膺)의 「遊白頭山記」를 참고로 해서 작성한 것이다.
322) 강계(江界): 평안북도 강계군에 있는 면.

원문 모음

山水記序

余幼少而劬于鉛槧，長而縻于仕宦，未能放遊山水間. 八歲從先君子于仙槎任所，觀東海之日出，遊佛影寺・酒泉臺，及竹嶺・丹峽・堤川・原州. 十七歲從先君子于雲山任所. 得遊寧邊之妙香山・若藥山・東臺，安州之百祥樓，平壤之內外城，洞仙. 靑石之險阻，松嶽之故都. 卽歷路所縱目. 二十四歲登上舍，覲先君子于興海任所. 憑鳥嶺之關，臨洛東之江，遊永川之朝陽閣. 四十三歲遊西海上，觀永保亭，入安興島，且遊百濟故都. 四十四歲遊華陽洞，翌年遊丹陽・淸風，仍閱湖左山水而歸. 洞陰余外家也，金水・玉屛之勝，足屢及之. 又如鐵城之寶盖山・蓴潭，嘗所眺望者.

若幼少時所遊，茫茫然不能道其詳，壯時所遊，亦十遺其四五. 四十後所遊，雖森列在眼，久則又眊昏易忘. 辛未早秋，凉意初生. 意想搖落，輒復信筆追記舊遊. 泉石之趣，悠然生紙墨之間. 余婚嫁旣畢，便當以一笻一鞋，遨遊國中之勝區，以娛餘景，此書卽爲之兆也.

記湖中山水

皐蘭寺

寺在白馬江岸. 逼懸崖樹礎, 江光如練, 橫截野中而去. 俗傳百濟義慈時, 有蘭生石竇, 因建寺云. 其傍有落花巖, 高可數十丈, 臨江險絕. 史稱百濟國亡, 宮中諸姬北走大王浦巖石上墮江, 遂名曰落花巖. 巖石錯立, 名花間之. 百濟武王輒醉鼓瑟而歌, 從者和而舞. 一稱大王浦.

釣龍臺

臺在皐蘭寺北. 俗傳蘇定方至白江, 江濤惡不得渡, 或言江中龍拒之, 定方以白馬爲餌而釣之, 至今巖上有龍爪痕, 殆億說也.

臺在半月城之背, 險絕不可登. 定方破百濟兵於熊津江口. 追奔入其郭. 當從南路坦夷而進, 不應覔險絕, 反爲襲人計也.

半月城

百濟城三面, 西背江爲固. 其形如月之虧, 故名半月. 野史云 "義慈時有鬼入宮, 呼曰百濟亡, 旋入于地. 王掘得一龜. 背有文曰百濟同月輪, 新羅如月新. 巫解之曰月輪者, 滿之象也, 滿則虧, 月新則未滿, 未滿者將盈之象也. 王怒殺之. 或曰, '輪者盛也, 新者微也. 意者百濟盛而新羅微' 王乃悅" 夫半月而在西, 將盈也, 半月而在東, 將晦也. 百濟都在江之東, 將晦之月也, 豈能久乎.

史稱 "百濟都俱拔城, 亦曰固麻地, 其外更有五方, 中曰古沙城, 東曰得安城, 南曰久知下城, 西曰刀先城, 北曰熊津城" 並失其址, 獨知熊津爲公州. 俱拔城卽半月城之一名歟.

自溫臺

臺在白江之右. 相傳百濟王常宴樂于此. 每寒日侍臣取火溫之, 若石之自溫者, 王喜之, 名其臺曰自溫. 刻畫尙可覔也. 臺逼江崖, 唾之下江中. 後有淸風亭甚暢豁. 江流至此, 平遠窈窕. 直對半月城, 每朝暮煙樹羃野可觀.

大哉閣

沿自溫臺而上, 有羅浮山. 山下白江李文貞故居也, 設院享文貞及金愼齋先生. 文貞當孝廟時, 議北伐事. 上治兵甚急, 公上疏言不可. 上批曰, "日暮道遠, 至痛在心" 尤齋先生書之碑, 樹之江岸. 設閣而護之. 崖斗絕不可登. 白江之後居于此, 景宗辛壬之獄, 白江後孫李喜之株連被戮. 其母妻自投江. 距閣不遠.

眞峴城

眞峴城, 今湖中鎭岑縣也. 距公州七十里, 在雞龍山之麓, 隣懷德·魯城諸縣. 雖十室之殘, 當百濟盛時, 據此而南拒新羅, 干戈擾攘, 乃雄鎭也. 百濟王豊及福信據周留城, 劉仁願·劉仁軌時在熊津以距之, 知福信無備, 出擊之. 拔支羅城及尹城·大山·沙井等柵, 分兵守之.

大山今鴻山縣也. 支羅·尹城·沙井, 似是內浦一帶諸縣也. 福信等以眞峴城險要, 加兵守之. 仁軌引新羅兵夜傅城下. 攀艸而上. 比明入據其城, 遂通新羅之粮. 蓋秋風之嶺脊, 盤紆羅濟之界. 嵒嵁險固, 儘足守也.

昔百濟興首言羅兵不得過炭峴, 或指扶餘縣十四里炭峴以實之, 然兵臨十四里而安得以禦之. 且其坦夷不足據也. 炭峴在珍山郡, 卽亦秋風之麓而絕險難攻.

泗沘水

百濟始都慰禮. 今稷山縣也. 後移都南漢, 今廣州府也. 後移都北漢. 稱南平壤, 今楊州府也. 後移都熊津, 今公州牧也, 後移都泗沘, 國號南扶餘. 今扶餘縣也. 唐史稱百濟太子隆日扶餘隆, 是因國爲氏也. 泗沘水亦因國而名. 其源出於湖南之龍潭珠卒山, 茂朱德裕山, 合流于錦山郡始大. 經永同沃川淸州等地, 至公州名錦江. 又其下日熊津. 又其下曰白江. 泗沘則扶餘縣傍之水也. 新羅遣將金欽救劉仁軌等, 至古泗爲福信所敗. 古泗疑亦泗沘之支也.

看月島

看月島在瑞山海上, 神僧無學之所孕也. 海水由元山興嶺而至. 滙于島下. 島若浮萍. 每四月十九夜, 八月十六夜, 月上時, 其光横亘東西, 如虹橋之可躡. 其廣若匹練. 此看月之所由名也. 島上有小刹日白蓮, 陋不堪宿.

高麗鄭臣保中州浙江人. 仕宋爲刑部員外郎, 胡元混一天下, 臣保恥之, 浮海而東, 居島上. 後移于瑞山大寺洞邑南五里, 有望雲島城, 卽臣保所築. 瑞山之鄭, 皆臣保之後也. 彼許衡吳澄經術文學, 誠足稱也, 皆失身事元. 臣保流落海外, 獨能全節, 蓋箕子後一人也. 今失其址.[323]

余見許眉叟記月影臺, 臺在昌原府治西三十里合浦古壘. 當大海西畔隔海, 東望熊山. 每月旣望初昏, 海潮方滿. 登臺觀月影, 月出萆山成影. 月影在海中, 積九十七億三萬八千尺有奇而極. 月離山則影散.

夫何夜無月而島之月必以四月十九夜, 八月十六夜而横亘如橋. 臺之月必以每月旣望, 萆山成影者, 可異也. 月之躔度, 適當是歟.

---

323) 高麗鄭臣保中州浙江人~今失其址는『동국명산기』에는 빠져 있다.

安興鎭

由泰安郡而抵安興鎭, 鎭城據山頂, 山從白華之脉, 斗入海中. 島嶼錯落于前, 而安眠島橫其背, 松林瀰漫. 前有候望峯, 凌虛臺在其頂, 臨海斗絕不可登. 其東南通豁無際, 乃青徐界也. 城西有險嶩日關障項也. 附岸船路, 由凌虛臺之內則日內洋, 由凌虛臺之外日外洋. 洋內外之路, 會于關障項. 每潮盛而得過, 不然輒覆敗, 此安興鎭之所由設也.

安眠島

西海之觀, 無如安眠島. 島中幽靚多可居. 地宜松, 朝家禁其斫. 國有營造, 輒往取之. 由泰安而入至掘浦, 掘浦者, 國朝所掘也. 李土亭嘗愛此島谿洞, 留連屢日, 旣而曰後必有鑿此脉者. 泰安郡吏房景齡者果獻議觀察營而鑿之云.

島之脉, 由白華而蔓延于海中, 從其低處而决之, 以通漕路差捷. 然波濤相迫, 以險津稱. 由掘浦而登三峯, 峯崒拔臨海, 由三峯而至白沙汀, 沙聚而成嶺, 嶺上青松被之. 轉而觀八枝松, 松二株蒼鬱甚偉, 其一已朽. 鳳凰臺乃島之最勝也, 人家櫛比, 有京洛之風. 夕景尤奇. 島嶼互掩于前, 而中開一門, 暢豁可直通青齊. 紅暈漲海, 天水渺茫, 松翠堆積, 余至今不能忘也.

永保亭

亭在保寧界, 今水軍營也. 地可藏船. 其勝區稱寒山寺, 然寺亦無異觀. 松林夾兩嶺, 海水入其中, 至結城之南而止. 亭據其腰. 前阻嶺, 斜望滄海之色, 恨不能敞.

黃江

黃江據峽江之衝. 兩山甚狹, 綠江流其間. 雖未能寬豁, 然幽靚[324]蕭散, 儘峽景之最也. 權文純先生居之, 有先生書院, 其下多權氏之家. 山水軒乃諮議權公之室, 臨江縹緲. 聞之故老, 權公與止庵金公亮行, 永春南公肅寬結隣, 茅宇相對, 杖屨聯翩, 誠一時之盛也. 止庵後移居驪上, 南公沒後子孫不能振, 躬耕自給. 獨權氏後承得守舊業云. 權氏之宗, 多古蹟可玩.

丹陽邑村

丹陽邑村, 雖饒幽居之趣, 山氣陰森不宜居. 二樂樓鳳棲亭, 皆故時勝區. 多古蹟, 今多頹圮. 羽化橋在川傍, 川源出自醴泉. 縈廻樓下, 瀅澈可意.

下仙巖

下仙巖在郡南數十里. 巖石無奇觀, 峽中故多勝此者. 特川流有致故名. 古稱佛巖, 林公霽光改爲下仙.

中仙巖

中仙巖巖勢幽靚[325], 水奔流爲雙瀑. 上下石皆瑩潔如玉, 林木掩翳, 川上石整疊若陛級可坐. 余之遊當秋深蕭瑟, 又助幽趣.

---

324) 『동국명산기』에는 靚이 艶으로 되어 있다.
325) 『동국명산기』에는 靚이 艶으로 되어 있다.

上仙巖

由中仙巖踰一嶺，未數里爲上仙巖．大石盤陁溪上，可坐數十百人．稱遮日巖，絕壁峻削，水勢滙而稍濶．衆石由水中磊落嶔崎，亂潨激射．過巖不數十步，丹崖矗立，高可百丈，是謂擎天壁．

守一菴

菴在上仙巖之上．其上爲獨樂城古址，地極幽窈．中仙上仙二巖舊無名，遂菴始得上仙巖．谷雲金公壽增爲清風府使，聞而來遊，復得中仙巖．

遊仙臺

由下仙巖入郡中，行可十餘里，其間溪流四五折，深者過膝．至此素石平潭甚佳，奇壯不如上仙而雅潔過之，皎瑩不如中仙而平曠過之，是爲遊仙臺．

舍人巖

舍人巖，由郡後長林南行而至．臨溪特立，高數十丈．若以石青石綠朱砂珊瑚雄黃乳金之屬，層壘結成，調勻渲染，皺襞廉稜，如施繩墨．望之則神醉，近之則心怡，可敬可愛，不可名狀．樹花蓊蔚于其顚．由巖而下，川水渟湛瑩碧可丈餘曰玉流潭．潭上石磯平滑可坐，名四仙巖．由巖而渡，有亭曰開荒，今爲吳參判大益別業．

雲巖

由舍人巖東南未一里，得雲巖. 從外而視之，未知其奇，及至崖上俯視斗絕，淸流灣回，沙石平鋪，岸皆巖石. 東邊一巖特立，崛奇有紋，若雲之興，所以稱雲巖者歟. 境深邃，且膏沃可居，乃柳西崖舊址也.

長淮村

村在龜潭之側，沈氏居之. 退溪李先生記云"廣谷邃崦，可棲可耕，爲隱居盤桓之所" 卽此地.

丹陽雖以名區稱，可居者絕少，惟長淮村平曠宜稻秫，且據嶺路之阨，魚鹽可得以資，梨棗陰翳，雞犬相聞，洵異境也. 其傍有雪馬洞，泉石甚奇.

龜潭

自長淮灘而下，水勢甚怒，擊龜峯東崖，彎屈向北，滙于可隱峯下，勢旣殺，始折而西流，渟涵湛碧可三四里，洞門對峙，不見其外. 龜峯雄峙水南，丹碧照映. 其東峯曰吹笛峯最奇，其西峯曰離別峯，峭壁依若送人有情者. 水北之山，蟠鬱秀發，而最傑者曰可隱峯. 其頂有古城，麗末峽民避倭寇處也. 峯西邃谷，故處士丁愚潭時翰所居，今亦有數家村. 村西巖巒出沒，五峯聯綴者曰五老峯也，又西兩峯相次蒼勁，爲衆峰之冠. 若鳥騫而翔，氣蒸而鬱者，玄鶴綵雲峯也.

行至潭尾南崖，三四峯聳然離立. 色蒼白四面整削者，玉笋峯也，並退溪所名也. 江流至此平曠. 洞口石上刻丹邱洞門四字，亦退溪筆也. 潭之北岸，有石臺嶐然，平滑可坐，白沙縈鋪其前. 潭前諸勝紆映可望. 臺面刻降仙臺. 潭之南岸山崖陡出，林木蔚翳，名爲二皓臺.

島潭

由丹陽郡而北可十數里，有小渡[326]. 村人稱馬津，卽所謂上津也. 渡下津[327]，石壁峻巉，橫峙北岸，是爲棲鶴巖，濯纓子所名[328]，李蒼石埈嘗搆[329]亭者也. 渡江而北，行山谷中且十五里，村里平遠夷曠. 三峯露其頂似神，怪形，足駭初觀，漸近而益奇. 坐潭邊柳陰而望之，皆挺拔[330]峭直，中峯最高可數十丈，左右峯又稍低如鴈行. 上小舠溯而上，水北崖百丈蒼壁中拆，穹然作門. 空洞虛白. 形如偃虹者石門也. 又溯而上，至大巖之趾，折而西入，巖簷欲墮，潭光慘黑，疑有靈異之伏，不可久留，是爲隱舟巖. 沿而下至石門，由削岸而上，探一窟似釜似鼎似臼似棬[331]，紫蘚被石液，是謂仙人田. 然不似田區，仙人田者俗稱也.

風水穴

屛山之下，有風水二穴，秋冬息春夏噓. 穴口帖地腹以入，窿然若室者. 十餘步，小[332]竇北出，過是多奇怪，形益幽森可怖. 上下常有聲澎湃. 植炬而行得兩穴. 其西穴數十步，有深潭不可渡. 其東穴深入，穴稍開若堂，高四五尺，後有竇若牖，牖下若有竈形，稱古避兵處. 屛山大抵皆嵌空，土附之，上多黃楊及杏.

---

326) 『동국명산기』에는 渡가 渡津으로 되어 있다.
327) 『동국명산기』에는 下津이 下로 되어 있다.
328) 『동국명산기』에는 名이 居로 되어 있다.
329) 『동국명산기』에는 搆가 構로 되어 있다.
330) 『동국명산기』에는 拔이 扶로 되어 있다.
331) 『동국명산기』에는 棬이 捲으로 되어 있다.
332) 『동국명산기』에는 小가 少로 되어 있다.

寒碧樓

淸風府治背江而面鳳嶺. 衙舍及村家緣岸布列. 而錦屛山隔江而立. 轀藉秀麗. 橫遮江外之峭險. 樓當錦屛之正面, 此所以奇也. 灘聲常如風雨至, 農巖詩云"灘聲每夜雨, 山色一樓雲"者是也, 月從屛山而上, 影倒江中若玉浮屠然. 溯江而上, 可十許里, 有鶴巢巖, 巖石從水中起伏. 露背如龜龍.

桃花洞

桃花洞距府南可十里. 其傍凌江洞也. 捨江緣溪而入, 有卧瀑有澄潭, 幽窈靜僻, 村家蕭灑可喜. 中有吹笛臺, 高數仞. 左右石壁如疊成, 其上有路, 通白雲洞以屬龍湫.

漱玉亭

漱玉之瀑, 在鳥嶺之右. 澄潭數畝, 淨綠如鑑. 岸上有后溪趙公裕壽所樹亭子, 今廢爲荒田. 余嘗入延豊縣, 穿山路而往, 凍雪崢嶸, 氷瀑琤琮如琴筑. 飛沫纍纍如玉假山, 瑰[333]奇眩晃, 但恨洞府不能寬豁.

孤山亭

槐山山氣矗健. 然華陽之水, 貫峽而出, 爲之襟帶. 臨江而巖石多盤陀可坐. 孤山亭卽柳西坰別業也. 川自東來, 北折西轉, 又北流如彎弓. 小山陡起, 左右蒼壁奇峭, 其下綠潭頗深廣, 白沙映[334]帶, 境界開豁. 亭

---

333) 『동국명산기』에는 瑰가 亭으로 되어 있다.
334) 『동국명산기』에는 映이 暎으로 되어 있다.

右之壁刻朱天使之蕃筆隱屏二字. 北望金柏谷得臣之墟. 煙樹點綴. 昔李提督追倭至忠州, 時倭據鳥嶺不得過. 別將由槐山出清州之松面村屯尙州, 其路循此川之源也.

華陽洞

由菁川而入華陽, 第一曲曰擎天壁, 二曲曰雲影潭, 三曲曰泣弓巖, 四曲曰金沙潭, 五曲曰凌雲臺, 六曲曰瞻星臺, 七曲曰臥龍巖, 八曲曰鶴巢臺, 九曲曰巴串.

擎天壁, 以壁勢而名, 其勢也直. 雲影潭以水景而名, 其景也澄, 泣弓巖以事實而名, 其事也悲. 金沙潭以潭光而名, 其光也麗, 凌雲臺以山氣而名, 其氣也蔚, 瞻星臺以崖刻而名, 其刻也深. 臥龍巖以巖形而名, 其形也奇, 鶴巢臺以峯壑之趣而名, 其趣也幽, 巴串以水石之韻而名, 其韻也淸奇昭朗. 然華陽之名, 以皇廟而益彰, 過是者彷徨躑躅而不能去. 豈徒以一山一水哉.

仙遊洞

仙遊洞有內外. 其外在聞慶曦陽山之西二十里, 其內在巴串之上十里. 盤瀑淸爽, 峯壑幽窈. 溪右大巖成臺, 前對絕壁, 洞外李氏主之, 建數間亭子. 李氏卽東皐相國之後也. 洞中亂石羅列, 如龜伏如蟾蹲. 沿溪而下數百步, 又有高巖岋嶫, 衆巖戴之成門, 巖上有一線路可通. 川滙其底而成潭, 中多石磯可坐. 農巖品華陽諸勝, 以仙遊洞居葩谷之上. 然仙遊韞藉幽麗, 葩串雄渾奇絕, 要在所樂之如何, 恐難硬定高下也.

記上流江行

彈琴臺

彈琴臺, 橫峙于忠州邑治之北, 背大江而右㺚川. 地似彈琴故名. 新羅時于勒仙人彈琴處也. 國制祀瀆神于此, 謂之楊津溟所. 春秋降香祝, 有祠屋, 其下灘聲甚咽. 人言申巡邊據彈琴臺而敗, 然實僨於丹月驛, 而自投於彈琴之淵也. 西北望樓巖, 人戶櫛比, 有京都江上之風.

達川

達川卽槐江之下流, 甚淸澈可意. 爲嶺路之衝要, 昔騎牛子李行嘗水味曰, 如廬山水簾云.

可興

可興在薔薇山之麓. 峽江曲折多危灘. 山勢蔽虧而有倉據其顚. 初國家輸嶺湖之粟, 置[335]水站以運之, 今嶺粟多由南海漕, 湖粟多由西海漕. 獨忠州延豊槐山鎭川淸安陰城六邑之米, 由江路而漕, 倉底人多射利以爲生. 生活之饒, 與木溪並稱.

映竹

映竹在嘉興村西北二十里, 其下有危灘. 緣江蘆花亘三十里, 每秋初望之如雪.

---

335) 『동국명산기』에는 置가 寘로 되어 있다.

蓀谷

蓀谷在映竹之下原州境，故時詩人李達之所居也. 江光平遠多佳魚. 江上人捕之爲生活, 成氏多居之, 處士成某之後也. 處士有高致, 每春至氷解, 泛舟江上下百餘里, 以魚易酒飮之, 有張志和之風. 其子孫特漁父伍耳, 無甚奇也.

法泉

法泉與蓀谷不遠. 臨江岸而江光益浩渺，南望漆巖. 村居平穩，煙樹窈窕，洞益深而幽窈且豁，有溪澗之勝，村戶充溢，洵江上之勝區也.

興元倉

橫城衆谷之水，至原州爲蟾江，由北而橫流，滙于倉北之巖，巖勢千丈，水聲澒洞. 由倉而南望，大江奔流，環江岸而西，與蟾江會，江路濶遠，兩岸幾不辨人. 倉底多業舟楫致富厚者. 昔白沙李文忠，嘗不安於昏朝，欲退居于野，使鄭錦南擇地於上流. 錦南圖興元而歸，白沙欲居之，尋北竄而未果.

淸心樓

淸心樓在驪州邑治，故黃驪縣也. 牧隱李公屢遊樓上，有詩曰捍水功高馬巖石，浮天勢大龍門山. 由樓而東望，丹室在右，神勒在左，每晨暮鍾磬之音，渡江而來，亦勝區也. 大江砰訇而至，觸馬巖而折而西，布漫濶遠. 無是，邑治淪爲湖，盖巖上有神馬跡云. 西望龍門揷天，如雲霧之興，益知牧隱詩之妙也. 白巖梨湖諸村居，映帶上下，緣江樓臺，花柳掩翳，士大夫多聯居上流，江山無敵此者. 昔尤菴宋先生寓居李貞翼故第，上章乞休退. 嘗夜登淸心樓，望孝宗陵，有詩曰夜久月沉陵柏暗，不知何處跪陳辭. 後正宗大王駕幸驪上，驪上人士乞爲文正立祠，賜號大老.

仰德村

仰德村在楊根境. 臨江村落翳然可喜，乃梧里李文忠所嘗寓也. 文忠爲昏朝上疏勸其孝，爲凶徒所斥，竄洪川. 後放還居于此.

石湖亭

石湖亭恕菴申公靖夏所居也. 申公少有高致，好居江湖，每罷官卽居此亭. 臨江陡絕. 亭背高嶺甚危，東望大江，紆廻而滙于亭下. 其勢圓如上弦之月，白沙瀰漫盈矚，月夜尤奇.

記洞陰山水

白鷺洲

白鷺洲在永平縣南大路傍[336]. 抱川之水至萬歲橋, 與永平錦繡山南之水合, 而至此中分, 數十步而復合. 大石盤陁其間, 高數十丈, 凡三層, 層輒有楓松生, 四面皆澄潭. 故取李白詩二水中分白鷺洲之句名之.

今水道屢改, 二歧合爲一歧. 石上刻尤翁白洲龍洲鑑湖絕句, 洲西巖又刻白鷺洲三字, 東崖石壁亦奇峭.

三釜淵

三釜淵在永平北鐵原境龍華洞. 一稱三釜落. 貊北方言謂瀑爲落. 舊三淵先生所居也, 蒼巖可數十丈. 有三瀑注下, 最下瀑甚壯, 湛然澄澈, 可鑑絲髮. 山氣四合幽森. 縣人旱輒禱雨于此, 多驗云. 余嘗乘月而觀, 月臨瀑水, 光如匹練, 飛沫益眩. 時京山李公與洞陰令朴在先遊瀑下, 傳飮談詩, 遂入龍華村鄭氏家, 龍華亦峽居之勝也.

禾積淵

禾積淵之源, 發於青華山, 與花江之水合, 過鐵原爲七潭・八萬巖, 至永平北爲淵. 由西池店入可數里. 穿松林下一麓, 川橫其前, 色瀅如碧玉, 左右翠壁, 雜花交映[337], 川中石贔屭如龜伏, 一峯斗起如禾積, 此所以名也. 峯上有甘泉至淨, 傍有龍穴, 諺傳固不可信. 然石下窗窪無底, 色慘黑, 若神物之伏, 龍不見石, 縱橫穿過, 亦或有是也. 石上有祀壇,

---

336) 『동국명산기』에는 南大路傍이 南十里大路傍으로 되어 있다.
337) 『동국명산기』에는 映이 暎으로 되어 있다.

水旱用牲幣, 載中祀.

金水亭

由永平邑治而西, 南望林麓秀麗, 隱隱有異者, 金水亭也. 從野中行, 挾川而往入亭北石門. 門刻洞天石門, 石峯筆也. 臨川大石, 刻廻瀾石, 天使許國筆也. 亭扁金水亭, 蓬萊筆也. 亭傍古檜老松挺立. 既登亭而望, 川勢彎廻[338]而至, 圓如弓滿. 既抵亭北而復紆過亭下. 亭下峭壁數十丈, 色皎潔. 緣壁細路甚危, 然亦得通, 是謂白雲溪. 野勢平曠, 綠蕪無際. 縣門外林木葱[339]青窈窕. 故蓬萊別業, 歸于金氏, 世傳之, 白雲樓其室也. 前對小姑山, 姸妙如畫. 川光益瀅碧, 滙于山下, 復漫流而去, 白沙平鋪[340]. 水中奇巖盤陀[341]可坐曰瓊島. 沙上白石其形窪, 稱蓮花巖. 傍刻蓬萊詩, 又刻尊巖, 亦並蓬萊筆也. 蓬萊筆飄飄有仙氣, 於是乎稱也.

蒼玉屏

蒼玉屏在金水亭下可數里. 縣之鎭山曰鍾縣, 抽其東支, 至淸冷潭之口, 殺而爲崖. 潭在崖底, 底皆石. 其高者出沒潭面, 浮而類牀[342]者曰吐雲, 陷而類碓者曰窪樽.

潭水溢而北流, 西折爲灘曰鳴玉, 有削壁障其後, 可數千丈. 峒[343]隱李公常披鶴氅, 攀壁行如飛, 旣窮其頂, 吹鐵笛數弄, 久之不返云. 潭水從屏下行, 繞出屏後, 達于漣漳之水, 屏之俯潭爲臺者四, 曰白鶴曰靑鶴

338) 『동국명산기』에는 廻가 回로 되어 있다.
339) 『동국명산기』에는 葱이 蔥으로 되어 있다.
340) 『동국명산기』에는 鋪가 浦로 되어 있다.
341) 『동국명산기』에는 陀가 陁로 되어 있다.
342) 『동국명산기』에는 牀이 床으로 되어 있다.
343) 『동국명산기』에는 峒이 洞으로 되어 있다.

曰散襟曰水鏡. 宣廟謂朴思菴曰松筠節操, 水月精神, 尤翁書于散襟水鏡之間而刻之. 散襟之上曰拜鵑窩, 思菴舊居, 今爲書院. 潭之西院之左靑鶴之上曰二養亭, 思菴讀書之所. 而取伊川養德養體之語而名之.

山水記序

余嘗作山水記, 記所嘗遊者. 然常病東國江山狹隘, 有屈原遠遊之意而不能得. 則考五嶽之條枝, 窮四瀆之源流, 欲寄無窮之觀, 旣而自笑曰, 白頭之靈邃, 漢拏之奇怪, 智異之博厚, 金剛之瑰麗, 皆在域中而不能覩, 徒翹想於足跡所不可及之地者. 不已慕遠而遺近乎. 遂就東人所記山名水名之可資考据者, 與夫徑路遠近而詳之, 時時寓目, 以助蕭灑出塵之想. 東人文章, 短於記山水. 獨許眉叟記言爲善. 故多取之. 余方衰暮矣. 苟能策懶扶老, 出遊名山水, 又當以此搜怪探奇, 不至遺佚, 斯亦奇矣. 昔莊生有言, 大林邱山之善於人也. 亦神者不勝, 處卑狹而托湫陋者, 初無自然之神, 又可以語此哉.

京都之三淸洞・道峯・水落, 皆足跡之所過也. 光明俊偉, 令人可敬.

畿路之白雲・彌智・逍遙・晩翠・寶盖・天摩・天聖諸名山, 或覩或未覩, 皆以幽靚稱.

海西之慈秀・石潭・九月・白沙汀, 皆秀麗可樂, 而又多先賢之跡..

關西之名山稱妙香. 記余幼少時, 遊至獅子菴, 仰見法王峯甚奇壯, 老而猶不能忘. 佳殊窟僻甚, 恨余又不能遊也.

湖西之丹陽銑潭龍淵, 忠州之月巖, 扶餘之天政臺, 皆余掠過其傍而遺之也. 至如大治俗離, 有一遊之願而未能者也. 每一思至, 輒南望悠然云.

湖南之名山, 金骨・德裕・瑞石・月巖・天冠・達摩・漢拏, 皆奇偉可觀. 顧余未嘗及. 湖南地無以遊賞. 然每尋繹山經, 馳神運思, 殆孫興公所謂晝詠宵興. 俛仰之間, 若已升者也.

嶺南之伽倻・淸凉・小白・陶山・玉山・太白・錦山・智異, 多有名賢之跡, 卽所謂高山仰止者也. 凝思幽巖, 朗吟長川, 不徒遊賞之趣也.

關東之聖留窟, 余幼時所過. 甚詭異恢奇. 金剛距此纔數百餘里. 華陰・石泉・清平尤邇. 要當未耄而一遊. 五臺・雪嶽亦思速償宿債. 心目寥朗, 緩步從容, 其有時也.

關北之七寶・鶴浦・國島, 不意幽朔之氣, 乃蘊秀異如此, 赤城瀑布之想, 何日忘之.

仁王山

漢陽之山, 由覆鍾而來, 爲王都之鎭曰拱極, 穹嶐磅礴[344]. 其西曰弼雲峯, 峯西之洞曰仁王. 有靈泉出焉. 山東枝作三峯, 峯下有三淸殿, 故祭天之所, 中宗丁丑, 趙靜菴・金冲菴言諸侯不可祭天, 啓罷之.

天壇之石, 移築大報壇[345], 地爲司馬會榜所. 山東北之泉, 滙其前. 有巖削立曰屛巖, 刻三淸洞門四大字. 善書者金敬文筆也. 是爲靈壽之谷. 殿基下有穹巖, 巖下爲五柱菴之基. 盖靈壽道人之所結, 道人不知何許人.

由基而西, 有瀑焉曰龍瀑. 泝流西上曰西磵, 其西崖最高有懸流, 過一邱, 稍夷而松林深密.

蒼石交絡曰石林丘. 又東掩北入, 水激鏘然成小泓. 其傍巖刻玉沛洞. 又其右卽西小谷, 又前深入而出西磵之右, 有兄弟井, 味甚洌.

此皆谷中之可遊者也. 由殿基而左, 有谷曰雲藏谷, 谷南白蓮峯甚佳. 由雲藏菴遺址而至菴, 卽國初異僧慧澈者, 與雲壽道人同時住焉. 峯下曰東磵, 由東磵而上曰谷巖, 又上數百步, 盤石平鋪色黃白, 或平或仄.

水盤回交輸, 其東穹巖曰珉巖. 又其上得一高阜, 俗稱大寺遺址. 又珉巖東谷有山寺基. 又巖谷之東, 有東別澗, 盖谷以北, 純乎蒼石也, 以南純乎白沙也, 又其北曰坎巖. 巖之南曰鷹峯, 爲禁苑之背. 拱極西北之麓, 有武溪洞, 安平大君搆精舍[346], 及其死也, 以此爲罪.

---

344) 『동국명산기』에는 礴이 礡으로 되어 있다.
345) 『동국명산기』에는 "天壇之石, 移築大報壇"이 빠져 있다.
346) 『동국명산기』에는 安平大君搆精舍가 安平大君嘗搆精舍로 되어 있다.

三角山

三角山，即高麗時南平壤也．山中諸勝[347]，閔漬巖，懽喜嶺，山映樓，響玉灘最佳．白雲臺徑危難陟，露積峯亦危，登其絕頂，通望甚豁．

347) 『동국명산기』에는 山中諸勝 앞에 “元氣，蜿蟺磅礴，鎭王都之北”이란 부분이 들어가 있다．

記畿路山水

道峯

道峯卓立於東路[348]. 萬丈峯尤挺拔[349], 望月菴在其傍麓[350]. 書院在其西洞, 洞[351]有泉石之賞, 故劉希慶物也. 院享趙靜菴·宋尤菴[352], 枕流堂在院東. 泉聲益淸駛, 緣溪而上, 有昭曠亭, 峯東有曺溪瀑.

水落山

水落山在道峯之東, 山南北皆有泉石, 獨玉流洞金流洞甚奇. 其上有梅月堂金時習故居, 又有性殿德寺兩禪寮.

龍門山

龍門山峙于漢江之上流, 盖五臺之脉也. 其峯曰迦葉曰鷹峯曰白雲, 白雲最高絕, 臨江若削, 水月僧舍在絕頂之下.

白雲山

白雲山在永平東[353], 淸幽奇秀. 山中有寺, 亦曰白雲, 洞外有仙遊潭. 洞奧[354]有曺溪瀑, 又前有太平洞. 潭傍桃李坪, 故洞隱處士李公義健所

---

348) 『동국명산기』에는 東路가 楊州之南으로 되어 있다.
349) 『동국명산기』에는 挺拔이 挺拔特立으로 되어 있다.
350) 『동국명산기』에는 在其傍麓이 在於峯下로 되어 있다.
351) 『동국명산기』에는 洞이 自入洞口로 되어 있다.
352) 『동국명산기』에는 趙靜菴宋尤菴이 靜菴趙先生尤菴宋先生으로 되어 있다.
353) 『동국명산기』에는 永平東이 永平之東六十里로 되어 있다.
354) 『동국명산기』에는 洞奧가 洞之奧로 되어 있다.

居[355]. 桃李坪之下日農巖, 文簡金公[356]所自號也. 又有玩漪臺·打麥巖·明月磯, 緣溪峭壁, 皆文簡所名.[357]

彌智山

彌智山一稱龍門山. 在京城東百五十里, 其絕頂曰迦葉, 迦葉之北, 迷源小雪, 又其北古貊國也. 迦葉下日妙德日潤筆日竹杖之峯, 皆峭絕. 竹杖之南上元, 惠莊大王幸上元作道場. 又圖畫其事, 令太學士崔恒記之.

逍遙山

逍遙山在楊州治北四十里, 王方之西枝也. 洞壑峯巒皆石也. 谷有王宮遺墟二處, 山中人相傳永樂中, 端宗與世祖射獵所也. 墟南山石極高. 有白雲臺, 下有中白雲, 又下有下白雲. 有縣瀑, 傍瀑而梯上元曉臺, 過元曉臺有逍遙寺, 元曉新羅僧也.

瀑傍巖竇, 石泉涓涓者元曉井. 從中峯出東南, 可登義相臺[358], 義相亦新羅僧也. 其北有獅子菴.

晩翠臺

晩翠臺, 在嘉平縣西南雲霞川, 與楊州接境. 水從北來, 至臺下爲潭甚清. 世傳世宗射獵至此, 有御坐基. 有力士浪三牌者, 足大至一尺. 上愛之, 多賜土田, 仍塟其地墳甚大. 其南挂蘿峴, 有鄭北窓遺址.

---

355) 『동국명산기』에는 所居가 所居也로 되어 있다.

356) 『동국명산기』에는 金公이 金先生으로 되어 있다.

357) 『동국명산기』에는 又有玩漪臺打麥巖明月磯, 緣溪峭壁, 皆文簡所名이 緣溪而又有玩漪臺打麥巖明月磯等諸勝, 皆清流峭壁而文簡所名으로 되어 있다.

358) 相은 湘의 오자로 보인다.

寶蓋山

寶蓋山在畿服關東之界. 其上峯曰歡喜, 兩枝曰佛肩曰三峯曰攢翠巖, 界于後武夷之川. 東南之枝曰圓寂曰詔書峴曰五峯, 界于摩河川而石臺在, 歡喜之腰有寺. 又其下曰聖住菴, 又其下曰深源寺. 其東曰地藏菴, 其南曰南菴, 山勢特雄厚而無瑰奇之觀.

聖居山

聖居山在松京. 山從牛峯大屯山, 逶迤南下, 幾絕而復起, 爲是山之遮日巖. 俗傳古之五聖人止山上, 結草廬以居, 皆得道, 不知其名. 南雙蓮・西聖居・北雙蓮・南聖居・北聖居之菴是也. 五聖每日聚巖上, 國王爲張幄, 遮日者, 幄之俗稱也.

徑甚危, 登其頂, 通豁無際. 北聖居在法達峯下最幽妙. 前有須彌峯尖峭, 後二石窟, 上曰法達窟, 西域僧法達所住也, 下有弟子窟, 法達弟子所住也. 由巖西行二十里, 復聳爲仁達峯. 又東爲靈鷲山, 山下有玄化寺, 有周佇碑. 由寺東走五里, 踰廣巖嶺, 至花藏寺, 西域僧指空所創. 山名寶鳳, 九峯環列, 寺中有高麗恭愍王之圖像. 又貝葉經旃檀香, 皆珍異. 寺東有指空浮圖.

天磨山

天磨山之清凉峯最高, 靈鷲之枝也. 峯又分三枝, 一北走而聳曰普賢峯, 東下爲朴淵之西峯, 北下爲帝釋峯而止. 又一枝散峙于東南, 曰湧巖曰五龍曰寶鳳曰五冠. 又一枝西趨而秀曰圓寂. 又下四五里, 三峯並聳, 一差低曰天磨, 又西而錯列曰蘿月, 又南折有飛舞之勢, 蜿蜒十五里曰松岳.

天聖山

天聖山混然一山，朴淵之水界之. 東爲聖居，西爲天磨，山之奥有石潭. 溢而爲瀑，崖峭石險，瀑奇壯. 上淵幽下淵靚，諺傳有朴氏吹笛淵上，淵中龍牽以入，其妻亦投淵死. 上淵稱朴淵，下淵稱姑母潭. 高麗文宗嘗登潭心石上，龍撼之，李靈幹鞭其龍，淵水盡赤云.

巖竇有藏音窟，即我太祖潛邸時願刹. 有李牧隱記，窟前有白巖曰太宗臺. 又妓潭·馬潭·龜潭皆奇.

花潭

花潭在松嶽之北，古處士徐先生敬德所居也. 有院，院後有墓，古稱白花潭，泉石甚佳.

記海西山水

葱秀山

葱秀山在寶山館西十里. 與遼東之葱秀酷類. 故名之. 其東壁有泉滴滴, 石皆花班. 朱蘭堣之蕃横書玉溜川, 傍刻圖章. 又有玉乳靈泉四字, 傍刻長白劉鴻訓. 又有聽泉仙榻四字, 上有細磴, 水滴如雨. 又天使董越有賦.

石潭

高山九曲潭, 在海州, 栗谷先生所居也. 其一曲冠巖者始也, 且象其石也. 二曲曰花巖, 巖罅皆花如仙榴者也. 第三曲曰翠屏, 有蒼崖環之. 第四曲曰松崖, 有松石故名. 其下潭心有石如船, 故稱船巖. 第五曲曰隱屏, 隱者先生退休之義也. 有隱屏精舍, 後爲書院. 第六曲曰釣臺, 有磯可釣. 第七曲曰楓巖, 巖上楓被之. 第八曲曰琴灘, 灘聲泠然有節. 第九曲曰文山, 因山之舊名也.

九月山

九月山在文化之境. 由停轂寺至山城可二十里. 自山城十里可登四王峯, 卽九月之絕頂也. 有三瀑, 登其頂, 通望無礙. 東望松嶽, 西望浿江, 海中島嶼, 皆歷歷可指. 貝葉寺有檀君遺跡, 又有三聖殿.

白沙汀

白沙汀, 在長淵之阿郎浦. 浦上有金沙寺, 前有觀音峯, 皆圓而麗, 純乎沙也. 前對西海無際. 隨風成峯, 遷徙不常. 左有香爐毗盧, 今塡而平矣. 沙上多青草及海棠花, 又有勝仙峯.

記關西山水

佳殊窟

佳殊窟在祥原郡治北十五里. 由穴而入, 名曰獨存觀音窟, 始甚狹. 又數丈. 穴上通于山, 名天窻窟. 挾窟數百步復南下, 一穴曰觀音窟, 爇炬從之. 始狹中寬, 左右多奇石. 當中一石似人伏曰童子石. 又有石, 一如蓋而有綏, 一如蓋而無綏, 名磨天蓋. 過磨天蓋, 又左右有石, 名天王者二. 過天王石, 有大石曰須彌臺. 臺下有甘露泉, 又有二石塔, 下有水田區劃之形, 又有雙石, 水滴其上, 號曰雙龍臺. 由雙龍而西入一窟曰七寶窟. 石有瑠[359]璃瓔珞寶幢之屬, 又有佛形可千萬軀. 左挾臺出, 其西有三窟, 北曰龍舌, 西曰地陷, 南曰牛胦, 地陷最深. 其北小穴尤無底, 或云北通關北. 牛胦洞口敞豁, 仰視小穴甚窄. 見大藏臺, 臺甚峻, 龍舌以石形也. 舌端有泉滴滴.

妙香山

妙香山在寧邊北, 其枝蟠于淸北. 入至普賢寺前三峯, 曰探密曰宏覺曰卓旗. 又劒峯几峯甑峯, 以其狀名. 由安心而至上院, 攀鐵索登一危磴, 有臺曰引虎. 下壁削深窈皆石也. 望雙瀑甚奇, 又其前玄眞臺. 迤至上院之菴, 菴上有龍井菴, 菴東大石斗起曰獅子菴. 其背法王峯也. 由菴越一澗, 有白雲臺, 又登一嶺, 有天仙臺. 其上有上雲菴, 翠壁環之. 從其缺處望, 羣峯秀妙. 下有中獅子, 內賓鉢之菴. 菴後有窟, 中有冷泉, 世傳檀君居之. 又上一里有臺, 三面斗絕, 鐵壁可萬仞. 復登天窟, 踰一大嶺, 有梅窟, 僧名梅者居之, 最高而幽. 又其南有頭陀之菴, 菴下三瀑甚壯. 又東北至靈神菴, 高豁可眺. 其西香爐峯, 乃妙香最高處, 通豁無障. 其下有金剛窟, 懶翁所居也. 又其下內院菴也, 泉石淸奇, 有龍湫, 傍有國秦窟.

---

359) 『동국명산기』에는 瑠가 琉로 되어 있다.

記湖中山水

銑潭

銑潭在丹陽郡雲巖之東. 自雲巖沿[360]澗東數里, 兩壁墻立如塗丹粉. 又前而得銑潭, 石四圍而中凹似銑故名. 水自石上作環佩聲, 至銑口爲瀑, 石錯列潭上者磷磷粲粲, 奇怪萬變. 其中一石寬平, 可坐數十人.

龍潭

龍潭在小白山之趾. 去郡治三十里. 緣水而有盤石三級, 第一級可百尺, 第二級高倍之, 第三級僅二級之半. 每級水成潭如甕, 青蒼無底. 潭左右鐵壁墻立, 梯而上, 盤石截流而入于山. 卽橋內山也, 橋而入故名. 山中空曠可居, 或云自豊基境有線路可通.

大冶山

大冶山在▣▣華陽之主也. 洞口有普德菴, 過菴而陟毗盧峯, 岌嶪難登. 折而南, 壁拆作門, 可望俗離.

屛川

屛川在聞慶, 距華陽四十里. 洞皆皎然石也. 如葩谷下有龍湫.

360) 『동국명산기』에는 沿이 沿으로 되어 있다.

俗離山

俗離在報恩縣境. 緣新川洞而入, 蒼松夾道. 至大寺門外, 有銅檣可百仞, 刻正統廿四年造. 福泉寺創于世祖朝, 極精巧[361], 有信眉繡袈裟, 亦世祖所賜. 又有賜信眉御札及諸王子募緣文. 信眉卽金乖崖守溫弟也. 乖崖亦有記.

其東臺甚高. 其東北諸峯曰天王曰毗盧, 毗盧尤奇. 臺頂有雙塔, 福泉出寺後壁味冽. 復踰一嶺, 爲中獅子菴, 甚高敞, 又西爲大藏菴, 菴在觀音峯下. 大藏中獅之間, 有曰文莊臺, 臺有三級, 縛木爲梯而後始登. 其中臺有甘露泉, 下有石門, 路出五十洞. 寺西龍華殿, 殿西溪畔有石槽石甕, 皆世祖所捨.

其背卽水晶峯, 峯純乎石也. 有石名曰龜巖, 取其形也. 寺西大巖臨溪, 呀然有竇. 入其中, 溪水淸冷. 山自福泉以東謂之內山. 大寺以上謂之外山. 內山多石而少土, 外山多土而少石. 內山之傑曰毗盧天王, 爲內外山之祖曰文莊也.

天政臺

天政臺在扶餘白馬江西. 其上有僧舍曰虎巖. 巖有虎迹, 其西卽臺也. 斷崖可千尺. 百濟時將拜左平, 大臣書當選者名置[362]巖上, 君臣具袍笏, 列伏北岸沙渚, 以俟須臾, 取閱之. 有印迹者拜之云. 其下有自溫臺.

月嶽

月巖在忠州東, 有瀑自水門出, 門有梁欐之形. 山絕險, 白江李公議

---

361) 『동국명산기』에는 極精巧가 制極精巧로 되어 있다.
362) 『동국명산기』에는 置가 寘로 되어 있다.

築城未果.

義林池

義林池在堤川縣, 渾涵百頃. 缺其傍, 注爲瀑. 是多蘋藻蓴魚之羹. 其傍有于勒彈琴之址.

記湖南山水

金骨山

金骨山在珍島郡治西二十里, 中岳甚峻, 四面皆石, 望之甚皎潔. 有三窟日西窟・上窟・東窟, 上窟最危. 仄崖絕壁, 不可以仞, 由西窟而僅至.

德裕山

德裕山在■■. 其最高者日黃峯日佛影峯日香積峯, 香積尤高. 入山渡溪者三. 有香積菴, 南有石井澄碧, 西有香林櫛立, 峯之名以此. 菴背卽上峯也, 峯頂石有壇形, 又有鐵馬鐵牛, 東有池. 峯南有戒祖窟, 北有七佛峯, 蓋鳥嶺之支也. 西迤爲臺峯, 又西迤爲池峯, 又西迤爲白巖峯, 又西迤爲佛影峯, 又西迤爲黃峯. 由白巖北轉爲香積峯, 其西北之麓, 洞壑甚奇.

瑞石山

瑞石山在■■■入洞水聲鏘然. 漸前有寺, 寺傍有翠柏樓. 樓西有舍人巖, 石骨揷雲. 由中嶺而至冷泉亭, 泉在石間甚佳.

又前至立石菴, 十六峯環列之, 皆四削磨瑩, 如施繩墨. 自菴東路夷至念佛菴. 菴東積甃彌望, 號爲指空礫.

其中嵌空下無底. 人誤墮樵斧, 聲鏗然久而始絕. 山中以礫名者二, 在證覺寺東北日德山礫, 山當久雨多蟲蛇, 獨此礫無之. 上峯之最高者三, 東日天王, 中日毗盧, 西日般若. 般若與毗盧相對甚邇. 般若之西頗夷曠, 峯勢陡絕. 有叢石櫛立, 高可百尺, 所謂瑞石者此也. 峯下有三日菴月臺, 有立石甚奇. 菴東金塔. 又其東隱跡. 金塔之西石門, 又其東南錦石, 皆禪寮也. 大慈寺廢址在金塔下, 古井澄澈. 苔暈不翳.

路傍石室稱小隱窟. 由錦石繞山麓而東, 爲圭峯, 其一名紫巖. 西有廣石臺, 石面如削者日三尊, 石臺西有石門, 入其中有文殊菴, 菴東石泉石菖蒲斜生. 臺西北從石磴至慈月菴, 菴東有風穴臺, 菴西立石如屛, 卽藏秋臺也. 其南曰隱身臺, 臺西石方整, 人言道詵所居. 其北日靑鶴法華諸臺. 穿巖穴摩腹背而後至. 臺南曰送下臺, 自此東循山谷, 趨靈神洞, 細路如線而村落翳然.

金鎖洞

金鎖洞在海南縣南三十里, 大屯山之枝也. 北繞水晶洞而西爲上峯, 石勢似摩蒼穹. 又降而西過成鳳山, 又折而東過聞簫洞, 爲金鎖洞, 幽窈高峻, 石門石臺俱奇. 其西北有玉女洞, 其東有屛瀑.

月出山

月出山在靈巖山. 山有道岬, 新羅僧道詵所居. 有佛珠·袈裟·蒲團·鐵鶴之屬, 又有龍巖寺, 寺有九層浮屠. 九井峯其頂也. 四隅皆峻崖, 獨西崖下, 小穴徑僅尺許. 入其中, 匍匐蛇行而出. 又絕崖其徑僅容一足, 過此始通豁, 俯臨大海. 有九龍井, 過雲霧, 峯有巨石如鍾, 一人搖之則有情, 十人搖之亦不過, 邑名靈巖者以此. 山石如此者三, 一在道岬下, 一在龍巖下, 少年臺上, 雲霧之後, 觀天星峯, 尤神秀. 下有九折瀑布, 水積爲潭者七, 上有七池精舍. 九井南有雙石峯. 其高者日靑靑臺, 其南佛頂峯, 其下白雲社. 九井之陰元曉臺, 有甘泉, 龍巖下有三石車, 日雲車在少年臺東, 日馬車在雲車北, 日鹿車在最下, 皆異蹟也.

其東北別峯日孤山, 下有孤山寺, 南對九井峯. 月巖之陰, 蓀草盛茂芬馥, 氷雪上皆靑. 海上諸山多有之, 或云蘭也. 道岬下立石刻國長生, 其下皇山, 又立石刻皇長生, 山人傳云道銑爲之. 其他鳩林西湖石浦, 皆立石, 刻某年某月埋香, 其年月字漫滅不可見.

天冠山

天冠山在長興府治南四十里. 其北岬有天冠寺, 又日支提山, 支提者, 塔廟之名也. 絕頂下有塔山寺, 側有廢刹, 謂之義相菴也. 其背日九龍峯, 凡水旱輒祀之. 西有通靈臺, 其東嶺上有神井. 塔山前日佛影峯, 峯上時有紫氣, 或聞鍾鼓聲.

金剛窟・般若臺・神浦石峯, 皆山中之奧也. 峯有三石圩, 日蒲泉, 產九節蒲. 其東嶺有神井, 從其東麓鍾峯, 下窺金水窟, 窟有泉, 金氣浮滿. 石大藏在塔山之上, 峯疊石, 石皆有方函形. 有文皆梵字. 其側峯日石帆, 又其側日石幢, 幢下有石舟, 石舟上有凝石. 北岬東[363]. 有九精社, 毗盧峯在九龍峯後, 其側差卑者爲石𥗼舍那. 大藏之北石文殊, 又其北石普賢, 又其北最下有九精峯, 香罏峯在石毗盧, 又其下石神象, 石地藏在九龍西通靈臺側.

達摩山

達摩山在朗州之屬縣松陽. 北接頭輪, 三面際海, 皎然石也. 其上嶺之東, 臨峻壁有彌陁穴, 前有層臺. 自穴南行, 復得高巖, 有小方池, 與海通, 其味鹹. 有兜率菴, 菴北有窟, 新羅義照和尙所棲. 其西有美黃寺通敎寺, 北有文殊菴觀音窟, 皆爽塏窈窕. 又有水精窟, 水精出焉. 元時有華人泊于山東, 問居民日吾聞東國有達摩山, 卽此耶, 日是也, 遂圖寫而歸.

漢挐山

漢挐山在濟州南二十里. 由山麓行四十里, 有尊者菴, 望千佛峯過修

---

363) 원문은 棠으로 되어 있으나, 허목의 글에는 東으로 되어 있다. 여기서는 東을 취한다.

行窟，窟可容數十人．又過七星臺及禪菴而至其絕頂，値春秋分，天地開霽，見老人星．東西轉裁尋丈，頂上陷下如釜．有兩潭，淺處沒脛，深處沒膝，名白鹿，旱輒祈雨．上峯南轉至頭陁寺，一名雙溪，洞壑幽邃，臺前溪水淸冷．嶺上南麓凹而陷，石峯四繞爲城郭狀．峯腰有小竅，通南海，號穴望峯．夫漢拏者，以雲漢可拏引也，一云頭無岳，以峯峯皆平也．一云豆毛岳，以山形連絡而峯頂皆有池，似貯水器也．一云圓山，以山形穹窿而圓也，雄據數百里，五月積雪猶在，八月已襲裘．山無惡獸，惟豬鹿千百爲羣．又其南枝斗入海，是爲山房．樵者嘗入焉，見石窪腐水積中，有物如凝涕，明日往，凝益厚．水自外涸，久而水母也蠐螬也四體分也，頭足形而蠢也，耳目漸開而似人也．已而成女子矣，取而歸乳之，呱呱然啼也．長而堉[364]，生二子，年九十餘．

智異山

智異山一名頭流．雄據嶺湖南二路之交．其東晉州・丹城，其南昆陽・河東・薩川・赤良・花開・岳陽，其西南原・求禮・光陽，其北咸陽・山陰．

峯之最高者，東曰天王，西曰般若，相距百餘里，常有雲氣蔽之．自天王稍下，而西有香積寺，又西五十里許，有迦葉臺．臺南有靈神祠．西下有洞，虛曠平衍而沃，宜黍稻．南下沿溪有義神・新興・雙溪．東踰一嶺，有佛日菴．自天王東有小窟，臨大海，號巖法主窟．水自香積前，至薩川，與法戒之水合而入召南津．薩川以內謂之內山，以外謂之外山．

天王之頂，有聖母祠．聖母乃石像而塗粉墨[365]．俗稱釋迦之母摩耶夫人，李承休帝王韻記云高麗太祖威肅王妃也．曰嚴川曰花巖曰歡喜臺

364) 『동국명산기』에는 堉가 婚으로 되어 있다.
365) 『동국명산기』에는 墨이 黑으로 되어 있다.

曰獨女巖曰議論臺曰九巃曰永郎岾曰少年臺曰螄踰嶺曰船巖曰中峯者, 天王之徑也. 由是而可上, 曰唱佛臺曰坐高臺曰直旨. 又獅子峯, 曰靈神菴曰毗盧峯曰義神寺, 亦天王之徑也.

由是而可下坐高臺之下, 有法堂. 儲蒙山之幀. 有贊云 "頭陁第一, 是爲抖擻. 外已遠塵, 內已離垢. 得道居先, 入滅於後. 雪衣雞山, 千秋不朽." 傍印淸之, 乃安平大君之筆也. 東砌下靈溪, 西砌下有玉泉, 味甘洌.

蓋天王之谷, 氷雪經夏不消. 六月始霜, 八月氷合, 冬初雪甚, 林壑皆平, 居山者秋而入, 明年春乃下. 山下或大雷雨, 山上淸明無點雲. 山趾多柹栗, 稍上皆槐. 槐盡又松檜半枯死, 靑白相錯, 最上只躑躅, 木不滿尺.

雙溪寺之洞有石門, 蒼崖闢可丈餘. 右題雙溪, 左題石門. 畫大如鹿脛, 崔孤雲筆也. 西溪神凝擬神洞之水, 東溪佛日靑鶴洞之水, 寺在兩崖間故名. 寺門有孤雲碑. 前有樓曰八詠, 又有讀書臺, 今圮矣.

般若峯之北, 有昏黑月落之洞, 其北中鳳山, 又其北金鳳山. 峯西有方丈山, 山頭有萬福臺. 臺東有妙峯菴, 菴北有普門菴, 一名黃嶺菴. 峯南有姑母堂, 堂南有牛翻臺, 牛翻禪師道場也. 峯東有仙人臺, 臺卽雙溪也. 由坐高臺至賓鉢, 行三十里, 抵義神菴. 又穿竹柹林中, 涉三大川, 登內堂岾, 南下草莽中, 行三十里, 抵七佛寺. 寺本名雲浣, 新羅眞平王時, 沙飡金茶永之子玉寶高者彈琴處也. 玉寶號稱仙人. 又過靑窟, 泝[366] 一川, 復越一大岾, 到伐草幕, 由是而上三十里, 可登般若峯.

神興洞, 由雙溪寺, 出石門, 抵武陵溪, 而入其洞. 洞寬敞, 白石離列, 淸湍激瀉. 洞口立石, 刻三神洞. 川上橫獨木杠曰紅流橋, 由是出華開洞.

靑鶴洞, 由雙溪石門, 過玉簫東壑, 皆深水大石, 人跡不通. 從雙溪北崖, 隨山曲而上, 攀傅[367]巖壁, 至佛日臺前石壁上, 南向立, 乃俯臨之. 石洞嶄巖. 其西南石峯, 舊有鶴巢, 山中人相傳鶴玄翅丹頂紫脛, 日色下

---

366) 『동국명산기』에는 泝가 沂로 되어 있다.
367) 원문은 傅으로 되어 있으나, 傳의 오자로 보인다.

見, 翅羽皆靑. 朝上于杳冥, 夕歸于巢, 今不至者幾百年云. 故峯日靑鶴峯, 洞日靑鶴洞. 南對香爐峯, 東爲三石峯, 其東壑皆層石奇巖. 臺上刻玩瀑臺.

記嶺南山水

伽倻山

伽倻山在陜川，一名牛頭一名伽倻一名飛鳳，又號象骨．遠而望之，特虵然一堆．山頭有石如苞筍，名爲遠暮臺．從山下北望，見上頭三峯隱現．又有峯如卓筆拄空者曰捨身臺．至洞口，渡小溪，穿林數百步，得小寺曰下見菴．

佛殿後有大圓巒，積土成高，松卉葱蒨．澗流琤然，磨巒底殿脚而過．循澗百餘步，有積石湛碧名藍淵．從亂磴而上，連岡絡繹橫鎖，忽有悍瀑對峙．

懸瀑十餘丈奔瀉者曰飛流洞，又東峯如覆盂曰甑巖．又西望有石突起，如怪雲起立六七丈者名元曉臺，又少行西北，有小菴曰古見菴．降生院負大石臺．前有小阜名曰盤龜，仰見上峯，全身石也，総名七星峯．而絕頂曰義相臺，綿竹簌簌被之．山內外青紫黃白，雜錯成文．

紅流洞，卽山之洞口也．曰七星臺曰武陵橋，皆洞之下流也．洞傍巖面大書紅流洞，世傳崔文昌筆．又二里許，有峯曰吹笛峯，有巖曰泚筆巖．水中盤石，刻有光風瀨・霽月潭・宛在巖・噴玉瀑・落花潭・吟風瀨，皆文昌所遊處也．吟風・泚筆，皆姜希孟筆．又刻狂奔疊石吼重巒，人語難分咫尺間．常恐是非聲到耳，故敎流水盡籠山二十八字，文昌詩而尤翁書也．所謂疊石臺，形如壘麴[368]．自紅流行六七里，至一拄門．一名紅霞，海印寺門也．寺卽釋希郎所創．希郎或云穿胸國人，唐貞元中浮海東來者也．寺左有學士臺，亦文昌所盤桓也．天將李如松施一笠，後火于窮玄堂．又普眼堂，藏八萬大藏經．

---

368)『동국명산기』에는 麴이 麯으로 되어 있다.

淸凉山

淸凉山，在安東治北九十五里才山縣，太白東南枝也．周愼齋世鵬名之曰峯，外峯之長曰丈人，擬泰山之丈岳也．其西曰仙鶴，東曰紫鸞，其內峯之宗名曰紫霄，蒼巖千尺，秀出空外．東峯名擎日，取賓旭之義也．

南峯曰祝融，有倣於衡山，由紫霄，西行未五十步而最穎者名卓筆．由卓筆西行未十步而突立者名硯滴，硯滴之西有峯擢出如芙蓉者名蓮花，卽蓮臺寺之西峯，僧家所謂義相峯者也．蓮花之前有峯絶類香爐者，名曰香爐．金塔峯在擎日之下，卓立峯在擎日之外．合內外之峯凡十二．仙鶴之下，有蓮臺寺，寺傍有義相窟，路絶不可攀．自蓮臺東隅，攀石壁上眞佛．其上元曉．從東普賢迴而西，直由巖隙數百仞，窺元曉井，又直從巖間，登滿月，其西臺最奇絶．祝融與絶頂相對，視他峯，獨鬱然，積翠巃嵸．

陰崖産石蓮，五月白花始秀．其北麓與外丈人相對．金塔石峯壁立三層．有洞竇巖房，望之蒼蒼，最在衆峯之中．從北崖翳[369]石開徑，上有般若臺，其側泉出石窟極淸冽．

其南十許步曰瑤草臺，又其南有致遠菴，又其南有極一菴．從北隅迴而東入，巖穴數仞．上曰孤雲窟，炎夏生凉，故或云風穴臺．又其南少下有安仲菴，前階石壁上曰彩霞臺，又其東少下曰靈山殿．

從石壁上，轉而東數十步曰上淸凉，又其東少下曰下淸凉，或曰本淸凉．識其最久云．又轉而少北曰擎日菴，度一壑，又北逾擎日西麓，當石絶橫木爲橋．過此有金生窟，上有瀑布落窟前石上．從窟北，至穹林，盤石上曰驂鸞臺，其側有上下大乘．又小北文殊，石壁有瀑布．其西普賢之西巖曰喚仙臺，衆峯環立皆巖石．

上下蘭若十六，每煙霞始收，望之縹緲．洛川之水，發源於黃池，南流至丈人峯下，迴流過谷口，多嵁喦白礫，湍瀨溘溘．

---

369) 허목(許穆)의 「淸凉山記」에는 翳가 鑿으로 되어 있다. 여기서는 鑿으로 새긴다.

至祝融峯西，兩峯壁立，相對爲門曰孤山，水至此益漫，其外平蕪白沙．折而西流，五里至丹砂，又西流三屈折而至陶山尙德祠下爲濯纓潭，或云地誌及國史云崔致遠遊淸凉寺，卽陜川伽倻山之月留峯下也．若此山雖載地誌，未有及於孤雲金生者，後人欲尊是山而引之也．

陶山

陶山，靈芝之東枝也．或云以山之再成而命之曰陶山也，或云山中舊有陶竈故名之．山之左曰東翠屛，右曰西翠屛，兩屛相望，南迤八九里而復合勢於南野莽蒼之外．水在山後曰退溪，在山南曰洛川．

川西趍于山趾，淸瑩紺寒，卽濯纓潭，山南小洞，前臨江郊，幽敻遼廓．文純李先生居之，扁以陶山書屋．其東楹曰巖棲軒，其中楹曰玩樂齋，又有隴雲精舍，曰時習曰止宿曰觀瀾．皆齋寮及軒名．

其門曰幽貞，其洞曰谷口巖，自此東轉數步，山麓斗斷，正控濯纓潭．潭上大石削立，其上有臺曰天淵，西麓之臺曰天光雲影，皆先生所名．

盤陁石在潭中，可以繫舟，潦漲則沒，潦捲則見．後建先生書院，宣[370]賜陶山書院院額，卽韓石峯上前奉敎書者也．書屋有先生所服杖席硯壺及儀器之屬．

小白山

小白山，在榮川豊基之間．緣竹溪而上十餘里，洞府幽邃．渡安平橋，得白雲臺，淸流激湍，迤爲渟泓，周愼齋世鵬所名也．由胎峯之西，越一澗而前，有哲菴石崙寺，哲菴最蕭灑．淸泉出菴後巖石間，味極甘冽．石崙之北，巖石甚奇，如大鳥昂頭欲擧，故舊名鳳頭巖．其西有石特立，梯

370)『동국명산기』에는 宣이 빠져 있다.

而後可登日光風臺, 亦愼齋所名.

由此, 路益峻, 極力躋攀而至絕頂. 又循山脊而東數里, 得石廩峯, 又東數里得紫蓋峯. 又其東數里得國望峯, 國望最高. 天晴日皦, 可望王城. 山上氣甚寒, 烈風不止, 木皆東偃, 枝幹矮禿. 三峯之間, 躑躅花甚盛. 由峯而進, 有霽月臺, 地勢孤絕, 神慄鬼惕. 又由石嵓寺可登歡喜峯, 峯西林壑尤美. 經數十百步, 得石城故址, 其西石峯峭聳, 可坐數十人.

文純先生名其臺曰紫霞, 呼其城曰赤城. 臺北兩峯, 皎潔對峙, 先生名其東曰白鶴, 其西曰白蓮. 自是又穿深林, 下瞰而得雲泉, 巖壑之最勝者. 卽上伽陁也, 其西北金剛, 華巖二臺.

四佛山

四佛山在尙州. 東連竹嶺, 南挹華藏, 或曰功德山. 有石方一丈許, 四面刻四方佛, 安於別峯. 新羅眞平王遊焉, 乃創寺其側, 號曰大乘.

山之坤維, 有寺名白蓮. 庭左右有米麪井, 又有義相說法臺, 椶笠錫杖在焉. 門外五十步許, 有一石高三尺, 相傳禁虎石. 其下有泉, 瀉出巖縫, 又盤石可坐, 是名冷泉亭, 亭下橋曰神淸. 白蓮社在江南, 功德山在江東. 故呼東白蓮而別之.

玉山

玉山, 在慶州之安康縣, 晦齋李先生居之. 入洞有水泓渟曰下龍湫. 又緣溪行數十步到院門. 少西有盤石可坐數百人曰洗心臺, 退溪先生筆也, 刻在石間. 有小瀑, 落臺下爲澄潭, 潭上亦刻退溪所書龍湫字. 又北行數十步, 卽獨樂堂, 先生燕居之所. 堂北有溪亭, 亭下有觀魚臺, 石色尤瀅膩. 與詠歸臺相對, 又北行數十步卽淨慧寺, 相傳元順帝時所創. 塔前佛畫奇妙可觀, 實先生讀書處.

氷山

氷山, 在聞韶南四十七里. 山積石磊磈, 多竅穴, 若霤若扉若圭戶若竈若房, 殆不可數. 立春寒氣始生, 立夏氷始凝, 至夏至之極, 氷益壯氣益寒. 雖大暑地凍, 草木不生, 立秋氷始消, 立冬寒氣盡, 至冬至之極, 竅穴皆虛. 故山謂之氷山, 溪謂之氷溪.

太白山

太白山, 盤據東嗞新羅之界, 其南支[371]順興界有浮石寺, 其東北三陟界饒松木, 其北支爲永春境, 湖西四郡所始奇也.

山之最高者, 曰天衣曰上帶曰壯山[372]曰含朴. 含朴者俗稱牧丹也. 其水曰黃池曰孔淵曰五十川. 上帶最高, 風氣甚冽, 草木不生. 壯山純土於北, 純石於南, 有寶産焉. 牧丹峯絢爛刻雕如花姸妙. 黃池在一山之中, 平野十里而池滙焉. 廣纔半畝, 形如匏穿穴, 中寬而外縮, 地動三丈者周池, 非冬月無敢履而近者, 泉色如漆而冽如氷. 苟有動其水者. 風怪一歲, 人不得寧, 泛濫于南. 瀉于孔淵, 孔淵下有石壁立十餘丈, 蒼碧巉削, 間以赭色. 中開巨穴如城門, 水滚滚湧出, 爲洛東之源. 山出紫檀, 桑實三寸, 誌言東海三寸椹此也. 五十川, 從虞甫而下, 注三陟之海.

錦山

錦山, 在南海縣, 臨海上. 其絕頂謂之蓮帶峯, 上築圓臺以候望. 而臺西石面大刻由虹門上錦山, 周愼齋所遊而吳顯男所書.

緣山轉數曲, 有菩提菴. 菴後有金水窟, 窟中泉水色如金箔, 吹之則

371) 『동국명산기』에는 "奉化界有史閣"이 빠져 있는데, 여기서는 『동국명산기』를 따른다.
372) 『동국명산기』에는 壯山이 莊山으로 되어 있다.

去, 旋又平鋪. 北望智異, 東南指對馬, 西南指耽羅. 有石立海中. 中開大穴, 谺𥨖如城門曰世尊島. 截崗行里許, 得九井峯, 峯頂若窪釜者八九而無湧泉. 石勢漸高, 不可俯視. 由石門而北, 見三峯羅列, 神秀晶瑩, 曰日月臺曰華嚴臺曰大藏峯. 普齊[373]菴在峯下, 下數十步有小石塔, 敲之鏗然作聲. 下臨不測, 名曰塔臺.

又西有悍石特立, 若鎖斷海色而忽開. 東西二穴, 曰虹蜺門. 塔臺下有二石窟, 高者曰卧龍, 下者曰音聲窟. 石中空洞, 敲之又鏗然作聲. 錦山高不過十餘里, 而通望無際. 石之奇變在數里, 回復東西, 斯爲奇矣. 崖冬月雀舌茶花盛開.

373) 『동국명산기』에는 齊가 濟로 되어 있다.

記關東山水

金剛山

金剛山在東海上, 其名有六. 日皆骨日楓嶽日涅槃日枳怛日金剛日衆香, 皆骨言其石白也, 楓嶽言其産也. 涅槃・枳怛・金剛・衆香者, 皆禪家語也.

斷髮嶺, 爲內山之門, 金剛之全面, 於是乎可見. 皓潔偉麗, 玉雪如也. 舊傳新羅王子登此而望之, 遂斷髮爲僧故名, 南秋江云高麗太祖登此, 望見毗盧峯而禮之, 斷髮挂樹枝, 示欲入沙門故名.

毗盧峯, 內外山之宗也. 高峻難登, 峯頂通望無礙. 蓋其形隆以圓. 其色白, 望之若霰. 大明中貴人鄭同嘗奉使入楓嶽, 及其歸也, 刻千佛於燕中之洪光寺, 以象毗盧.

長安寺, 入山而始得之. 寺下溪, 卽萬瀑之下流也. 亂石槎牙, 奔川迸瀉. 寺宏麗, 其大雄寶殿四大字, 李白軒云義昌君筆, 鄭守夢云韓石峯筆也. 寺前有大虹橋跨川上, 渡橋至山影樓. 後大水壞橋與樓. 寺中有銀絲鐵香罏三枚, 書至正號, 元順帝所捨施也. 寺左數百步有極樂菴.

拜站, 寺之鎭也. 入山者登此必稽首故名. 元至正丁亥鑄大鐘, 閣而懸之.

百川洞, 由大虹橋緣溪而入, 左右峯壁峭立, 高百餘丈, 純乎石也. 行三四里得一潭, 潭上石廣, 可坐數十百人, 名玉鏡臺. 潭右大石刻玉鏡潭. 其東峯尤秀者名明鏡臺. 有石城, 新羅王子國亡後隱居之所也. 僧人誤稱地獄, 遊人改以極樂. 歷金沙窟, 有宮闕遺址. 又六七里至溫塔洞, 又前有靈源洞, 水益淸山益潔. 溪北有沃焦臺・拜石臺. 復迤下五六里, 折而北, 有顯佛菴地. 左有七星臺, 臺臨不測. 復從菴後, 踰數嶺, 繞而北, 攀削路至松蘿菴. 有井淸洌, 謂之甘露水.

表訓寺, 在萬瀑洞口, 諺稱新羅僧能仁・神林・表訓等創寺. 右石刻元人梁載所撰常住分糧記, 高麗侍中權漢功所書古碑. 又有元英宗及其太后施錢帛之文, 寺制壯麗, 與長安寺等.

萬瀑洞, 由表訓寺而左可十許步, 有石竇呀然, 名金剛門. 又有大巖刻萬瀑洞. 行一里, 廣巖刻楊蓬萊所書蓬萊楓嶽元化洞天八大字. 其上有石如盆, 刻文曰洗頭盆. 其傍鶴巢臺, 舊有鶴養子, 今無矣. 又前而有青龍潭白龍潭, 又上可一里黑龍潭, 又其上長而淺曰琵琶潭, 又其上深廣而瀑曰碧霞潭. 潭前白石平而有紋如錦曰采雲石. 又其大石如覆屋瀑落其上曰凝碧潭・噴雪潭. 又其上且百步曰眞珠潭・龜潭・船巖・火龍潭. 其北爲獅子石, 又其北則大小香爐. 前則青鶴臺, 南則五賢峯. 後望衆香城, 皆皚皚然石也, 石白無如龜潭, 深廣無如火龍, 瀑布無如凝碧, 而珠潭兼有諸勝. 而鳴韻潭其下流也, 一名鬱淵, 是爲新淵江之上流.

普德窟, 在凝碧潭之上. 石磴甚危. 縛一間屋于窟中, 出其半於外. 外豎[374]銅柱, 左右以承之, 凡十九節. 拘以鐵鎖, 人上則搖, 俯視之甚慄. 諺傳高麗僧普德所創. 中有小玉佛, 噴雪潭滙于其下.

衆香城, 毗盧之中枝也. 城皆刻鏤以爲雉. 色皎潔, 人不可凌. 日出爍爍有光, 層巖衆峯, 簇立重複. 下有萬灰菴, 淸幽孤絕, 過此登白雲臺.

望高臺, 由松蘿菴東山上, 攀側柏歷數嶺. 仰見白石削立, 不知其幾千丈. 往往鐵鎖垂下, 因緣以登, 出僧床鷹巖兩峯之間. 行十餘里而始至臺上, 峯之爲臺, 三角離立, 乃成一峯. 所歷諸峯並丘垤也, 獨眞見性峯當其北. 後有毗盧揷天, 峯西有萬景臺・白雲臺・衆香城.

香爐峯雙立天中, 羣峀削壁, 並矗雲外, 有石如拭, 潤淨礱滑, 周幾千尺.

摩訶衍菴, 華言大乘也. 在萬川之上, 乃一山之中也, 最幽深. 前臺有曇無竭石像. 麗僧懶翁嘗住此參拜之, 僧人不敢踐其地, 石築爲臺, 有異草, 又有大木, 號曰桂. 有淮陽趙倅者伐之爲棺材. 東歷般若菴, 稍東北有巨彬窟, 鐵壁擁簷, 淸流繞砌. 緣崖至佛知菴.

正陽寺, 在表訓寺之後, 放光臺之下. 壁上畫, 僧稱爲吳道子畫也. 天

---

374) 『동국명산기』에는 豎가 堅으로 되어 있다.

逸臺在寺東南，可見內山諸峯之全面. 稍東爲三藏菴，地勢淸幽. 北有開心臺，臺下有天德菴，歇惺樓，正其東樓也，所見與天逸同. 正陽乃金剛之正脉，歇惺又正陽之快閣也，又八角殿極奇麗.

無學臺，由佛池菴而東踰一嶺而至. 臺居峭峯之頂，臺下有無學菴. 由菴東下五六里，▣元菴幽窈，與內圓通相似. 前庭有蒼石如龜，有異香樹虬盤.

妙吉祥菴，歷萬灰菴又四里而至. 菴在溪東，水石淸曠. 南有峯四，北有石壁削立者一. 其西壁刻彌勒大像，是爲彌勒臺. 過此五里許，有懸瀑澄潭. 潭上石刻李許臺，蓋李命俊爲江陵府使，許啓爲高城郡守，同遊于此而名之.

須彌峯，在熊虎峯下. 其形孑然銳以高，類博山. 自此可抵永郎臺，霞氣自生，如聞笙簫聲甚縹緲. 蓋內山惟此菴與靈源禪菴最幽絕，人跡罕至. 從菴左望見淸川，由此可抵須彌塔.

穴望峯，在摩訶衍之南. 由菴前楹而望之，有穴如甕口，通見無礙. 多木蓮赤木冬靑側柏海松之屬.

開心臺，在正陽寺西北. 臺北土山甚高，與彌勒峯東西相對，名曰西水精峯. 峯後有水精菴，卽毗盧峯北水所注之洞也. 又由臺後而可抵斷髮嶺.

船巖在須彌臺之南，其下有石窟，僧徒結菴居之. 窟下有三級水簾.

眞佛菴，在熊虎峯之下，東有石如立佛故名，世祖朝願刹也. 自須彌峯右數三小石峯窺人，甚峭妙巧絕. 從菴左山麓，望須彌臺，半面甚奇. 其下有淸凉臺甚峭絕. 由此行四五里度二溪，西轉爲能仁菴. 菴南有小臺，前卽內圓通.

百塔洞，在天燈峯下. 蓋石窟之前，石勢層出如縫塔也. 自百塔屈曲而下爲地藏峯，其下有靈源菴，洞中之水合于白馬峯之水爲百川洞. 證明塔多寶塔皆在洞中，亦石形如塔. 沿[375]川三四里，旁有一塔. 形寄絕

375) 『동국명산기』에는 沿이 沿으로 되어 있다.

壁上，兩小金佛立石間.

白華菴，在鳴韻潭之上. 潭左蒼壁削立數十丈. 潭右崖懸棧危仄. 又渡溪行千餘步，至白華菴，處地寬敞，亦佳菴也. 前有二大石對立，一面畫五十三佛.

白雲臺，在摩訶衍東五里許. 有上白雲中白雲下白雲，其中臺最奇. 歷萬仄菴而至，其峻處挽鐵索而上. 岡脊甚狹，僅容人足，前後皆臨不測. 又幾十步而至中臺，可見金剛全面，不比正陽寺之從傍斜睨也. 又直北行五六里，有兜率菴，又東二里許有般若菴.

水岾卽外山高城界也. 由李許臺沿溪而上二十里而得之，鴈門峯之枝也. 南岾有上見性菴，菴前石臺高百丈. 東下一小嶺，有下見性菴，又東南而至楡岾寺. 又自李許臺可四里而東，有大藏菴洞，白石疊如積書帙. 胡僧不空曰此石中有大藏經云，因而名洞. 巖石皓白，川流淸曠.

隱仙臺一稱隱身. 由內水岾東南行可二十里，又捨楡岾大路，北折可五里，陟峻崖千餘步. 其上有巖穴起. 由東南攀緣而升，其頂稍平，長可數十步，卽隱仙臺也. 勢甚孤危，令人懍懍不自持. 東北望大石壁，磅礴[376]甚壯. 望十二瀑布，長可數十丈，短亦十丈. 其下爲大壑，是所謂聲聞百川洞. 壁上復平衍，海松森然，卽柏田寂滅兩菴舊地[377]. 臺東又暢豁無礙，蒼海接天.

楡岾寺地勢寬敞. 前臨大溪，舊稱山映樓跨其上，今但小溪流樓下，磁石多產于此. 俗傳此寺乃九龍之宅也. 淵上有一老楡. 新羅時五十三佛浮到海上. 高城守盧椿逐龍塡其湫，建寺以安之. 我世祖幸山中，命僧營之，遂爲巨刹. 後燬于火，僧聖俊應祥改建甚宏麗. 其法堂之扁能仁寶殿四大字. 大明給事中周祚所書，昏朝妃柳氏以百金求之施舍云. 堂傍有烏啄井，相傳此地無井泉，有羣烏集寺東北隅而啄地，靈泉涌出，故名烏啄. 寺東建堂，名曰大權，安椿大像.

---

376) 『동국명산기』에는 礴이 磚으로 되어 있다.
377) 『동국명산기』에는 地가 址로 되어 있다.

船潭在楡岾寺西北三里. 緣溪多有潭瀑之勝. 至船潭, 潭大如火龍潭, 石天成如槽. 水由槽而爲瀑. 又緣危崖上十餘步得雙瀑. 又上十步許, 西石上刻萬景洞. 由此可達萬景臺, 臺卽外山最高峯也. 東臨滄海, 其下南洞有上內院, 東有靈隱菴, 一名紫月.

九井峯, 由水岾過大藏菴, 北上峯頂, 有九石臼如井. 水常滿故名. 雄爽峭拔, 亞於毗盧. 其下爲歡喜嶺.

佛頂臺, 在萬景臺之南. 斷崖臨絕壑, 巖石斗起當崖間. 濶數步, 橫木以過. 巖上可坐數十人. 下臨不測, 長川喧豗其底. 東視海色澄明. 下數里得一窟名風穴. 左有鶴巢臺, 又下一里, 有五松臺, 回視蒼壁, 勝於佛頂. 自佛頂以下, 通稱朴撻串.

五松臺, 踰朴撻串, 幾盡下嶺而得之. 由此仰見, 石峯峭峻, 卽松林後峴. 路傍多白石澄潭, 少上數百步, 有松林菴, 前有石窟. 左窟小而水生其間, 右窟差大而中有佛像.

孝養峙, 不見於古. 意南秋江所稱小人串者是也. 在歡喜嶺之南十里, 山脊東西, 皆杳冥絕壑. 西有圓通串, 由圓通涉十二瀑川, 川西有成佛, 佛頂等菴.

歡喜嶺・有憇房・文殊村・尼遊巖・狗嶺・盧椿井・獐項等名. 諺傳釋氏像盛鐘泛于海, 泊高城郡浦. 椿尋泥上鐘迹, 踰嶺入洞門, 松林中有一楡, 鐘掛其枝. 新羅南解王聞而異之, 駕幸其地而建寺, 因樹楡以揭其號. 椿方跡鐘而來也, 見鐘憇, 故名其所曰憇菴. 或文殊化比邱身, 或化爲尼指去處, 故曰文殊村尼遊菴. 或狗見或獐出引椿去, 故曰狗嶺曰獐嶺. 椿渴甚穿地得泉, 故曰盧椿井. 或椿困而少息, 聞鐘聲喜躍少進, 故曰歡喜嶺, 皆誕也.

閔漬記云瀑布菴由孝養串而至, 緣溪水石甚奇. 左彩雲峯, 右青鶴峯. 溪傍石刻楊蓬萊筆蓬萊島三字. 有瀑布可觀.

鉢淵寺在瀑布菴之下, 溪瀑落菴上下, 爲凹石潭. 第二潭最大而圓故名. 石滑潭淸, 故僧人於此爲水嬉. 桂樹臺, 卽潭後峯而石勢連亘甚奇.

九龍淵, 出毗盧之東九井之峯, 穿石壁爲淵源. 瀱瀱發自峯, 經鴈門嶺. 鴈門者石如鴈塔高百餘尺, 東西相對, 有千丈之柱, 望之如癯仙. 或伏行或懸流者三十里. 東爲初淵, 廣二畝, 曲石成缶, 貯其水, 磨如玄鑑. 東百步爲二曲淵, 淵高懸有瓠之形. 淵上壁可三尋. 又東百七十步有大谷, 多蘘林. 林中青壁, 若圍黼屏, 可二十仞而爲三曲淵, 廣七畝. 又東而爲四曲淵, 廣可方小舟. 其深可徹竹竿六七尺. 又其下爲五曲淵, 廣三畝, 回流峻急. 又其東爲六曲淵, 廣可四五畝, 外圓內方. 又其東三里, 隆然而屋者回屏也. 泉從屏上散流爲七曲淵, 淵甚小. 又東行五百步爲八曲淵. 淺不能五尺, 魚游可數. 又東四十餘步爲九曲淵, 其廣倍初淵. 龍各據其一, 山中人言榆岾之龍移此. 其下又有雙鳳瀑, 二瀑東南流爲舟淵. 又南流爲里淵, 轉而北流爲箭灘, 至高城郡南爲南江, 東流爲高城浦, 入于海.

玉流洞, 卽九龍淵下流也. 由鉢淵寺西行三里許, 渡溪入谷. 由亂石密林中, 又渡溪而至. 又由洞深入, 有九歧淵・坎壑淵・金藏洞・萬物草・衆香瀑, 皆外山秘境, 人跡罕至.

新溪洞在九龍淵之下. 峯巒秀麗, 鷹子巖最奇. 水石琤琮如琴瑟響. 下有動石菴, 楊蓬萊嘗結屋. 有基存焉, 由是而達玉流洞. 舊有新溪寺, 方伯黃謹中所創, 今燬. 或云傍近驛人, 苦遊客馳馹涉險而火之. 草木荒翳, 路塞不可通.

稤庫村, 在百川橋下流. 山四塞而樹林葱鬱. 金剛僧乞粮村家, 貯于此. 數僧人守之, 設碓以舂之.

三日浦, 在外山之脚. 湖水平圓, 三十六峯環之, 松石離離, 小島蒼石盤陁. 上有四仙亭, 四仙者新羅時永郎述郎南石行安詳四人. 不仕遊山水間, 傳以爲仙云. 湖南有丹壁題四人名. 俗傳四人遊此三日不返故名. 其南有碑, 元至大二年己酉, 江陵道存撫使金天皓等, 與山僧志如埋香木于沿海諸邑而誌之. 湖西南有獅子石, 水中類負雛而伏.

瓮遷在南崖, 亦外山之枝. 枕于海, 隆而圓, 蓋窿然石也. 細路緣其腹,騎不能. 並海濤洶于下, 臨之甚慄. 諺傳官軍擊倭寇于此, 盡淪之海.

金幱窟, 在通川東, 外山之餘勢, 臨海爲壁如屛障. 壘壘蒼白, 大抵皆窟也. 金幱最深, 窺其中, 鴻汩幽昧, 僅容小舟, 風靜浪恬始得入. 隩石高三尺許, 石紋黃而珥欄如浮. 臺下石微靑, 浮屠人謂觀音眞身所住處.

叢石亭, 在通川北二十里許, 金幱窟之傍, 亦外山之枝裔也. 有橫峯峽然臨海, 石櫛立如方柱, 皆六面, 方各尺許, 高可五六丈, 皆如加繩削. 又去岸十餘尺, 有四石柱離立水中, 稱四仙峯. 峯上有矮松. 四峯之北, 石狀又變, 或大或小或長或短或欹或橫, 皆奇怪偉觀.

聖留窟

聖留窟, 在蔚珍縣南幾里. 川上崖石壁立, 底有窟幽晦, 執炬始通路. 口狹膝行四五步稍濶, 行數十步, 地平可數畝, 左右石甚異. 又十許步有穴. 北竇甚隘, 蒲伏其下, 地濕鋪席而行七八步稍濶. 石形益殊異, 有幡幢浮屠之形. 又行數十步, 益奇怪幡幢浮屠之形, 又長且大. 又行四五步, 有若僧佛之軀者, 下有池水, 甚淸濶, 可數畝, 中有二石甚奇. 四面石皆五色煥爛, 扣之隨其長短發音, 如編磬. 人言深入逾奇怪, 路兩傍多穴, 人誤入則不可出. 或云可達平海郡, 距窟可二十餘里.

五臺山

五臺山, 在江陵府西一百二十里, 據雪嶽之南. 高大深邃, 五峯環列, 故謂之五臺. 北象王・地爐兩峯, 南麒麟峯, 東滿月峯, 西長嶺峯, 其勢相敵, 莫肯下, 象王之臺最高峻. 其絕頂爲毗盧, 其次爲北臺. 毗盧之南地爐, 地爐之上爲中臺. 山深氣淸, 無鳥獸跡, 山之極也.

下有獅子菴, 我太祖願刹也. 北臺之東南爲滿月, 其頂爲東臺. 東望滄海, 北對雪嶽. 象王之西南爲長嶺, 其上西臺, 其東南爲麒麟, 其上南臺, 靈鑑寺在南麓, 以藏國史.[378] 上院在地爐之東麓, 以窈窕稱. 其東大木枝幹赤葉類檜, 霜隕則葉凋, 謂之老杉, 或曰枇也. 由上院, 登中臺五里, 又登北臺五里, 西登長嶺十里, 青溪十五里, 南臺十里, 又南十里月精. 月精上觀音, 西對鐘峯, 鐘峯在長嶺西南, 多土少石, 木多檜. 其泉之發於西臺者曰于筒之水, 與寒松·仙井, 并稱靈泉, 爲漢江之源. 其發於東臺者爲清溪, 其發於北臺者爲甘露, 其發於南臺者爲聰明, 其發於中臺者爲玉溪. 山中衆谷之水, 合爲般若淵, 至月井下爲金剛淵.

寒溪

寒溪在雪嶽之西. 由藍溪驛下流, 過古圓通, 入寒溪寺, 沙路松林似楓嶽之長安洞口. 又出洞循溪而東, 北望諸峯瓌[379]奇, 又前四五里, 北有山川瀑, 緣崖刻玉流泉三字. 其水窮處有故城址, 平衍可棲. 又有石門, 其北曰支離谷, 下數十里有三龍湫, 甚奇壯.

歷寒溪寺舊基[380], 其北諸峯矗立森羅可畏. 獅子峯甚危絕, 由是可抵大乘菴. 又其上爲上乘菴, 下爲望瀑臺, 瀑自峯巓落幾三百餘丈. 又十里而至眞木田. 其後峯高處爛若玉雪, 土岡三支自北蜿蜒而來, 中支最隆然, 左右岡巒若扶之. 前山不甚岌嶪, 積翠葱籠[381]. 其東可五里, 有阿次莫之洞, 沿溪北入, 有懸瀑數處, 循川可達上雪嶽白雲菴.

又自眞木田至洞口纔十里, 沿溪北上, 水石清幽. 又行五里得一基而可菴. 背絕壁而面東南, 諸峯環列皓潔. 南有上筆如峯, 西有笠帽峯, 登之可望東海. 昔王維楨作寒溪山記, 備言奇奧, 其見稱於中國如此.

曲淵, 在寒溪雪嶽之間. 自藍橋驛涉寒溪下流, 抵一寺址, 漸險絕. 攀崖緣壁, 下臨危壑, 復至一岡, 望見瀑布自北來甚壯. 過大乘菴, 復行二

---

378) 『동국명산기』에는 "其上南臺, 靈鑑寺在南麓, 以藏國史." 부분이 빠져 있다.
379) 『동국명산기』에는 瓌가 環으로 되어 있다.
380) 『동국명산기』에는 基가 址로 되어 있다.
381) 『동국명산기』에는 籠이 蘢으로 되어 있다.

十里，得松林大溪，乃曲百淵洞府也．淵深可二丈，廣袤數百步．淸澈見底，色如綠玉．又過熊井洞，緣崖數百步，得一奧區可耕．其東數十里，可至五歲菴，過吉洞黃腸瀨，山脚遮水口日千春嶺，谷雲翁所命名．行可一里，有俗稱負轉巖抱轉巖，過此歷虛空橋而出洞口．潭上有四五峯，卽三淵所名五老峯．

雪嶽

雪嶽極高峻．八月始雪，至夏始消，名雪嶽．其陰則襄陽，其陽則麟蹄，襄之勝稱食堂瀑繼祖窟，　麟之勝稱曲百潭・深源寺・三淵精舍・十二瀑・鳳頂菴・閉門菴．

俞泓窟在龜潭之傍．由永矢菴東渡澗，穿穹林中，緣縹緲磴數里而至雲母潭，石淺瀨淸，多產雲母故名．又穿穹林至龜潭，雲松，頗饒幽趣．又前至俞泓窟，泓以江原道觀察使，遊此山避雨之所．溪水兩道，合于窟側，南向十二瀑，東向閉門巖．

閉門巖，在俞泓窟傍．兩崖撑霄，竪[382]爲石扇，鋪爲盤陁，整爲階級．湍與瀑相承，上潭淪漣，下二潭澄澈．潭東西又有大巖可坐．

鳳頂卽嶽之極處．由閉門巖行五里，至氷壺洞口，舍溪而南，卽鳳頂徑也．曖然易失，故僧徒累石而標之．至大藏巖，巖石層疊，如積藏經者也．登數百步，大海滿前，羣山皆在脚下．緣崖而南，有塔突兀．仍巖爲趺，凡三級．其北隙地稍夷，是名塔臺．東下數百步爲菴，背負羣巖，儼若神衛．一峯特臨菴如鳳垂觜，危乎欲墮，菴名以此．

十二瀑布，自鳳頂而至幾二十里．巖路斗絕，披險而至，雙瀑垂焉，同落于一潭，東短南長．南瀑之上，復有三瀑，飛流空濛，紫翠無際．緣磴而西，始抵潭側．潭汪然可百間，溢爲下潭，廣亦如之，上方下圭．下潭又溢爲亂瀑，所見不止爲十二也．由雙瀑可十五里而爲上水簾，石面瑩

382) 『동국명산기』에는 竪가 堅으로 되어 있다.

滑. 南望一石撑空隱約, 是雙瀑之源也. 再行五里, 至下水簾, 洞府宏敞, 復有潭瀑之勝.

深源寺, 由曲百潭屢過危棧, 得一峻嶺, 又循溪行可五里而至. 前峯頗奇峻, 溪流激激, 淸夜尤有聲.

三淵精舍, 卽永矢菴也. 在寺東數里. 直書樓有峯, 一帶橫開, 如禽獸形, 其狀百千, 色又皎潔, 卽高明峯也.

五歲菴, 卽梅月堂所居. 自閉門巖之右踰一峻嶺曰萬景臺, 由此而至, 峯巒尤秀異.

萬景臺, 一石峯也. 最前石崖斗斷, 下臨無地. 上更巉削, 僅容一人坐.

靑峯卽嶽之最高處, 鳳頂乃遜之. 以其高摩穹蒼, 遠見只縹緲而靑. 故指其絕頂而名曰靑峯. 圓而不峭, 高而不削, 亭亭植立若巨人然. 過水簾洞, 登獅子項, 歷般若臺琵琶臺, 自此山頭㪷石城列. 其最高處, 飛鳥不能過. 石面準平, 有丹書迹, 相傳永郎諸仙題石處. 由此可抵峯上, 然以其險絕也. 三淵僅一二陟, 陶菴亦一上云. 山皎潔如雪, 乃雪嶽之所稱也. 自靑峯走東南, 連亘五色嶺者, 是上雪嶽, 自上嶽而南, 將爲寒溪. 中間特起爲仙掌諸峯者, 是中雪嶽, 又自北而來, 幾及鳳頂, 復崛起爲高明諸峯之祖者, 是下雪嶽.

普門菴在雪嶽之東. 自襄陽登嶽, 菴據五分之四而高焉. 菴前近地有香爐[383]臺, 奇巖層積, 坐其上可指羣峯. 東臨大海, 可觀日出, 下有萬丈簾瀑.

食堂泉石在普賢下流十里, 巖泉灑落, 洞府宏暢, 丹崖翠壁夾之, 雪嶽遠峯, 映帶雲外.

土王城瀑布, 在食堂下十餘里. 巨壁參雲, 瀑流中劈而下甚奇壯, 東距海可二十里.

---

383) 『동국명산기』에는 爐가 罏로 되어 있다.

華陰山

谷雲在華嶽之陰, 其西永平之白雲山也. 舊稱史呑, 谷雲金公, 改稱谷雲, 以自稱云. 自春川境而入, 涉灘岐之川, 又踰蒜峴, 卽第一曲. 洞府幽窈, 激湍層巖, 巖花無數日傍花溪. 緣溪穿石, 林中徑盡復通. 又行十餘里, 石磯臨水稍寬豁, 卽第二曲靑玉峽也. 又行一里許, 卽第三曲神女峽, 一名貞女峽. 松崖高爽, 俯觀水石甚淸曠, 此梅月堂所遊之處. 又上一里許, 至靑嵐山, 東南潭形深凹. 左右大石, 嶐然錯列, 如龜龍飮水. 水勢激烈, 水底皆白石皎然, 盤陁淨滑, 延袤可數百步. 鄕人設笱或張網, 以取餘項魚者, 卽第四曲白雲潭也.

其傍巖崖斗起, 由此上數百餘步, 得一平穩可坐者, 第五曲鳴玉瀨也. 轉一巖崖, 積水澄泓而深不測者, 卽第六曲卧龍潭也. 又其上山抱水廻, 夷曠可耕, 華嶽積翠, 如對几案. 其南涯松林葱鬱, 又出西北隅, 有盤石可坐者, 卽第七曲明月溪也. 又其上第八曲隆義淵也, 又迤西稍進, 奇巖錯列, 水寫其中者, 卽第九曲疊石臺也. 其溪総稱日白雲溪, 北峯日蘘桂. 蘘桂之下有大石, 谷雲搆三一亭於其上, 又刻河圖洛書八卦太極圖而名之日人文石. 又其上置屋三間, 置諸葛武侯及梅月堂之像, 後又置三淵之像. 北至永平之龜汀可三十里.

石泉谷

石泉谷, 在永平龍華之西, 窈然而深, 有寺日石泉. 由西齋谷而入, 東行數十步, 涉水淸潔, 白礫齒齒. 近北沙壁石底如丹砂, 水卽而成潭, 潭左右石菖蒲被之, 名日菖蒲潭. 行幾四五轉, 又一脩潭, 狀類大槽, 旁有老木, 盤于石上, 隨波動搖, 名日流珠潭. 自是以往, 屢得潭瀑, 可鑑可濯. 最後得一巨潭, 長五十步, 廣半之. 色綠淨, 東受峻湍, 有石如鼓者壓之. 一石北峙如山獸之飮者正俯潭心日金碧潭. 巖轉路絕, 有一畝石接之. 補以橫木日通玄橋. 稍北有大石, 盤陁臨淸流, 而峯勢環之, 奇花間雜, 蓊翳紛披, 有異香焉, 曰迷花石.

北望大石壁立數十仞, 石罅有千章之木, 負勢競上, 望之如棲空曰九疊屛. 屛盡而南折, 石磴屢轉, 瀑布出焉, 從石上布曳逶迤. 松風肅然, 流沫飄灑曰素雲瀑. 從瀑上而至所謂石泉寺. 寺左有谷, 南曰小檜, 北曰大檜. 從大檜谷榛翳絡石, 若無前路, 忽得一水簾曰下水簾, 其傍立石曰門菴. 又上有二淺潭, 淸駛可弄曰上水簾. 寺中石泉甚洌, 稱甘露泉. 寺南峯脊南向翔下, 登之可以遠望曰紫雲臺, 皆三淵金先生所名. 其山蓋稱鳴城, 有高麗所築遺堞云.

淸平山

淸平山在春川. 高麗李資玄隱居之所也, 資玄一稱眞樂. 退溪李先生嘗有詩曰, “三韓隱逸誰修傳, 莫把微瑕屛白珩” 蓋言眞樂雖招貨利之譏, 其逃世遐擧之風, 卓然不可沒也.

過起落棧入洞, 得九松臺. 臺下石白水潔, 有雙瀑. 復得龍潭鞍潭而至影池, 水甚澄綠, 小石數四離立其中, 山腰見性菴, 瀉影其中, 故名影池. 環池赤木四五株連抱, 麗僧懶翁所植云. 淸平寺本慶雲山普賢院, 資玄更名淸平寺. 寺前西碑, 宋建炎四年金富軾紀資玄事而僧坦然書之. 其東碑, 元泰定皇后爲太子藏經于此以祈福, 李益齋譔, 李杏村書.

寺南洞中有細香院, 淸寒子所棲[384], 今廢. 寺西數百步, 有西川盤石凝滑, 淸流映帶其上. 仰見芙蓉慶雲之峯甚奇. 由川右轉六七里入仙洞, 有小菴, 菴後石壁上刻淸平息菴四大字, 或云資玄筆也.

舊誌息菴圓如鵠卵, 只得盤兩膝默坐其中, 數月不出者卽此也. 今之小菴, 乃後人所建極孤絕. 菴後蒼壁削立, 其上爲松壇.

384) 『동국명산기』에는 棲가 捿로 되어 있다.

記關北山水

七寶山

七寶山在明川之東六十里. 由門巖十五里, 有金藏寺在深谷中, 開心寺在淸溪之上. 過此登下馬臺, 其北峯巉巘如彫鏤者萬獅峯, 迤東一峯嶄削千仞者千佛峯也, 峯下壁間一巖峭如博山者香罏峯. 又其下一峯前遮如俯高牀者卓子峯, 又下一小峯尖峭, 石形如鍾[385]鼓, 其底窟, 松下列坐羅漢者鍾閣峯也, 其東峯環列者羅漢峯也.

又其下諸峯上峻下濶者露積峯, 又其東峯首峭尾大者雨傘峯, 其傍巖橫立偃蹇者交椅峯, 又其上近東一峯上峻下廣如張帟者遮日峯. 又傍一岡屈曲如臥牛者板臺峯. 由遮日峯東一巖磔卓如宮殿者寺巖, 稍北一巖橫長. 有別峯尖殺如檣柁之形者舟巖. 南有大石廉角方整如書秩者册巖, 又其北一巖巉絕, 上戴一小巖如屛帷者觀音峯.

由下馬臺, 至海望臺, 環視山中巖石峯巒, 其狀萬千, 山外海色無際, 卽瑟海也. 由臺而至金剛窟, 其峯巉巖, 兀立雲表, 環[386]詭奇壯.

窟傍小巖削立, 上有一卷石若玉蟾蜍者硯滴峯, 窟西南石勢峻峭而壁立者曰會象臺, 卽錦湖林亨秀所登而名者也.

登其上東望, 一巖岧嶢, 上有三石屹立曰三浮屠峯, 峯北一峯岌嶫嶆崒者阿里王塔. 其東北可五里許有兜率菴, 俗傳有七山並峙, 故山名七寶, 後乃六山沈海, 獨此山尙存. 山田多有蚌螺之甲. 又蘿葍滿山, 皆無種而生云.

---

385) 『동국명산기』에는 鍾이 鐘으로 되어 있다.
386) 『동국명산기』에는 環이 瓌로 되어 있다.

鶴浦

鶴浦在安邊府東六十里海上. 浦東北有鳴沙數十里, 因風成紋, 或大或細, 爛如素錦. 浦東沙峯斗起如堆雪, 有時風起, 飛沙如流, 而峯高自如也.

浦周二十里, 平圓如鏡, 峯西小青峯臨水, 松檜藤蘿覆之, 是爲元帥臺. 浦心又有一孤島名栗島. 亭亭獨立, 影蘸水中, 四方水淺, 蒼翠玲瓏如彩屏環之. 浦水通海之口甚狹, 僅容一船.

國島

自鶴浦沙峯之東, 乘船入海可十里, 始泊島. 島三面高一面低, 水際白沙如練, 海棠如織. 又稍上翠竹叢被之. 移舟繞壁而東, 石崖東立, 或數十丈, 或百餘丈. 四面如繩整.

稍南小窟, 深黑不可測. 撑舟而入, 窄不能容, 仰視窟上, 丹砂露石罅可摘. 自窟又轉南, 石勢尤高, 島四隅石皆削成, 窟中亦如之. 島近金剛, 故清淑之氣融結如此.

동국명산기에 수록된 글

臨津赤壁

臨津渡, 在長湍府南三十七里. 臨江而亭, 日花石, 栗谷李文成公舊居也. 江流負亭, 如偃月, 遠近諸峯, 皆奇秀. 其東爲赤壁, 壁勢始峻, 行數里至長浦, 丹崖削立, 可數十丈. 袤數百步, 楓松緣岸, 岸上人家, 皆面江蕭灑.

錦繡山

錦繡山, 在平壤府北五里, 卽鎭山也. 平壤據舟車之會. 風俗華靡閭里櫛比, 而登山之頂, 可以盡之. 其頂乃乙密臺, 又稱四虛亭, 平坦敞豁.

下有牧丹峯, 萬曆壬辰, 李提督如松破倭處也. 前臨大同江, 江有綾羅島, 周十二里. 迤南而有德巖, 巖倚江捍衝流, 城中居民咸德之故名.

練光亭峙其上, 山左趾有浮碧樓, 亦憑江. 下有麒麟窟, 俗稱東明王養馬處. 又南去五里許, 地勢夷曠, 有箕子井田制.

城內有崇仁殿, 祠箕子. 又自山抽一支壟, 蜿蜒而西, 有箕子墓. 是山無奇偉峭壯, 如白頭金剛之勝. 自箕子以來, 爲千年王都, 文明之氣, 冠於東方.

鷄龍山

鷄龍山, 在鎭岑縣西十五里. 雄深盤鬱, 輿地勝覽云, 我康獻大王初卽位, 欲移都于山南, 工役肇興. 旋以漕運路遠而罷之. 溝渠礎砌猶存. 縣卽眞峴城也, 當百濟時, 據此, 南距新羅, 干戈擾攘, 乃雄鎭也. 唐時劉仁軌, 夜傅城下, 攀草而入據之, 遂通新羅之粮. 盖秋風之嶺脊, 迤紆羅濟之界, 岊嵫險固, 儘足守也.

邊山

邊山在扶安治二十五里. 一名楞伽山, 一名瀛洲山. 峯巒盤回百餘里, 重疊高大, 巖谷深邃, 宮室舟船之材, 自高麗時必取於此. 俗傳虎豹見人卽避. 夜行無阻. 處士柳馨遠嘗隱居山下.

內延山

內延山, 在淸河縣北十許里. 山口有鶴山書院, 晦齋李文元彦迪俎豆所也. 前至寶鏡寺, 相傳漢明帝時所刱, 盖嶺左巨刹也. 又上十里有龍湫, 歷石磴六七折而至.

瀑流甚壯, 窈冥黲黑, 不可狎視. 南有鶴巢臺, 竦石摩霄. 四削而上夷. 山頂有大悲菴, 其上內院也. 泝[387]澗而上, 得第一湫, 氣勢遜於下湫, 而窈窕勝之.

石門旁開, 劣通人蹊[388], 氓戶十數家, 臨澗而居. 村落鷄犬翳然. 是爲內延之奧. 又其上三動石峙焉, 亦詭觀.

白頭山

白頭山, 在茂山界中. 一稱不咸, 曰太白, 曰徒白, 曰盖馬, 曰長白, 曰歌爾民商堅阿隣, 曰白山. 由茂山路而入, 則挾豆滿江而行, 委蛇屈曲. 歷山羊巖, 道下朴川. 過大蘆坪烏渴巖西大川, 上三山德, 地平夷接長坡, 凡山陂迤高而上平者, 北人謂之德. 南過豊坡至紅湍, 是爲豆滿之源. 自茂山邑治至山頂, 二百九十九里, 由三水而入. 則渡虛川口, 抵惠山鎭, 自挂弓亭上五時川, 取柏德路, 抵劍川昆長隅. 渡江從樺皮德. 復

387) 沂로 되어 있으나 泝의 오자로 보인다.

388) 성해응의 「遊內延山記」에는 人이 人蹊로 되어 있다. 여기서는 뒤의 것을 따라 한 글자를 보충한다.

渡江過小白, 山路甚峻. 稍西下數百步, 有泉眼, 從山穴中出. 不數十步, 得大壑中注之. 又行東踰一短岡, 得一泉, 西流三四十步, 別出二泒, 其一與西泉合, 其一東流甚細. 又東踰一嶺, 有泉東流百餘步, 而中泉之岐而東者來合焉, 是爲鴨綠之源.

三池, 過虛項嶺行五里而至. 自三池向白頭泉二十三里, 自泉至臙脂峯二十七里, 自峯至穆克登碑十八里, 自碑至大澤八里. 左池圓右池方中池廣而圓, 可十五里. 島嶼如圓萍, 樹木如簀, 水淸見底, 遊魚可數, 鳧鴨不驚人. 白頭在西北, 小白在東北, 枕峯虛項在西南, 寶多在東南, 洵佳境也.

臙脂峯, 形尖而色紅故名. 杜棣之叢被之而紅, 非土石之色也.

泡石洞, 由白頭泉踰一小岡, 稍西折行五里而至長谷窪凹, 左右皆水泡石. 每甚雨, 飛泉百道, 奔馳直下箭疾, 或漩渦詰屈, 噌吰砰磕. 東北注四十里, 通爲赤巖, 注爲豆滿江. 距泉谷十五里有土巖九, 聯次離立. 中稍屈如蜂腰, 卽鹿醎石也. 醎華上浮, 望之如雪. 春夏之際, 群鹿舐之, 以養其茸.

大澤稱神溢, 在高峰之中麓, 愈上愈峻. 至澤淸漪平滿潾潾. 綠色如蕉葉. 十二峯環之, 裏皆劃削壁. 揷丹黃, 粉碧爛然, 上濶而下微殺. 東有石獅子, 色黃, 引領西望, 大如屋, 尾鬣欲動[389]. 其外則蒼白, 渾然一大塊, 水泡石之凝結也. 其深五十丈, 周幾四十里. 乾方如天闕之呀然成門. 池溢而下, 爲黑龍江之源. 山之東西北皆天坪. 惟三水甲山, 山勢蟠鬱. 江界以西, 遼瀋之境. 羣山迷茫, 西峰乃山之最高處, 俗[390]稱甁師峯, 其絕頂曰大角峯.

小白山, 卽白頭之支也. 白頭之支, 至分水嶺爲三圓峯. 從乾亥入爲小白山, 如川字狀, 爲烟遠峰. 而上層疊爲羣峰, 其支落爲枕峰, 下平地爲虛項嶺. 陟小白之東一嶺, 望見白頭, 雄厚博大, 千里一蒼. 獨其頂如覆白甕于高俎上, 白頭之名以此.

---

389) 사자 부분은 홍세태의 「白頭山記」에서 따온 것이다.

390) 원문은 谷으로 되어 있으나 俗의 오자로 보인다.